Reihe Kohlhammer

IGNACIO SOTELO

Soziologie Lateinamerikas

Probleme und Strukturen

VERLAG W. KOHLHAMMER
STUTTGART BERLIN KÖLN MAINZ

Sotelo

L6 890

Stuttgart Berlin Köln Mainz
Verlagsort Stuttgart
Umschlag: hace
Gesamtherstellung: W. Kohlhammer GmbH
Grafischer Großbetrieb Stuttgart
Printed in Germany
ISBN 3-17-001166-9

Inhalt

Vorbemerkung

Die Absicht dieses Buches ist bescheiden und ambitiös zugleich. Bescheiden, weil es nicht mehr will, als demjenigen, der an den Problemen Lateinamerikas interessiert ist, einen Text in die Hand zu geben mit den nötigen Informationen, um einige der zentralen Fragen zu verstehen, die den lateinamerikanischen Soziologen beschäftigen. Gleich zu Beginn möchte ich auf den *einführenden Charakter* und die *lateinamerikanische Perspektive* des Buches hinweisen. Eine Einführung erfordert einen stärkeren Grad der Verallgemeinerung und Systematisierung, als es die unerschöpfliche Vielfalt der sozialen Realität erlaubt. Jede wissenschaftliche Tätigkeit ist bemüht, eine Balance zwischen Verallgemeinertem und Individuell-Konkretem zu halten; eine Einführung hingegen tendiert dazu, das Gleichgewicht zugunsten einer verallgemeinernden Abstraktion zu verschieben, was eine bestimmte vorformulierte Theorie impliziert. Unter anderen theoretischen Gesichtspunkten mögen die hier vertretenen Meinungen und vorläufigen Ergebnisse wohl fragwürdig erscheinen. Der ideologische Pluralismus ist ein nicht wegzudenkendes Moment der heutigen Gesellschaft. Statt sich hinter eine angeblich wertfreie Wissenschaft zurückzuziehen, sollte man seine Perspektive aufdecken. Sie ist in diesem Fall im doppelten Sinne lateinamerikanisch: Ich berücksichtige die wissenschaftliche Literatur des Subkontinents und nehme Partei für seine fundamentalen Interessen. In Europa, wo das Bild Lateinamerikas durch die sich gegenseitig verstärkenden Interessen und Vorurteile der Industrieländer verzerrt wird, stellt diese Betrachtungsweise eine gewisse Neuheit dar.

Ambitiös ist die Aufgabe hinsichtlich der Schwierigkeiten, die es bei einer Einführung in die Soziologie Lateinamerikas zu überwinden gilt. Zwei Scheinprobleme sollte man sofort klarstellen: Das erste ist das der Allgemeinheit des Themas. Wie soll man die enorme Komplexität, die sich hinter dem Wort Lateinamerika verbirgt, auf einige wenige Schlüsselbegriffe reduzieren, wenn man sogar mit überzeugenden Argumenten die Einheit Lateinamerikas in Frage stellt? Ein konservativer Empirismus tendiert dazu, jeden Versuch einer Gesamtdarstellung unter dem Vorwand der wachsenden Komplexität der sozialen Verhältnisse und aus Mangel an Informationen und deren Widersprüchlichkeiten abzulehnen. Je umfangreicher und bedeutsamer die Realität ist, die man erforscht, desto beharrlicher hört man eine solche Argumentation. Dazu eine Bemerkung in gebotener Kürze. Da in den Sozialwissenschaften jedes Objekt in einer dialektischen Totalität steht, kann man nicht vom Einfachen oder Komplexen reden — eine kartesianische Unterscheidung, die der mathematischen Vernunft eigen ist —, sondern lediglich von einer Relevanz oder Irrelevanz für die gesellschaftliche Praxis. Lateinamerika als Bezugspunkt ist nicht mehr und nicht weniger komplex als jede andere soziale Realität auf jeder anderen Ebene; sie zwingt jedoch, Fragen aufzuwerfen, deren politischer Gehalt manifest wird.

Die zweite Schwierigkeit ist der Versuch, die lateinamerikanische Perspektive — dazu mit den in Lateinamerika gebräuchlichen Kategorien und Schemata — explizit zu machen, was angeblich einen Verzicht auf Kritik an dieser Perspektive und diesen Kategorien beinhaltet. Aber Parteinahme und kritischer Geist widersprechen sich nicht, wie es oft hingestellt wird, vielmehr kann man seinem eigenen Engagement nur treu bleiben mittels des ständigen Prozesses der kritischen Klärung.

Beide Schwierigkeiten zeigen jedoch die drohende Gefahr bei der Übernahme einer solchen Aufgabe: Man pendelt zwischen trivialen Feststellungen von altbekannten Tatsachen und dogmatisierenden Verallgemeinerungen. Der Leser muß beurteilen, inwieweit es mir gelungen ist, keinem der beiden Extreme zu verfallen. Zunächst habe ich, von einem allgemein interessierten Leser ausgehend, Zahlen und Daten auf ein Minimum reduziert: Es fiel mir nicht schwer, auf die Pseudogenauigkeit von statistischen Tabellen aus zweiter Hand zu verzichten. Ich habe innerhalb der theoretischen Schemata, die heute die lateinamerikanische Soziologie bestimmen, die Verarbeitung von bekannten Fakten vorgenommen, um neue Wege zu öffnen. Der dritte Teil, mit einer Klassenanalyse von gewisser Originalität, wird wahrscheinlich den größten Widerspruch hervorrufen. Die historischen Ausführungen mögen vielleicht auf den ersten Blick zu lang erscheinen. Man muß sie als Reaktion auf den ahistorischen Formalismus verstehen, der die soziologische Analyse allzu sehr verkürzt hat. Ein Buch mit einer so weit gespannten Thematik erfordert eine umfangreiche Lektüre, die sich in der Darstellung und Abhandlung der Thematik spiegeln soll, und nicht primär in einem wissenschaftlichen Apparat, der einfach aufzublasen wäre. Dennoch konnte ich nicht darauf verzichten, in den Fußnoten einige bibliographische Quellen anzugeben, aus denen ich direkt übernommen habe oder die die Thematik ausführlicher behandeln.

Die Umstände, unter denen ein Buch entstanden ist, sind nicht irrelevant. Was immer sein Wert sein mag, die Voraussetzungen für dieses Buch waren günstig. Die Freie Universität Berlin hat mir 1966, 1968 und 1970/71 Studienreisen in viele der lateinamerikanischen Länder ermöglicht. 1969 war ich Gastprofessor an der Nationaluniversität von Mexiko, eine für mich sehr wichtige Erfahrung, der ich hier besonders gedenken möchte. Während meiner wiederholten Aufenthalte in Lateinamerika habe ich die großzügige Gastfreundschaft seiner Bevölkerung und die kritische Offenheit seiner Intellektuellen kennen- und schätzen gelernt. In Berlin konnte ich die ausgezeichnete Bibliothek des Ibero-Amerikanischen Instituts der Stiftung Preußischer Kulturbesitz benutzen, wohl die größte europäische Sammlung lateinamerikanischer Bücher und Zeitschriften. Seinen Mitarbeitern bin ich für ihre unermüdliche Hilfsbereitschaft sehr verpflichtet. Seit seiner Gründung 1970 habe ich am Lateinamerika-Institut der Freien Universität Berlin mitgearbeitet. Dem Dialog mit Kollegen und Studenten habe ich viel zu verdanken. Frau McGrath danke ich für ihre unendliche Mühe bei der schriftlichen Arbeit. Ohne die Unterstützung meiner Frau — und zwar nicht nur in sprachlicher Hinsicht — wäre dieses Buch nicht entstanden.

Berlin, im Frühjahr 1973 I. S.

1. Feudalismus oder Kapitalismus

1.1. Ein Schlüsselproblem

Die Beantwortung der für die lateinamerikanische Soziologie zentralen Frage nach dem *Charakter* der Gesellschaft, ob kapitalistisch oder feudal, ist für jede weitere Fragestellung entscheidend. Diese Problematik ist der »wissenschaftlichen Soziologie« fremd, da sie jede Charakterisierung einer Gesellschaft als Ganzes mit der Begründung ablehnt, es sei nach vorhandenen empirischen Daten unmöglich, Modelle von vergleichbarem Umfang zu konstruieren. Wissenschaftliche Soziologie müsse sich mit »Theorien mittlerer Reichweite« begnügen, die Einzelaspekte jener Zone der Realität beschrieben,, über die man genügend kontrollierbare Informationen habe: Je mehr verifizierbare Daten, desto näher die Möglichkeit einer allgemeinen Theorie. Strenggenommen ist diese Argumentation lediglich bei dem schon vorgegebenen allgemeinen Rahmen und historischen Schema der westlichen Industriegesellschaft möglich. Nur hier kann sich der Empirist in Untersuchungen von eingeschränkten Fragestellungen flüchten. Ihn bestimmen nicht die praktischen Imperative einer Politik des sozialen Wandels. In einer Gesellschaft, die sich in ihren fundamentalen Strukturen als gesichert betrachtet, kann man die Grenze zwischen Wissenschaft und Politik mit einer relativen Eindeutigkeit ziehen und von den theoretischen und methodologischen Voraussetzungen her über die anstehenden Probleme entscheiden: ohne den Druck einer herausfordernden Realität, der eine unumgängliche Thematik festlegt.

Dem Soziologen, der eine unterentwickelte Gesellschaft erforscht, fehlen diese beiden Prämissen. Ihm geht es erstens und vor allem darum, in irgendeiner Form zur Verbesserung dieser Gesellschaft beizutragen. Die klare Trennung zwischen Wissenschaft und Politik läßt sich in diesem Falle nicht aufrechterhalten. Doch ebenso problematisch wie die scharfe Trennung ist die Identifizierung beider Bereiche. Zweitens fehlt ein theoretischer Rahmen, um die unterentwickelte Gesellschaft, wenn auch nur in groben Zügen, zu charakterisieren. So skeptisch man auch immer den allgemeinen Fragestellungen gegenüberstehen mag, so erweist es sich doch als unmöglich, die Frage nach dem grundlegenden Charakter der Entwicklungsländer zu umgehen. Die »wissenschaftliche Soziologie« leugnet methodologisch eine Problematik, die sie ihrerseits unterschwellig gelöst hat, indem sie ein Schema von globaler Reichweite annimmt: traditionelle versus moderne Gesellschaft.

1.1.1. Feudalismus

Bald nach der Entstehung der Soziologie in der Krise des Ancien régime taucht das dualistische Schema auf, obwohl Comte zunächst ein Drei-Stadien-Schema aufgestellt hatte, bei dem die beiden ersten Etappen — Theologie und Metaphysik, Ordnung und Fortschritt — sich in der Zukunft harmonisch zu einer Synthese vereinen: dem Positivismus, in dem die Menschheit — sozial und wissenschaftlich — zu ihrer endgültigen Entfaltung gelangt. Spencer reduziert das Drei-Stadien-Schema durch Gleichsetzung der Gegenwart mit jeder nur denkbaren Zukunft auf den noch heute herrschenden Dualismus — (traditionelle) Militär- und (moderne) Industrie-Gesellschaft —, welcher die Erfahrung der ersten Industrialisierung reflektiert, die es notwendig macht, diese neue soziale Formation von allen anderen zu unterscheiden.

Die Emanzipation der hispano-amerikanischen Kolonien ist eine Zäsur, die eine ähnliche Zweiteilung zuläßt: die koloniale Periode des »Despotismus«, der »Tyrannei« und »Barbarei« und die republikanische Epoche der »Freiheit« und »Zivilisation«. Schon Simón Bolívar stellt in seinem bekannten ›Brief aus Jamaika‹ der »spanischen Barbarei« das »zivilisierte, handeltreibende und freiheitsliebende Europa« gegenüber. José Victoriano Lastarría kreidet in seiner Schrift ›Investigaciones sobre la influencia de la conquista y del sistema colonial de los españoles en Chile‹ (1844) die Laster des unabhängigen Lateinamerika dem Feudalregime der Kolonie an, das die politische Emanzipation überlebt hatte.[1] Domingo Faustino Sarmiento unterstreicht in seiner Biographie des Caudillo Juan Facundo Quiroga (1845) den Gegensatz zwischen der Zivilisation von Buenos Aires und der »Barbarei« der Provinzen des Landesinnern, den Gegensatz zwischen dem europäischen und dem indo-spanischen Amerika. Dieser erste Dualismus: Despotismus — Freiheit, Barbarei — Zivilisation schließt direkt an die These von der feudalen hispanoamerikanischen Vergangenheit an und bildet die Grundlage einer Fülle von vergleichenden Studien über die beiden Amerika.

Gegen Ende des Jahrhunderts wurde die These von der »feudalen spanischen Barbarei« von einem inzwischen in der europäischen Sozialwissenschaft aufgekommenen Rassismus gefärbt. Die angeblich angeborene Minderwertigkeit Lateinamerikas, so hieß es, sei auf eine Mischung von Rassen, zudem dekadenter Rassen, nämlich der indianischen, afrikanischen und spanischen, zurückzuführen.[2] In dem Maß, in dem der Rassismus an wissenschaftlicher Glaubwürdigkeit verlor, gewann die These von der feudalen Vergangenheit als Ursache der lateinamerikanischen Unterentwicklung wieder an Bedeutung.

Die Rezeption des Marxismus in den dreißiger und vierziger Jahren stärkte einerseits jene letzte These, die sich gut in das Schema Feudalismus-Kapitalismus-Sozialismus einfügte, und schuf andererseits die theoretische Basis einer Volksfrontpolitik und einer antifaschistischen Allianz, um im Kampf gegen die feudalen Residuen eine gemeinsame Aktion aller »progressiven Kräfte« in Gang zu bringen. In den fünfziger Jahren wurde allgemein angenommen, daß der Charakter Lateinamerikas durch seine überholten feudalen Strukturen gekennzeichnet sei,[3] die zur Unterentwicklung geführt und eine kapitalistische Entwicklung verhindert hätten. Das relativ neue Vordringen kapitalistischer Elemente erkläre also den Gegensatz zwischen den städtischen Zonen, die auf dem Wege zur Industrialisierung sind, und dem übrigen Land, das unfähig ist, sich in diesen Prozeß der Modernisierung zu integrieren. Das politische Programm, das sich aus diesen Annahmen ableitet, ist die Aufhebung der feudalen Elemente — vor allem des Latifundiums — und die Stärkung der wirksamen kapitalistischen Elemente, besonders der neuen städtischen Mittelklassen.[4]

1.1.2. Kapitalismus

In den letzten Jahren hat sich eine entgegengesetzte These herausgebildet: Schon seit der Konquista im 16. Jahrhundert sei die lateinamerikanische Gesellschaft in ihrem vorherrschenden Charakter eine kapitalistische gewesen. Bereits das Unternehmen der Entdeckung und Kolonisierung zeuge vom Expansionsdrang des Merkantilkapitalismus. Das europäische Eindringen habe entweder das sozioökonomische System der vorkolumbischen Kulturen zerstört oder es zugunsten eigener Interessen transformiert. André Gunder Frank, der schärfste Verfechter dieser These, behauptet, daß Lateinamerika vom ersten Augenblick an kapitalistisch gewesen sei, und gerade sein Anschluß an den Weltmarkt als Akkumulationsquelle für den europäischen Kapitalismus sei der Grund für seine »Dekapitalisation, seine strukturell auferlegte Unproduktivität, das wachsende Elend der Massen, in einem Wort: seine Unterentwicklung«[5]. Folgt man dieser These, so war Lateinamerika weder früher noch heute feudalistisch: Der Begriff »Feudalismus« verschleiere das tatsächliche Problem, das eher in der Art der kapitalistischen Beziehungen zwischen den Metropolen und den Satellitenländern liege.

Die These vom kapitalistischen Charakter Lateinamerikas impliziert also folgendes: 1. Der Kapitalismus entfaltet sich auf beiden Seiten des Atlantiks in ein und demselben historischen Prozeß, doch die *Beziehungen der Abhängigkeit* sind derart strukturiert, daß die Unterentwicklung des einen Teils die Entwicklung des anderen bewirkt. 2. Je mehr eine Region in das kapitalistische System eingegliedert ist, desto größer ist ihre Unterentwicklung; und umgekehrt: je größer die Distanz von den führenden kapitalistischen Ländern, um so größer die Chance zu einer autogenen Entwicklung.

Japan sei das einzige Land nichtwestlicher Kultur, das eine kapitalistische Industrialisierung erreicht habe, und zwar weil es sich in Unabhängigkeit und Isolierung gehalten habe, bis es mit den Industrieländern konkurrieren konnte. Die unterentwickelsten Regionen Lateinamerikas seien diejenigen, die sehr früh in engen Kontakt mit dem europäischen Kapitalismus getreten sind. Das Außerachtlassen der internen Faktoren bei der Betrachtung der Unterentwicklung heißt, die Entwicklungspolitik auf »antiimperialistischen Kampf« zu reduzieren, auf *gewaltsame* Entfesselung aus der Abhängigkeit. Gegenüber dem »desarrollistischen« oder parteikommunistischen Reformismus beharrt man auf politischer Gewalt: Land- oder Stadtguerilla.[6]

1.1.3. Feudalismus und Kapitalismus

Der Begriff des Feudalismus als bloße Andeutung des Vorkapitalismus, ohne nähere Präzisierung, verbarg während eines ganzen Jahrhunderts die krasse Unkenntnis der kolonialen Vergangenheit. Die lobende oder kritische Interpretation der spanischen Herrschaft unterschied Konservative von Progressiven.[7] Einen so problematischen und unpräzisen Begriff wie den des Feudalismus[8] zur Beschreibung des Charakters von Lateinamerika in Frage zu stellen, ist der wesentlichste Beitrag des Neomarxismus. Ihn jedoch durch einen Begriff wie den des Kapitalismus[9] zu ersetzen, der nicht weniger vieldeutig und für eine mehr als vierhundert Jahre umfassende historische Periode gleichermaßen diffus ist, bringt keinen großen Gewinn. Zumindest, und das ist das Hoffnungsvollste an der augenblicklichen Polemik, kann man sich über den Charakter der lateinamerikanischen Gesellschaft nicht mehr auslassen, ohne historische Methoden und Quellen einzubeziehen. Keine geringe Verwirrung — und das ist nicht ein ausschließlich lateinamerikanisches Phänomen — resultiert aus der gegenseitigen Unkenntnis der Probleme, die den Soziologen und den Historiker beschäftigen.

Zunächst ist nichts verführerischer als ein guter Schuß Eklektizismus. Die kapitalistischen Aspekte in der historischen Entwicklung Lateinamerikas sind ebenso schwer zu leugnen wie die feudalen. Zugunsten der feudalistischen These kann man herausstellen: den vorkapitalistischen Charakter von Spanien und Portugal zu Beginn der Konquista;

das Überleben der vorkolumbischen Strukturen in den indianischen Dorfgemeinschaften *(comunidades de indígenas);* die entscheidende Bedeutung, die die Zwangs- und Knechtsarbeit in der Kolonie hatte; der quasi-natürliche Charakter der Ökonomie der Haciendas und die Anhäufung von Immobilien in den Händen der Kirche, die einen beachtlichen Teil der erwirtschafteten Gewinne für nicht-ökonomische Zwecke abführte. Darüber hinaus reicht eine in den Weltmarkt integrierte Marktwirtschaft nicht aus, um eine Gesellschaftsformation als kapitalistisch zu definieren. Das Entscheidende ist deren Produktionsweise, die zumindest eine Kommerzialisierung auf einem solchen Niveau erfordert, daß ein produzierendes Unternehmen, wenn es auf einen expandierenden Markt stößt, über eine Technik verfügt, die ein konstantes Erweitern der Produktion erlaubt. Hinzu kommt die Umwandlung von Zwangsarbeit in Lohnarbeit. Beide Bedingungen fehlen im sogenannten kolonialen Kapitalismus.[10] Der mexikanische Historiker Enrique Semo schrieb dazu:

»Die Gesetze des Marktes sind wirksam, aber sie können das Funktionieren des Systems als Gesamtzusammenhang nicht erklären. Ein Adelstitel ist mehr wert als Kapital. Eine Absolution bewirkt die Umwandlung eines blühenden Geschäftes in ein Kloster. Der soziale Status hängt eher von Reichtum und Prachtentfaltung als vom produktiven Kapital ab. Die Investition für den Kauf eines offiziellen Titels ist ohne Zweifel ein rentableres und sichereres Geschäft als der Erwerb einer Werkstatt. Der reichgewordene Mestize hat keinen Zugang zu den herrschenden Kreisen der Spanier. Die Indios dürfen keine europäischen Kleider, keine Waffen tragen, keine Pferde und kein privates Land besitzen noch bedeutende Schulden machen.«[11]

Zusammenfassend läßt sich sagen, daß eine Reihe von sozialen und kulturellen Faktoren den in gewissem Sinne marktwirtschaftlichen Charakter der kolonialen Ökonomie einschränken.

Für die kapitalistische These wiederum spricht das Faktum, daß die Entdeckung und Eroberung Amerikas sich innerhalb der Expansion des frühen Handelskapitalismus abspielt, die mittels des kolonialen Geschäftes die ursprüngliche Akkumulation und den ersten Weltmarkt ermöglicht, zwei unerläßliche, wenn auch nicht ausreichende Faktoren für die Entstehung des industriellen Kapitalismus. In den Bergbauzentren, mehr noch in Mexiko als in Peru, entstehen sicherlich Anfänge eines Kapitalismus, die Semo als »embryonal« charakterisiert. Der Überfluß an Silber kommerzialisiert die Ökonomie und beschleunigt den Prozeß der Arbeitsteilung. Die unternehmerische Mentalität der Eroberer[12] mit einem Hang zu herrschaftlichem Verhalten, einer Eigenart des unter den Emigranten verbreiteten niederen Adels *(hidalgos)*,[13] zeigt ebenso wie der »private« Charakter der Eroberung,[14] die von der Sucht nach persönlichem Reichtum geleitet war, die unbestreitbare Zweideutigkeit der Europäisierung von Amerika, solange man von dem Gegensatz Kapitalismus — Feudalismus ausgeht.

Die lateinamerikanische Geschichte und Soziologie ist sich der aus europäischem Kontext entstandenen Kategorien bewußt geworden und hat nun die durch diese Begriffe bedingte falsche Problemstellung zu überwinden. Es gehört nicht viel dazu, die für das Verständnis der kolonialen Realität unbrauchbaren Begriffe Feudalismus-Kapitalismus aufzuzeigen; aber solange andere Begriffe, die von konkreten historischen Studien gestützt werden, nicht verfügbar sind und man weiterhin mit der Dichotomie Kapitalismus und Feudalismus operiert, sollte man am Vorhandensein feudalistischer und kapitalistischer Elemente in der historischen Entwicklung der lateinamerikanischen Gesellschaft festhalten. Diese Elemente sind jedoch derart zusammenhängend und integriert, daß sie *eine neue Einheit* bilden, die man entweder *embryonaler und abhängiger Kapitalismus* oder *kolonialer Spätfeudalismus mit Bindung an den europäischen Kapitalismus* nennen kann. Entscheidend sind einmal die Besonderheit der internen Strukturen und zum anderen die Abhängigkeitsbeziehungen zu den europäischen Metropolen.

1.2. Die atlantische Perspektive

Ein wertvoller Beitrag der ansonsten stark vereinfachenden Hypothese des kapitalistischen Charakters Lateinamerikas liegt im Hervorheben des sehr frühen Beginns seiner Europäisierung. Das heutige Lateinamerika als historisch-kulturelle Realität ist ein Resultat der europäischen Präsenz in diesem Subkontinent. Die Konquista stellt den definitiven Bruch mit dem Konglomerat von vorkolumbischen Kulturen dar, die unter sich keinen Zusammenhang hatten und die sich auf sehr unterschiedlichem Entwicklungsniveau befanden.[15]

Die amerikanische Geschichte fügt sich in die europäische ein als ein Element der überseeischen Expansion des Europas der Renaissance. Tatsächlich kann man sie nicht anders verstehen als in einer atlantischen Dimension, die die konstante und übergeordnete Interrelation zwischen Alter und Neuer Welt einschließt. Diese fundamentale Tatsache charakterisiert die Besonderheit Lateinamerikas gegenüber Asien und Afrika. Europa wird in jenen Kontinenten erst wesentlich später präsent — wenn man von den auf die Küsten beschränkten Expeditionen der Portugiesen absieht, richtet sich der Europäer in Asien zu Ende des 18. und in Afrika in der Mitte des 19. Jahrhunderts ein, zu einem Zeitpunkt also, zu dem der industrielle Kapitalismus schon sehr mächtig geworden ist. Die dortigen Formen der Herrschaft und der Abhängigkeit müssen also sehr verschieden sein von denen, die die Spanier zwei oder drei Jahrhunderte früher anwandten.

Bei den üblichen Vergleichen der verschiedenen Kolonialsysteme, vor allem — was zu Beginn dieses Jahrhunderts Mode war — der spanischen mit den englischen Kolonien in Amerika, vergißt man oft die unterschiedlichen historischen Entstehungsbedingungen. Der Zeitpunkt, an dem die Kolonisation vonstatten geht, ist ebenso wichtig wie die Kultur des kolonisierenden und die des kolonisierten Volkes. Um Lateinamerika zu verstehen, ist neben einer Aufzählung der iberischen Elemente zu unterstreichen, daß es sich um die erste überseeische Kolonisation überhaupt handelt.[16]

1.2.1. Der Eurozentrismus

Die These, die die lateinamerikanische Unterentwicklung dem fehlenden Kontakt mit der kapitalistischen Dynamik zuschreibt, fußt auf dem europäischen Anspruch, sich selbst in den historischen Mittelpunkt zu stellen und von den eigenen Beziehungen zur nichteuropäischen Welt abzusehen. Die Geschichtsphilosophie, die aus der Bourgeoisie in der Zeit ihrer Blüte hervorging, die Hegelsche, ist auf Europa zentriert und findet darin ihre Kulmination, während sie das Phänomen Amerika in die Einleitung über die geographische Grundlage der Weltgeschichte[17] verweist. Für Hegel gehören die ursprünglichen amerikanischen Kulturen zur Welt des Natürlichen, die dazu verurteilt ist zu versinken, »sobald sich der Geist nähert«.

Die Idee von der konstitutiven Schwäche des amerikanischen Indianers war im 18. Jahrhundert in Europa weit verbreitet,[18] ein Vorurteil, das in verschiedenen Formen bis in die heutige Zeit fortdauert. Der Kolonialherr, der das unterworfene Volk zum Haustier degradiert hat, entdeckt dann dessen konstitutive Untermenschlichkeit.[19] Das Schicksal des amerikanischen Indianers ist, sich an den Europäer anzugleichen oder auszusterben. In beiden Fällen — meint Hegel — sei lediglich der Europäer fähig, Geschichte zu machen.

So, wie sich um die großen Städte Satelliten bilden, um das unproportionale Wachstum der Städte abzufangen, stelle Amerika einen Satellitenkontinent für Europa dar, eine Art Sammelbecken der überschüssigen Bevölkerung. Die Besonderheit Lateinamerikas sei geographischer Art — neues Expansionsgebiet —, aber nicht historischer, denn es handele sich bei beiden um ein und dieselbe Kultur.

Der Hegelsche Eurozentrismus betont bereits den abhängigen Charakter Amerikas. In der klassischen Ökonomie von Adam Smith bis Karl Marx erhält das amerikanische koloniale Unternehmen einen bedeutenden Platz zur Erklärung der Anfänge des Kapitalismus. Max Weber ersetzte das Problem der Entstehung des Kapitalismus durch das der Entstehung des »Geistes des Kapitalismus«, eine Mystifizierung mit schwerwiegenden Konsequenzen, die die ursprüngliche Beziehung zwischen Kapitalismus und überseeischer Expansion in den Halbschatten verweist. Der Schlüssel zur kapitalistischen Entwicklung — später spricht man allerdings mit größerer Ungenauigkeit von Modernität — stecke in dem Wertsystem, das den reformierten Christen charakterisiere.

Von den theologischen Ansätzen Webers — Puritanismus und der Gedanke der Prädestination — springt man zur Psychologie der »dynamischen«, »schöpferischen« Persönlichkeit. Mit der Psychologisierung und dem Verlust der historischen Gehalte der soziologischen Kategorien, werden die gegenseitigen Abhängigkeiten zwischen Europa und Amerika vom Bewußtsein des »wissenschaftlichen Soziologen« ferngehalten.

Aus dieser Sicht versteht man die Reaktion der heutigen lateinamerikanischen Soziologie. Die Substitution der formalen und psychologischen Schemata durch historische Kategorien setzt die Interdependenz der beiden Küsten des Atlantiks an die erste Stelle. Problematisch bleibt, daß die Soziologie hastig in die Geschichte eintaucht — sie braucht sie dringend —, um diese dann von neuem in ein Schema zu pressen.

Lange bevor die Soziologie die atlantische Dimension zur Erklärung der Wirtschafts- und Sozialgeschichte Lateinamerikas wiederentdeckte, hatte der Historiker die Aufsplitterung der europäischen Geschichte in vielfältige nationale Geschichtsschreibungen ohne Berücksichtigung der überseeischen Beziehungen überwunden. Das Werk von F. Braudel über das Mittelmeer zu Zeiten Philipps II.[20] ist in diesem Sinne bahnbrechend. Seine Schüler Huguette und Pierre Chaunu haben eine ambitiöse Studie über Sevilla und den Atlantik publiziert, der sie, zusammen mit einer Fülle von statistischem Material, einen Essay über die ökonomischen Strukturen und Zyklen der Beziehungen zwischen Spanien und seinen Kolonien beifügen.[21]

Wenn wir diese historische Literatur erwähnen, so deswegen, um uns gegen die soziologische Reduktion zu wehren, die das umfassende und widersprüchliche historische Material unter einigen wenigen simplen Ideen subsumiert, welche einen historischen Prozeß erklären sollen, der mehr als vier Jahrhunderte angedauert hat. Ohne Zweifel verläuft die lateinamerikanische Geschichte in Bahnen, in denen die Beziehungen der Abhängigkeit eine erstrangige Rolle spielen; sie zu betonen befreit uns jedoch nicht von der Aufgabe, die spezifischen Faktoren, die in einer bestimmten Zeit und Situation wirksam sind, explizit zu machen. Die Abhängigkeit bildet eine Konstante in der lateinamerikanischen Geschichte, aber sie ist nicht ihre ausschließliche Geschichte.

Den allgemeinen Rahmen mit den spezifischen Bedingungen zu identifizieren — das sind Hypothesen unterschiedlicher Abstraktionsebenen —, verursacht die Verwirrung, die die augenblickliche Diskussion um die Abhängigkeit charakterisiert. Zwischen der Abhängigkeit Mexikos von Spanien im 17. Jahrhundert sowie der Spaniens im 18. und Argentiniens im 19. Jahrhundert von England gibt es wesentliche qualitative Unterschiede, die den verallgemeinernden Gebrauch dieses Begriffes als erklärenden Faktor verbieten. Diese Verwirrung stützt das so fragliche »Gesetz«: je »abhängiger« ein Land, desto größer die Unterentwicklung.

1.2.2. Der amerikanische Beitrag

Es ist müßig, sich bei den europäischen Elementen in der historischen Entwicklung Lateinamerikas aufzuhalten: Die gängige Geschichte beschäftigt sich ausreichend mit den europäischen Beiträgen und die Theorie der Abhängigkeit und des Imperialismus mit den negativen Elementen. Nicht ganz so üblich ist es, auf den amerikanischen Beitrag bei der Entstehung des modernen Europas hinzuweisen; in erster Linie ist es der *Strom von Edelmetallen,* der sich in die europäische Ökonomie ergießt.

Nach offiziellen Zählungen, die E. J. Hamilton[22] zusammengestellt hat, erhielt Spanien aus seinen amerikanischen Kolonien in der Zeit von 1503 bis 1660 181,3 Tonnen Gold und 16 886,8 Tonnen Silber. Pierre Chaunu[23] schätzt die Produktion von Edelmetallen des kolonialen Amerika zwischen dem 16. und 19. Jahrhundert auf einen Wert von 85 000 bis 90 000 Tonnen Silber, das sind 80-85% der Weltproduktion zu jener Zeit.

Diese Zahlen vermitteln eine Vorstellung von dem enormen Stimulus, zu dem die amerikanischen Edelmetalle für die europäische Wirtschaft werden, ganz besonders als der Geldmangel mit der schwindelerregenden Entfaltung des Handels im 15. Jahrhundert katastrophale Ausmaße anzunehmen beginnt. Mit der Stadtentwicklung wächst die Bevölkerung: Handwerker und Händler zentrieren das wirtschaftliche Leben um die Märkte. Es steigt die Nachfrage, es verbessern sich die Kommunikationswege, die Waren zirkulieren in größerem Ausmaß. Die Folge ist das Fehlen von Münzen, verschärft durch ständige Goldzahlungen für aus dem Orient eingeführte Luxuswaren. Der Mangel an Gold droht sich zu einer akuten Gefahr auszuweiten in einem System, in dem die Edelmetalle den einzigen universellen Tauschgegenstand darstellen.

Dieser unersättliche Hunger nach Gold, der Europa im 15. Jahrhundert quält, ist leicht erklärbar: So wie das produktive System des 19. Jahrhunderts um die Kohle kreist, hängt das Handelssystem des 15. und 16. Jahrhunderts vom Gold ab. Die Gier nach Gold ist keine Frage des iberischen Temperaments, vielmehr Ausdruck des Übergangs einer geschlossenen Feudalgesellschaft mit autonomen Produktionseinheiten in eine kommerzielle und städtische Wirtschaft. Die neue aufsteigende Klasse von Geschäftsleuten drängt nach Gold als einer Art Urstoff ihrer Existenz, der allein eine Entwicklung des Handels und Kreditwesens ermöglicht. Als Europa unbedingt Gold braucht, um seine

Entwicklung vorwärtszubringen, begibt es sich auf die Suche danach. Konkret historische Gründe erklären die Tatsache, daß die iberische Halbinsel bei der Stillung des Bedürfnisses, das alle spüren, voraneilt.

Ebenso entscheidend wie zur Entwicklung der Wirtschaft trägt Amerika zur Entstehung der *modernen Wissenschaft* bei. Die sich ankündigende Wechselbeziehung zwischen der Entfaltung der Produktivkräfte und einem neuen ideologischen Horizont wird eine historische Erfahrung, die Marx später aufarbeitete. Ein Jahrhundert vor Galileis Bruch mit dem Prinzip der Unbeweglichkeit des Firmaments erschien in Paris die Schrift ›Novus Mundus‹ (1503) des italienischen Seefahrers Amerigo Vespucci mit Entdeckungen von enormer wissenschaftlicher Bedeutung.

Er beweist, daß das Land, das man ihm zu Ehren – und nicht ganz zu Unrecht – später Amerika genannt hat, ein eigenständiger Kontinent ist, und verwirft damit den klassischen Begriff der »Ökumene«, der lediglich einem privilegierten Teil der Erde – und zwar dem bekannten – die Bedingungen der Bewohnbarkeit zugesteht: Der ganze Globus wird zu einem realen oder potentiellen Aufenthaltsort des Menschen. Er erhebt alsdann begründeten Zweifel an der Glaubwürdigkeit der antiken Schriftsteller: Das empirisch Überprüfte erhält einen höheren Stellenwert als das, was lediglich die Autorität glauben machen will. »In dieser Hemisphäre habe ich Dinge gesehen, die mit dem System der Philosophen nicht übereinstimmen.«

Die Lehre des Aristoteles, die sich in einen bloßen ideologischen Deckmantel des Feudalismus verwandelt hatte, erhält mit den großen geographischen Entdeckungen ihre erste bedeutende Korrektur. Klima, Fauna, Flora, Völker und Kulturen lassen sich nicht mit den Zitaten der Antike beschreiben. Der Schock einer völlig fremden Realität gibt neue Impulse für die Entfaltung der Naturwissenschaften: Botanik und Zoologie, Ethnologie und Linguistik sind in gewisser Weise Produkte der Entdeckung Amerikas.

Auch die *Sozialwissenschaften* bleiben von dieser grundlegenden Entdeckung nicht unberührt. Einerseits erweitert sich für den Immigranten der Raum des sozial Möglichen. Amerika eröffnet eine soziale Mobilität, die bis dahin unbekannt war. Andererseits ist die Erarbeitung des Begriffs der »Utopie« fundamental für die Sozialwissenschaften der Neuzeit. Der Unterschied zwischen Platons ›Republik‹ und der ›Utopia‹ des Thomas Morus liegt darin, daß letztere nicht eine Spekulation über die »Idee« der vollkommenen politischen Form, sondern das Ergebnis einer konkreten Erfahrung ist: In Amerika leben in der Tat glückliche und friedliche Völker in einem System der Gütergemeinschaft. Die Insel »Utopia« hat sowohl eine bestimmte geographische Lage, die Neue Welt[24], als auch glaubwürdige wissenschaftliche Quellen: Amerigo Vespucci und Pedro Mártir de Anglería.

Morus macht den genialen Sprung — und das läßt seine ›Utopia‹

vorerst noch Utopie bleiben —, indem er bereits miteinander verbindet, was noch der Zukunft gehört: den Kommunismus mit der griechisch-christlichen Kultur. Die Gegenüberstellung von Naturmenschen und Kulturmenschen, von der sich die revolutionäre Philosophie der aufsteigenden Bourgeoisie nährt, hat ihre Wurzeln in der Aneignung Amerikas.

1.3. Das Problem eines iberischen Feudalismus

Wenn man das amerikanische Unterfangen mit dem ihm vorangehenden merkantilen Kapitalismus in Verbindung bringt, stößt man auf ein Paradox: Das Unternehmen, das die Modernität einleitet, ist das Werk der iberischen Halbinsel, die heute als Inkarnation der »Anti-Modernität« erscheint. Ein europäisches Gebiet, das sich mit Verzögerung und erheblichen Schwierigkeiten in die moderne industrielle Zivilisation zu integrieren beginnt, war der Ausgangspunkt der ersten kapitalistischen Expansion. Der lateinamerikanische Intellektuelle findet allzuoft keine andere Bewältigung der sozialen Probleme, als sein Unglück der feudalen Vergangenheit und den kulturellen Werten Spaniens anzulasten.

Das Paradox — das feudale Spanien an der Spitze der überseeischen Expansion des Frühkapitalismus — läßt sich insofern lösen, als man den *feudalen Charakter* der iberischen Gesellschaft des 15. Jahrhunderts in Frage stellt. Damit leugnet man nicht die mittelalterlichen Wurzeln des amerikanischen Unternehmens, im Gegenteil: Der Historiker Claudio Sánchez Albornoz versteht es als »eine Verlängerung des Mittelalters, eine Projektion des Spanisch-Mittelalterlichen in die Dimensionen von Zeit und Raum und eine Bestätigung der mittelalterlichen Wege Spaniens«[25]. Pierre Vilar schreibt kategorisch:

> »Nachdem die Rekonquista abgeschlossen war, wurde sie unmittelbar durch die spanisch-koloniale Konquista abgelöst. Heute scheint es banal, die fundamentale Einheit beider Vorgänge hervorzuheben.«[26]

Nicht so sehr die offensichtliche Kontinuität als vielmehr die *Originalität* beider Vorgänge ist zu betonen. Die Eroberung Amerikas und das Scheitern einer kapitalistischen Entwicklung — die zwei Schlüsselfragen der spanischen Geschichte — hängen von der Besonderheit der iberischen mittelalterlichen Vergangenheit ab.[27]

1.3.1. Schwäche des kastilianischen Feudalismus

Kastilien — und das moderne Spanien ist in seinen wesentlichen Zügen das Werk Kastiliens — hat sich in einem achthundertjährigem Kampf zu einem Volk von Soldaten und Bauern — oder besser: von bewaffneten Bauern — ausgebildet. Die Feudalisierung der Halbinsel, die im letzten Jahrhundert des westgotischen Königsreichs weit fortgeschritten war, erlitt einen entscheidenden Rückschlag durch die maurische Invasion. Asturien und León, später auch Kastilien, lebten Jahrhunderte unter der ständigen Bedrohung, bei geringsten Anzeichen ihrer Schwäche zerstört zu werden. Von daher kamen sie zu einer kriegerisch-religiösen Auffassung ihrer — typisch feudalen — Existenz, ohne daß es ihnen gelungen wäre, die charakteristischen ökonomisch-sozialen Institutionen des Feudalismus in einem geschlossenen System von Abhängigkeiten zu konsolidieren.

In einer solch unsicheren Lage, in der jedermann Gut und Leben mit der Waffe in der Hand verteidigen mußte, war das Aufkommen individueller Freiheit unumgänglich. Die tägliche Erfahrung destilliert sozusagen eine demokratische und egalitäre Auffassung vom persönlichen Wert, der vom sozialen Status absieht. Knechtschaftsbeziehungen entstehen schwerlich an einer unsicheren Grenze unter entschlossenen Pionieren.

Im Epos vom Cid — dem ersten literarischen Ausdruck kastilianischer Eigenart — hat der innere Wert der Person mehr Gewicht als der soziale Stand. Nicht die hohe Abstammung, sondern die erprobte Tapferkeit bewegt den Dichter. Ein Verrat ist nicht geringer, wenn ihn der »Infant« begangen hat. In dem Epos gibt es den durchgängigen Versuch, zwischen dem Menschen und seinem Stand zu unterscheiden, verbunden mit der Geringschätzung dem gegenüber, dessen Einfluß aus ererbtem Besitz stammt, und der Hochachtung vor dem, der seinen Reichtum »ehrenvoll« auf dem Schlachtfeld erwirbt.[28]

Der Kampf gegen die Mauren eröffnet dem mutigen Krieger niederer Herkunft einen Weg zum sozialen Aufstieg. Die Verschiebbarkeit der Grenze bricht mit dem Monopol an Boden: Das eroberte Land gehört letzten Endes dem, der es wagt, es zu besetzen und zu verteidigen.

Dem Wiedererstarken herrschaftlicher Rechte und der Erhaltung der knechtlichen Arbeitskraft stehen Privilegien und Konzessionen gegenüber, die erforderlich sind, um so gefährdete Gebiete zu bevölkern; aber ohne eine begünstigende Wiederbevölkerungspolitik ist die Sicherung der Eroberungen nicht gewährleistet. Das zwingt den Adel, eine soziale Entwicklung zuzulassen, die auf lange Sicht die eigenen Privilegien untergräbt.

Bis zum 11. Jahrhundert bestimmt der Widerspruch zwischen der Konsolidierung der Abhängigkeitsbeziehungen und einer »offenen Grenze«[29] die Problematik des kastilianischen Feudalismus. Darüber hinaus erfordern die Zwänge des Krieges eine Zentralisierung der militärischen Operationen in den Händen des Monarchen, was den Prozeß der Machtkonzentration in der Person des Königs beschleunigt. Das Prestige und die Macht der spanischen Könige läßt keinen Vergleich im europäischen Mittelalter zu.

Kastilien entsteht in einem Prozeß der militärischen Eroberung und Kolonisierung dieser Gebiete. Im Laufe der Jahrhunderte zeigen sich spezifische Züge je nach dem Kräfteverhältnis der christlichen und mohammedanischen Welt. Auf schematische Weise lassen sich drei Etappen unterscheiden:

1. Auch wenn man von Anfang an die eroberten Gebiete als königlichen Besitz betrachtete *(tierras de realengo)*, überwog bis ins 11. Jahrhundert die individuelle Aneignung von Land, und es bildeten sich so — mit oder ohne königliche Billigung — in den Grenzgebieten Gruppen von unabhängigen Bauern. Mit dem Ziel, strategische Punkte zu sichern, die so gefährdet waren, daß man sie nicht der Privatinitiative überlassen konnte, gewährte der König *cartas pueblas*, in denen die Privilegien derjenigen, die den Mut hatten, bestimmte Orte zu bewohnen, bekundet wurden. Beide Vorgänge begünstigten die Befreiung von Frondiensten und bewirkten eine Art von Volkskolonisation, die den schon erwähnten demokratischen und egalitären Charakter Kastiliens verstärkte.

2. Nach der Eroberung von Toledo (1085) neigte sich die Waage endgültig zugunsten der christlichen Seite. Die maurischen Könige gerieten in die Defensive und waren ohne afrikanische Hilfe unfähig, in feindliches Territorium einzudringen. Die Gefahr an der Grenze verminderte sich beachtlich und hörte mit Beginn des 13. Jahrhunderts praktisch auf. Zwischen der Eroberung Toledos und Sevillas (1248) überwog die städtische Kolonisierung. Sie konzentrierte sich vor allem auf Orte, die bevorzugte Rechte und Privilegien bekamen.

3. Je weiter sich die Eroberung nach Süden ausdehnte, desto mehr nahm die Begünstigung des Volkes durch die zwei Arten der Wiederbesiedlung ab. Der endgültige Sieg in Navas de Tolosa (1212) erlaubte die Ausbreitung der christlichen Königtümer mit unglaublicher Schnelligkeit. In fünfzig Jahren vollendete sich die Eroberung der fruchtbaren und dichtbevölkerten Region von Andalusien mit Ausnahme des Königsreichs von Granada. Zwischen 1240 und 1270 verließen ungefähr 400 000 Moslems die andalusischen Städte, was die Manufakturen und den Handel in einem ökonomisch hochentwickelten Gebiet lähmte. Der Fronbauer, der den neuen christlichen Herrn anerkannte, blieb. Kastilianische Unterschichten begannen, die verlassenen Städte zu bevölkern, relativ langsam angesichts des geringen demographischen Potentials. Die fruchtbare Erde mit disponibler Arbeitskraft verteilte man unter den Adel und die Ritterorden *(colonización señorial)*.

Die Eroberung von Andalusien in der zweiten Hälfte des 13. Jahrhunderts war in der Tat das Ende der Rekonquista. Sie erlaubte die Konsolidierung des Latifundiensystems, das vergeblich versuchte, mit dem Monopol an Boden auch die weiteren feudalen Privilegien wiederherzustellen.

Bis zu einem gewissen Grad kann man von einem *verspäteten Feudalismus* sprechen, dessen Höhepunkt im 17. Jahrhundert liegt.[30] Dieser verspätete Prozeß der Refeudalisierung weist spezifische Merkmale auf, die ihn im wesentlichen vom deutschen Feudalismus des hohen Mittelalters unterscheiden. Einerseits verfestigte er sich unter bereits veränderten sozialen und ökonomischen Umständen, was eine Serie von Spannungen und Widersprüchen hervorrief, die man zur Erklärung der Expansion nach Übersee sehr wohl berücksichtigen muß; andererseits gelang es ihm nicht, sich gegenüber der absoluten Monarchie durchzusetzen, die mit einem unangreifbaren Prestige und einem enormen bürokratischen Apparat ein Faktor von entscheidender Bedeutung war.

1.3.2. Eine verfrühte Bourgeoisie

Die Eroberung Andalusiens verleiht dem kastilianischen Adel neue Kraft — sieben Jahrhunderte lang ist das andalusische Latifundium seine Stärke. Dennoch zeigen mit dem Rückgang der maurischen Bedrohung auch die Städte und die freien Marktorte, unterstützt von ihren Privilegien aus den Zeiten der Kämpfe, ein sehr kräftiges Wirtschaftsleben. Die Stadt schafft neue soziale Gruppen: Handwerker, Händler, Kaufleute. Andalusische Juden, die nicht mit ihren maurischen Herren geflüchtet sind, nützen ihre lange Erfahrung auf finanziellem Gebiet, um ein wirksames Kreditsystem zu organisieren. Das ökonomische Leben der Halbinsel wird immer komplexer. Seit dem 11. Jahrhundert gibt es eine Textilindustrie in Segovia, seit dem 13. Jahrhundert in Cordoba und seit dem 15. in Zamora und Palencia. Die Stadt als kommerzielles Zentrum und bis zu einem gewissen Grad auch Mittelpunkt der Manufaktur erhält beachtliche Impulse. Anfänge einer Bourgeoisie tauchen am Horizont auf.

Die Eroberung von Gibraltar im Jahre 1309 versetzte Kastilien in eine geographisch privilegierte Lage.

Carmelo Viñas[31] verweist nachdrücklich auf die große Bedeutung der Kontrolle über zwei Küsten von so hohem strategischem Wert wie die kantabrische und die atlantisch-mediterrane für die kastilianische Entwicklung. Der wachsende Verkehr zwischen Italien und den Niederlanden, zwischen dem östlichen Mittelmeer und den Häfen des Nordatlantiks, muß an den kastilianischen Küsten vorbei. Der Kantabrer mit großer nautischer Erfahrung – der Walfang hatte ihn die Hochseeschiffahrt gelehrt – kontrolliert den Knotenpunkt der Seewege der damaligen Welt. Die Bewachung der Straße von Gibraltar ist anfangs notwendig, um die Küste vor afrikanischen Überfällen zu schützen, doch sehr bald wird die Flotte, sei es durch Verwendung ihrer Schiffe für Freibeuterei oder Handel – eine Unterscheidung zwischen beiden Aktivitäten ist noch recht unpräzise – zu einer nicht zu verachtenden Quelle des Reichtums.

Der Kastilianer, der gewohnt ist, seinen Unterhalt im Kampf gegen die Mauren zu verdienen, muß, nachdem er die südliche Küste wiedererobert hat, sein Abenteuer auf See fortsetzen. Im 15. Jahrhundert festigt Kastilien seine Überlegenheit auf See gegen die Engländer und Bretonen, die Flamen und die Portugiesen, auf dem Mittelmeer gegenüber den Marokkanern und Katalanen. Kastilien stellt die erste staatliche Flotte der Neuzeit auf; das erklärt das spanische Monopol in Amerika bis zum Ende des 16. Jahrhunderts, dem Zeitpunkt der Zerstörung der »unbesiegbaren« Armada, besser als sämtliche päpstliche Bullen.

Mit der Macht der Flotte wächst in Kastilien der internationale Handel. María del Carmen Carlé hebt seinen Umfang in der entscheidenden Periode zwischen 1252 und 1515 hervor, vor allem den mit Frankreich und Flandern.[32] Doch von Anfang an zeigt jener eine Schwäche, die sich mit der Eroberung Amerikas in ungeahntem Maße verschärfen wird: Kastilien exportiert Rohstoffe, in erster Linie Wolle, um Manufaktur- und Luxusprodukte zu importieren. Die Viehzüchter, die seit dem 14. Jahrhundert in der berühmten »Mesta« organisiert sind, verbinden ihre Exportinteressen mit denen der Kaufleute. Jene wiederum sind auch daran interessiert, Fertigprodukte zu importieren, woran indirekt die Krone ihren Anteil hat, da die Zolleinkünfte ihre hauptsächliche Einnahmequelle werden. Die häufigen Bitten der Städte in der Cortes, Protektionsmaßnahmen zugunsten der Manufakturen zu ergreifen, stoßen auf ein nicht zu durchbrechendes Netz monopolistischer Interessen.

Die Flotte erhält einen neuen Impuls; die Viehzucht steigt rapide: Kastilien verwandelt sich in den größten europäischen Wollexporteur; der Binnenhandel erreicht ein beachtliches Volumen, wovon so stark besuchte Märkte wie der von Medina del Campo zeugen. Dies und der sich verbreiternde Außenhandel, den praktisch das Konsulat von Burgos und der Hafen von Bilbao monopolisieren, und die Existenz der Textilmanufakturen zeigen, bis zu welchem Punkt das Kastilien des 15. Jahrhunderts vollends in die Phase eines Merkantilkapitalismus eingetreten ist, in dem die Interessen der Städte — Manufakturen, innerer Handel — scharf denen des Adels an der Viehwirtschaft, die an den internationalen und monopolistischen Handel gebunden ist, gegenüberstehen.

Die Geschichte Kastiliens besteht im 14. und 15. Jahrhundert aus einer Reihe von Auseinandersetzungen und Bürgerkriegen, die aus diesem Widerspruch hervorgehen: eine anarchische Periode, in der der Souverän zwischen der langfristigen Wahrnehmung seiner Interessen mit Unterstützung der Städte und den Konzessionen an den Adel, dem er grenzenlose Zugeständnisse macht, um seine Anerkennung zu festigen, schwankte.

Die Regierungszeit von Pedro I. (1350-1369), der nicht ohne Grund vom Adel der »Grausame« und vom einfachen Volk der »Gerechte« genannt wird, bildet mit dem Versuch, die Macht des Adels mit der entschiedenen Hilfe der Städte wirksam zu vermindern, den Höhepunkt dieser Krise. Pedros Ermordung leitet die »Bastard«-Dynastie der

Trastamara ein, in welcher die Krone mit wenigen Ausnahmen ein Spielball der Adelsinteressen ist.

Die gewaltigste Auseinandersetzung zwischen Adel und Bürgertum wird in Kastilien schon im 14. Jahrhundert ausgetragen. Es überrascht dabei die chronologische Divergenz: Ein verspäteter Feudalismus widersetzt sich erfolgreich einer allzu frühen Bourgeoisie. Trotz des Sieges des Adels und des Kräfteverfalls, zu dem diese Periode der Bürgerkriege führte, expandiert Kastilien: Es gelingt der Sprung nach Afrika; Tetuan und die Kanarischen Inseln werden erobert. Mit der Integration des Adels, dessen ökonomische Interessen unberührt bleiben, in den ersten modernen Staat, beschließen die »Katholischen Könige« diese Epoche.

Die sozialen Spannungen, die ein verspäteter Prozeß der Refeudalisierung und die Schwäche einer zu früh entstandenen Bougeoisie, hervorbringen, lassen große menschliche Ressourcen ungenutzt, die in kontinuierlich expandierenden Unternehmen hätten untergebracht werden können. Kastilien hat im 15. Jahrhundert mehr als 5 Millionen Einwohner, eine beachtliche Zahl im Vergleich zum Entwicklungsstand der Produktivkräfte. Daß Unzufriedene und soziale Absteiger in der kolonialen Expansion einen persönlichen Ausweg fanden, verhalf dem Adel zu seinem Sieg.

Die überseeische Expansion Kastiliens bietet einer erstarrenden Gesellschaft die fehlende soziale Mobilität. Der Rekonquista folgt nahtlos die Konquista. Lediglich Kastilien verfügt am Ende des 15. Jahrhunderts über die technischen und menschlichen Ressourcen, um sich bei der Suche nach Reichtümern über den Atlantik zu wagen.

Das spanische Paradox heißt, den ersten, vom absoluten Monarchen abhängigen, zentralisierten und bürokratischen Staat geschaffen zu haben, jedoch auf der Basis der ökonomischen Interessen der landbesitzenden Aristokratie. Das erklärt nicht wenige der Ambivalenzen und Widersprüche der Konquista und Kolonisation Amerikas, und auch die unüberwindlichen Schwierigkeiten, auf die eine kapitalistische Entwicklung zu beiden Seiten des Atlantiks stößt.

2. Versuch einer Typologie der iberoamerikanischen Kolonisation

Die Diskussion um den feudalen oder kapitalistischen Charakter der lateinamerikanischen Gesellschaft hat eine andere Frage von gleicher oder größerer Bedeutung verdrängt: die Vielfältigkeit der Formen der von Spanien und Portugal geübten Kolonisationspraxis. Abgesehen von den Differenzen, die sich aus der Besonderheit des jeweiligen Kolonialvolkes herleiten, lassen sich Kolonisationstypen nach dem Grad der sozioökonomischen Entwicklung der eingeborenen Völker und dem Zeitpunkt der Kolonisation unterscheiden. Die spanische Kolonisation des 16. Jahrhunderts ist anders als die des 18. Jahrhunderts. Ebenso finden sich unterschiedliche Ausprägungen, je nachdem, ob relativ entwickelte Kulturen oder primitive Stämme kolonisiert wurden.

Diese beiden Faktoren erklären zum Teil die Verschiedenheiten von Argentinien und Mexiko. Während das Rio de la Plata-Becken mit einer geringen indianischen Bevölkerung auf niedriger Entwicklungsstufe erst im 18. Jahrhundert eine eigene Verwaltung erhält, konstituierte sich Mexiko im 16. und 17. Jahrhundert auf der Grundlage einer theokratisch-agrarischen Kultur, die eine beträchtliche Bevölkerungsdichte wie auch eine breite soziale Differenzierung aufweist.

2.1. Die erste Kolonisation der Antillen

Die Kolonisation Amerikas begann auf den Antillen im Jahre 1492. Die Eroberung Mexikos (1519-1521) schloß diesen ersten Zyklus ab, der, wenngleich er wenig Spuren hinterlassen hat (die heutige Gesellschaft auf den Antillen hat ihren Ursprung in der Rekolonisierung des 18. Jahrhunderts, welche auf der Plantagenwirtschaft mit dem Anbau tropischer Früchte für den Export fußt), doch insofern von größter Bedeutung ist, als er das Grundmuster aufzeigt, das, entsprechend modifiziert, auf den übrigen Kontinent übertragen wurde.

Die erste Entdeckungsexpedition kam auf Grund eines Vertrages zwischen dem Seefahrer Christoph Kolumbus und der kastilianischen Krone zustande. In den in Santa Fé festgelegten ›Capitulaciones‹ wird sowohl der *merkantile* — »Perlen, Edelsteine, Gold, Silber, Gewürze zu gewinnen« — als auch der *private* Charakter des Unternehmens deutlich. Die koloniale Expansion der Spanier, Portugiesen, Engländer und Holländer entsprang Privatinitiativen, obwohl sich die Krone ein derart lukratives Geschäft nicht entgehen lassen wollte. Noch waren die Grenzen zwischen privatem und öffentlichem Vermögen der Krone fließend.

Daraus entwickelte sich eine ständige Reibung zwischen den in bezug auf Macht und Befugnisse so ungleichen Partnern: Häufig kleidet der Monarch seine eigenen Interessen in das Gewand eines öffentlichen Anliegens, oder er verändert einseitig die Vertragsbestimmungen, indem er als Richter und Beteiligter zugleich auftritt.

Die ›Capitulaciones‹ von Santa Fé beinhalten im Keim den fundamentalen Konflikt des »amerikanischen Unternehmens«: Das Aufeinanderprallen der Privatinteressen der Konquistadores mit denen der Krone, die öffentlicher wie auch privater Natur sind. Darüber hinaus geht aus ihnen die grundsätzliche Zweideutigkeit des historischen Augenblicks hervor, denn die rufen eine auf Teilung von Kosten und Gewinn fußende merkantilistische Gesellschaft ins Leben, schaffen aber gleichzeitig Ämter und Privilegien rein feudalen Zuschnitts.

Zwei Kolonisierungsmodelle boten sich an: das kastilianische, ausgerichtet auf Assimilierung und Wiederbevölkerung der eroberten Gebiete, und das italienische Modell, das zur Sicherung des Monopols der Seewege die Gründung einer Handelsfaktorei vorsah und Stützpunkte auf dem Land auf ein Mindestmaß beschränkte.

Kolumbus ging vom letzteren aus in der Erwartung, er werde in den reichen Ländern des Fernen Ostens landen, die Marco Polo beschrieben hatte. Die Kolonisationspolitik des Admirals scheiterte vollkommen, da er, geblendet vom merkantilen Modell, es versäumte, die neue Realität in Betracht zu ziehen. Die Errichtung der Handelsfaktorei erwies sich als fehl am Platze in einer sehr primitiven Kultur, die nichts als Tauschobjekte anzubieten hatte. Die Goldschmuckbestände schwanden rasch dahin, und der Sklavenhandel mit den Eingeborenen — auch in diesem Geschäft versuchte man sich — eröffnete keine bedeutenden Perspektiven, da es, abgesehen von der unter diesen Bedingungen hohen Sterblichkeit der Indios, an einem europäischen Markt fehlte, auf dem die »Ware« Absatz gefunden hätte.

Dem ist noch die enorme Schwierigkeit hinzuzufügen, das europäische Personal mit Nahrung zu versorgen: Das niedrige Produktionsniveau der Bewohner des karibischen Raums — gab es doch kaum die ersten Ansätze von Ackerbau[1] — verhinderte die Aneignung irgendwelcher Überschüsse; außerdem erwiesen sich die lokalen Speisen als für den spanischen Gaumen ungenießbar. Den Hunger zu stillen, war die schwierigste Aufgabe bei der Kolonisation der Antillen. Hieraus erklärt sich, weshalb Kolumbus von der zweiten Reise an Bauern, Saatgut und Vieh mit sich führte; nicht, weil er an einen neuen Typ landwirtschaftlicher Kolonisation dachte, sondern um den für das Fortbestehen der Faktorei unerläßlichen Bedarf zu decken.

Harte und disziplinierte Arbeit, Hunger, Krankheiten und vor allem die Enttäuschung, nicht am Geschäft teilzuhaben und auf die Stufe von Lohnabhängigen abzusinken bzw. nicht einmal den ihnen zustehenden Lohn zu erhalten, erklärt den rebellischen Geist der Begleitmannschaften des Kolumbus wie auch die Meutereien, die schließlich zur Zerstörung der Faktorei führten. Die Einführung des kapitalistischen Kolonisationsmodells in Amerika endete mit einem gründlichen Fiasko.[2]

1495 erteilen die »katholischen Könige«, sich über Rechte des Entdeckers hinwegsetzend, die Erlaubnis zur Einwanderung in die eben entdeckten Inseln und kommen damit auf das kastilianische Modell der Besetzung und Aufteilung des Bodens zurück. Der neue Gouverneur Francisco de Bobadilla leitet einen landwirtschaftlichen Kolonisierungsplan mit breiter Beteiligung des Volkes ein: Boden wird in verschwenderischer Fülle verteilt. Doch dieser Versuch ist nicht weniger utopisch: Die traditionellen Anbauprodukte Kastiliens, Weizen, Gerste und Wein sind nicht leicht zu akklimatisieren, und noch existiert kein Markt für tropische Produkte, die Jahrhunderte später den Reichtum dieser Inseln ausmachen werden. Verdammt zu sein zu einer auf Selbstversorgung beschränkten Subsistenzlandwirtschaft und den Kaziken der armen Indios zu spielen, konnte auf die Dauer keine besondere Anziehungskraft ausüben.

Die Kolonisation der Antillen wäre wohl aufgegeben worden, wenn nicht zur Zeit der Amtsübernahme von Bobadilla die ersten größeren Goldlager gefunden worden wären. So hatte man die Bestätigung von den sagenhaften Reichtümern dieser Inseln, und wenn man ihrer nicht durch Handel oder Plünderung habhaft werden konnte, blieb wenigstens die Möglichkeit, sie aus den natürlichen Lagern zu fördern. So stieß die spanische Kolonisation im Bergbau auf die lukrative Tätigkeit, die solche Mühen rechtfertigte. Edelmetalle waren das einzige, was das Europa des 16. Jahrhunderts benötigte. Jedes andere Produkt, das heute den Reichtum des Kontinents ausmacht — Erdöl, Kaffee, Zucker, Kupfer, Zinn —, hatte keinerlei ökonomische Bedeutung. Der Erfolg der Kolonisation Amerikas hing ausschließlich davon ab, ob sich der mythische Glaube an dessen große Gold- und Silberreserven bewahrheiten würde. Amerika enttäuschte nicht.

Der gesamte Lauf der kolonialen Wirtschaft in den ersten beiden Jahrhunderten dreht sich um den Bergbau: Die sozialen und politischen Institutionen sind den Erfordernissen des Edelmetallabbaus unterworfen. Die Umstände bedingen ein neues Kolonisationsmodell, das — weder merkantil noch ein Siedelungsmodell — sich auf den *Bergbau* gründet.

Nicht die monopolistische Kontrolle eines Handelsweges, auch nicht die Anhäufung von Land, das im Überfluß vorhanden ist und keinen ökonomischen Wert hat, ist nun das vordringliche Problem, sondern der Mangel an verfügbarer Arbeitskraft, die zur Ausbeutung der Minen benötigt wird. Die Knappheit an Arbeitskräften ist das Haupthindernis, das die auf Bergbau gestützte Kolonisation zu überwinden hat; sie ist das Schlüsselproblem der amerikanischen Wirtschaft bis weit in die Anfänge des 19. Jahrhunderts hinein.[3] Die Möglichkeiten der Subsistenz für die indianische Bevölkerung und der Bereicherung für die Europäer verhindern die Entstehung eines zum Verkauf seiner Arbeitskraft bereiten Proletariats. Objektiv gab es nur eine Alternative: Entweder auf die Ausbeutung solch sagenhafter Reichtümer zu verzichten oder die indianische Bevölkerung zur Zwangsarbeit heranzuziehen.

In einem von der Königin Isabella I. am 20. Dezember 1503 in Medina del Campo verkündeten Erlaß wurde das *repartimiento de indios* gesetzlich geregelt, aus dem das bekannte System der *encomienda* hervorging.[4] Bald verwandelte sich La Española (Santo Domingo) in ein riesiges Bergwerkslager in den Händen einer spanischen Minderheit, die mit Hilfe des Systems der Encomienda die eingeborene Arbeitskraft und damit die Ausbeutung der Minen kontrollierte. Endlich hatte man die Form des Kolonialsystems gefunden, das die überragenden Gewinne abwarf, von denen der Admiral geträumt hatte: 1505 belief sich der erklärte Steuerwert (Wert eines Fünftels) auf 22 Millionen Maravedis. In der Ausbeutung der indianischen Arbeitskraft liegt der wahre Reichtum Westindiens. So schreibt Kolumbus 1505 in einem an König Ferdinand V. gerichteten Bericht:

»Die Indios dieser Insel Española waren und sind deren Reichtum, denn sie sind es, die den Acker bearbeiten und das Brot und die anderen Lebensmittel für die Christen herstellen, und sie holen das Gold aus den Minen, und sie verrichten alle anderen Aufgaben und Arbeiten von Mensch und Zugvieh.«

Die Einführung der Encomienda bedeutet die Billigung der Indianersklaverei, so sehr man auch, der Form halber, ausdrücklich darauf beharrte, die neuen Vasallen seien freie Personen. Der schwerwiegende Aspekt dieser Politik liegt jedoch darin, daß sie den Tod der Henne, die die goldenen Eier legte, herbeiführte, indem sie die Dezimierung der indianischen Bevölkerung einleitete. Sehr bald erkannte man, daß es nötig sein würde, einen Ersatz für den Indio zu finden, dessen Leistung sehr schwach und dessen Sterblichkeit sehr hoch war. 1518 erhält der Flame Laurent de Gorredod die königliche Lizenz, 4000 Neger auf La Española zu verkaufen, was aber noch keine nachhaltigen Folgen hatte: Die Erschöpfung der Goldlager in der zweiten Hälfte des 16. Jahrhunderts brachte die erste Phase der Afrikanisierung der spanischen Antillen zum Stillstand.

Nachdem das Gold versiegt und die indianische Bevölkerung ausgestorben war, verloren die Antillen einen beträchtlichen Teil ihres ökonomischen Werts. Sie waren schließlich so verlassen, daß sich die

Konkurrenzmächte mühelos in diesem Gebiet etablieren konnten. Die kleineren Inseln wurden zu Piratennestern, und sogar in den großen Antillen gelang es England 1655, Jamaica zu erobern, während sich die Franzosen im westlichen Teil von Santo Domingo etablierten. Der Schwerpunkt Hispano-Amerikas hatte sich zum mexikanischen und andinen Hochland hin verlagert, wo sich nun der zweite und wesentliche Abschnitt der spanischen Expansion konsolidierte.

2.2. Bergbau-Kolonisation des Hochlandes

Das auf den Antillen verwirklichte Kolonisationsmodell — Abbau von Edelmetallen unter Verwendung von indianischer Zwangsarbeit — erweiterte sich im mexikanischen Hochland und im Hochland der Anden zu einem höchst komplexen und heterogenen System der kolonialen Ausbeutung. Die zwei Faktoren, deren Wirkungsweise auf den Inseln eher zufallsbedingt war, trafen hier auf optimale Voraussetzungen. Die Spanier fanden eine hochentwickelte Landwirtschaft vor, die einen beträchtlichen Überschuß produzierte und die Herausbildung einer sehr differenzierten sozialen Stratifizierung ermöglichte. Sowohl im Aztekenreich als auch im Inkareich gab es eine dichte Bevölkerung, deren Zahl sich nach jüngsten Schätzungen auf jeweils 25 Millionen Menschen belief.[5] Außerdem wiesen diese Gebiete reichliche Silbervorkommen auf, und dank der technischen Revolution, die die Verwendung des Amalgamationsverfahrens ermöglichte, konnten hohe Abbauerträge erzielt werden. Die Krone behielt sich das Monopol auf das in den reichen Lagern von Huancavelica in Peru gefundene Quecksilber vor, das für die Silbergewinnung nach jenem Verfahren unentbehrlich war, und sicherte sich so eine lückenlose Kontrolle über die Produktion.

Trotz des furchtbaren Schlages, den die Konquista den indianischen Hochkulturen versetzte — sie bewirkte den Verlust ihrer kulturellen und politischen Identität, einen jähen Bevölkerungsrückgang, verursacht sowohl durch die Exzesse der Zwangsarbeit als auch durch die tiefgreifenden Strukturveränderungen, die als Folge der Zerstörung des traditionellen Produktionssystems Hungernöte und Epidemien nach sich zogen —, besteht die prähispanische Welt in diesen Regionen bis heute fort.

Die Institution, die den Konquistador — *república de españoles* — mit den Eingeborenen — *república de indios* — verband, war die indianische Dorfgemeinschaft *(comunidad indígena)*, eine auf den Antillen unbekannte Form der gesellschaftlichen Organisation, die sich auch, bis zu einem gewissen Grad mit Erfolg, gegen das mittelalterliche auf den Antillen praktizierte System der *encomienda* wehrte.

So wird die indianische Bevölkerung zwei sich überlagernden, teils direkt konträren, teils sich gegenseitig ergänzenden Ausbeutungssystemen unterworfen: Die *encomienda* (mittels derer einer Privatperson eine bestimmte Anzahl von Indios, die oft bis zu mehreren hundert Menschen umfassen konnte, zugeteilt wurde, damit sie sich deren Arbeitskraft zunutze machte) erwies sich als unentbehrlich für die Kanalisierung des menschlichen Arbeitskräftereservoirs in den Bergbauunternehmen und deren landwirtschaftlichen Versorgungsbetrieben, an denen sich die Konquistadoren bereicherten. An der Erhaltung der *comunidad indígena* jedoch hatte die Krone ein vorrangiges Interesse: Aus verteidigungsstrategischen Gründen schien es zweckmäßig, die Bevölkerung in kontrollierbaren Ortschaften zu konzentrieren; andererseits hatten die auf den Antillen gemachten Erfahrungen gezeigt, daß es angebracht war, den neuen Vasallen einen gewissen Schutz zu bieten. In der *comunidad indígena* konnte sich der Indio einen höheren Grad gesellschaftlicher und ökonomischer Autonomie bewahren, die wiederum seine Reproduktion sicherstellte. Neben dem System der direkten Ausbeutung der Arbeitskraft durch die Encomienda — gab es noch eine indirekte Form der Ausbeutung durch Tributerhebung — den »Tributdespotismus«.

Die Eingliederung der indianischen Bevölkerung in beide Institutionen spiegelt den fundamentalen Konflikt zwischen Privatinteressen der Konquistadoren und den Interessen der Krone wider: Rasche persönliche Bereicherung, auch wenn sie das Risiko einer Ausrottung der indianischen Bevölkerung in sich birgt, steht gegen die Einführung eines auf lange Sicht praktikablen Tributsystems. Ein nicht unwesentlicher Teil der Polemik um Natur und Rechte der Indios geht auf diesen Konflikt zurück.[6] Im 16. Jahrhundert zeigt sich ganz klar der Antagonismus zwischen den despotischen und tributorientierten Tendenzen der Krone und den feudalistisch-kapitalistischen Tendenzen der *encomenderos*. Der *encomendero*, der sich der Zwangsarbeit bedient und der Krone gegenüber »feudale« Ansprüche geltend macht, weist zugleich ganz ausgeprägte kapitalistische Merkmale auf. Ohne diese wären keine neuen Einkommensquellen erschlossen worden, wie Minen, Haciendas, Werkstätten, Zuckersiedereien, wobei all dies, angesichts der engen Verknüpfung zwischen Frühkapitalismus und Sklaverei, kaum Anlaß zur Überraschung bietet.[7]

Die *comunidad indígena* wird nach und nach in das System eingegliedert und liefert Arbeitskräfte für den Sektor der Wirtschaft, der nicht nur der dynamischste, sondern auch derjenige ist, der am gierigsten menschliches Leben verbraucht. Die Kolonisation im Bergbau des Hochlandes ist auf die Ausbeutung von Edelmetallen ausgerichtet.

Zwei Probleme mußten dabei gelöst werden: die Versorgung der Minen mit genügend Arbeitskräften *(encomienda, mita)* und die Erhaltung einer agrarischen Produktion, die die Ernährung der im Bergbau tätigen Bevölkerung sowie der Stadtbewohner gewährleistete (Haciendas und bei den indianischen Dorfgemeinschaften erhobener Tribut in

Form von Naturalien). Die Landwirtschaft war den Minen untergeordnet, die für den Export produzierten.

Aus Europa werden Fertigwaren und Luxusartikel importiert: Die Kontrolle des Atlantikhandels wird zu einer wichtigen Profitquelle, bei der es eine Monopolposition zu halten gilt. Die aus der auf Export von Rohstoffen (Wolle) und Import von Fertigwaren ausgerichteten Wirtschaftsstruktur hervorgehende Schwäche Spaniens verschärft sich mit der Eroberung Amerikas, denn nun hat es zwar Geldmittel im Überfluß, ist aber nicht in der Lage, seine Kolonien mit den Fertigwaren zu beliefern, die dort benötigt werden. Vom 16. Jahrhundert an wird Spanien immer mehr zum einfachen Zwischenhändler zwischen den amerikanischen Kolonien und den europäischen Handels- und Manufakturzentren.

Auf der Grundlage dieser Wirtschaftsstruktur entstand eine Gesellschaft, deren hervorstechendstes Merkmal die Zweiteilung in Eroberer *(república de españoles)* und Eroberte *(república de indios)* ist. Die Überlagerung impliziert zugleich das Zusammenfallen von sozialem Status und Rassenzugehörigkeit: Indios und Neger gehören den untersten Gesellschaftsschichten an, während die Spanier sich den bürokratischen und politischen Apparat und die ökonomisch gewinnträchtigsten Tätigkeiten vorbehalten.[8] Das Leben in den Kolonien konzentriert sich auf die Städte, wo die herrschende Klasse und die Regierungsorgane sitzen. Ebenso wie der dort erreichte Grad der Urbanisierung — Lima und Mexiko waren für ihre Zeit imponierende Städte — überrascht heute die Komplexität des Staatsapparates, der bisweilen in Konflikt mit der lokalen Oligarchie lag, die in kommerziellen *(Konsular)* oder kommunalen Institutionen *(cabildo)* organisiert war.[9]

2.3. Die land- und viehwirtschaftliche Kolonisation

Trotz der überraschenden Geschwindigkeit, mit der die Spanier die Expansion auf dem amerikanischen Kontinent vorantrieben, waren Ende des 17. Jahrhunderts nur jene Gebiete in das Imperium eingegliedert, die aufgrund ihrer riesigen Edelmetallvorkommen und ihres reichlichen Arbeitskräftereservoirs einen unmittelbaren ökonomischen Wert besaßen. Mehr oder weniger abhängig von den beiden Kernzentren — Mexiko und Lima — gab es »Inseln« der Kolonisation, auf denen die europäische Siedlung eine strategische oder lediglich landwirtschaftliche Bedeutung zur Versorgung der Bergbaugebiete hatte. Im 18. Jahrhundert erweiterte sich de facto die Grenze des Imperiums, da der europäische Markt nun auch nach anderen Produkten wie Zucker, Kakao und Leder fragte. Es beginnt ein neuer Kolonisationszyklus, der auf der Entwicklung der Vieh-Estancias — deren Arbeitskraftbedarf sehr gering ist — und der tropischen Plantagenwirtschaft basiert. Ländern wie Kuba mit seinem Zucker, Venezuela mit seinem Kakao und den Ländern des Rio de la Plata-Beckens mit ihrer Lederproduktion ist trotz offenkundiger Unterschiede eines gemeinsam: Ihre gesellschaftliche Entwicklung setzt erst in der zweiten Hälfte des 18. Jahrhunderts ein.

Dieser zweite Kolonisationszyklus hat folgende Merkmale:

1. Es entwickeln sich neue Formen der Abhängigkeit, die diese Länder mit England, der Metropole des Merkantilkapitalismus, verbinden, das sich im Frieden von Utrecht (1713) den Zugang zum Handel mit den spanischen Kolonien gesichert hat.

2. Es kommt zum Aufstieg einer neuen Landbesitzerklasse, die daran interessiert ist, ihre landwirtschaftlichen Produkte im Ausland abzusetzen und die Fertigwaren, die sie benötigt, zu den günstigsten Preisen einzukaufen, ohne dabei von den Handelshemmnissen des spanischen Monopols behindert zu werden. Während in Lima und Mexiko die Oligarchie fest in die Bergbau- und Handelsmonopolinteressen der spanischen Halbinsel integriert ist, sieht diese neue Klasse in England ihren Partner. Unter der Devise des Freihandels verflechten sich hier Export- und Importinteressen der neuen Metropole und der Peripherie miteinander. Es überrascht nicht, daß sich Caracas und Buenos Aires, im 17. Jahrhundert Städte ohne Bedeutung, zu Beginn des 19. Jahrhundert zu den ideologischen, politischen und militärischen Zentren der Unabhängigkeitskriege entwickeln.

Ein Ausnahmefall ist Chile. Seine mit dem lockenden Reiz seiner Goldvorkommen verknüpfte Eroberung fällt in die Zeit des peruanischen Kolonisationszyklus, jedoch konnte sich hier das im Hochland praktizierte Kolonisationsmodell nicht durchsetzen. Ende des 16. Jahrhunderts waren die Goldvorkommen erschöpft, und es war noch nicht gelungen, die indianische Bevölkerung zu unterwerfen. Die Araukaner, die ein beachtliches sozioökonomisches Entwicklungsniveau erreicht hatten, aber ihre Stammesgemeinschaft bewahrten, ohne je äußere Herrschaft oder innere Unterjochung erfahren zu haben, setzen den vordringenden Spaniern erbitterten Widerstand entgegen.[10] Angesichts des Fehlens von Edelmetallen und der Knappheit der Arbeitskräfte – der Indio ist rebellisch und kriegerisch – konzentrierten sich die Bestrebungen auf die Landwirtschaft, die, ausgerichtet auf einen sicheren Markt, eine beträchtliche Expansion erfuhr: Dieser Markt erstreckte sich auf die peruanische Bergbauregion und die von der Krone subventionierten Grenzstreitkräfte. Die Originalität der chilenischen Entwicklung liegt darin, daß es sich schon früh zu einer agrarischen Wirtschaft konstituiert – darin unterscheidet es sich vom Kolonisationsmodell im Hochlandbergbau – und einen inneren, nicht von Europa abhängigen Markt hat, worin es sich vom Kolonisationsmodell der Plantagenwirtschaft unterscheidet. In Chile entwickelt sich schon sehr früh eine nationale Grundbesitzerklasse, die das Rückgrat der politischen Stabilität im 19. Jahrhundert bildet.

2.4. Brasilien

Die amerikanischen Gebiete, die Portugal im Vertrag von Tordesillas (1494) zugesprochen wurden, boten keine größeren ökonomischen Perspektiven. Sie hatten keine Edelmetallvorkommen und nicht genügend entwickelte indianische Kulturen, um Arbeitskräfte in ausreichender Zahl liefern zu können. In der steten Hoffnung, doch eines Tages die sagenhaften Reichtümer zu finden, die die Spanier monopolisierten, galt es für Portugal, Besitz zu ergreifen von den Gebieten, auf die es einen Rechtstitel besaß, bevor andere europäische Mächte sie ihm entrissen.

Der Kern des Problems lag jedoch darin, die Ausbeutungsform zu finden, die geeignet wäre, einen Teil der mit der Inbesitznahme solch ausgedehnter und ferner Gebiete verbundenen Kosten zu finanzieren. Wir haben schon im Fall der Antillen auf die unüberwindlichen Schwierigkeiten hingewiesen, die sich jedem Versuch einer landwirtschaftlichen Kolonisation entgegenstellten: die traditionellen europäischen Anbauprodukte konnten, abgesehen von der Schwierigkeit, sie in den Tropen zu akklimatisieren, im Hinblick auf die äußerst hohen Frachtkosten für den Transport über den Atlantik kein Handelsobjekt werden.

Ganz besondere Faktoren ermöglichten es, daß es den Portugiesen gelang, sich auf der Basis des Zuckeranbaus in Brasilien niederzulassen: die Beherrschung ihrer Produktionstechnik, die sie von den Italienern übernommen und schon auf den Azoren erprobt hatten; darüber hinaus gelang es ihnen, in Zusammenarbeit mit den Holländern das von Venedig behauptete Zuckerhandelsmonopol zu brechen und sich so den Nordatlantikmarkt zu erschließen. Die indianische Sklavenarbeit ermöglichte es ihnen, die ersten Zuckersiedereien in Betrieb zu nehmen. Später, bei zunehmender Rentabilität, ersetzten sie die indianischen durch importierte Negersklaven. Die auf Sklavenarbeit gestützte Zukkerplantagenwirtschaft bildete die Grundlage der ersten portugiesischen Kolonisation im Nordosten Brasiliens. Ihre höchste Blüte erreichte sie zwischen dem Ende des 16. und dem Beginn des 17. Jahrhunderts.

Als notwendige Ergänzung zur Zuckerproduktion entwickelte sich die Viehzucht als Hauptnahrungsquelle, da sie nur geringen Arbeitskrafteinsatz benötigte, wozu die Indianer herangezogen werden konnten. Außerdem war hierfür nicht, wie im Falle der Zuckersiedereien, ein großes Startkapital erforderlich. So wurde die Viehzucht zur bevorzugten Tätigkeit der neuangekommenen Siedler.

Die Annektion Portugals durch Spanien (1580-1640), die Besetzung wichtiger Teile Brasiliens durch die Holländer (1624-1654) sowie die Konkurrenz der englischen und französischen Antillen, auf denen ebenfalls Zucker angebaut wurde, führten schließlich Ende des 17. Jahrhunderts zu jener schweren Krise, die die künftige portugiesische Herrschaft über die Kolonie vollends in Frage stellte.

Die Entdeckung von Gold zu Anfang des 18. Jahrhunderts leitet einen neuen Zyklus ein: die auf den Bergbau gestützte Kolonisation. Im Gegensatz zur hispanischen Kolonisation im Hochland werden hier keine großen Minen mittels komplexer technischer Verfahren und mit reichlich verfügbarer Arbeitskraft ausgebeutet. Die portugiesischen Siedler arbeiten bei geringem Sklaveneinsatz eher mit handwerklichen Methoden, um das Edelmetall aus dem Grund der Flüsse zu gewinnen.

Dieser neue Kolonisationszyklus führt einerseits beim Vordringen auf der Suche nach Gold in den Flüssen des Landesinnern zu einer weiteren Ausdehnung der kolonisierten Gebiete und bewirkt andererseits eine Veränderung der rassischen Zusammensetzung der Bevölkerung, denn nach der durch die Goldsuche ausgelösten beträchtlichen Portugiesen-Einwanderung übersteigt erstmals der Anteil der weißen Bevölkerung den der afrikanischen.

Portugal gewinnt seine Unabhängigkeit von Spanien (1640) erst, nachdem es Englands Schutz akzeptiert. Daraus ergibt sich jedoch eine neue Form der Abhängigkeit, so wie sie aus den Verträgen von 1645, 1661 und 1703 deutlich hervorgeht. Der Goldsuchezyklus in Brasilien, der zwischen 1750 und 1760 seinen Höhepunkt erreicht, kommt England zugute, während Portugal lediglich als Mittler zwischen seiner Kolonie und der neuen Metropole auftritt. Als Ende des Jahrhunderts die Goldvorkommen erschöpft sind, stürzt Brasilien von neuem in eine schwere Wirtschaftskrise; sie fällt zeitlich zusammen mit der politischen Krise, die die Invasion der napoleonischen Truppen auf der iberischen Halbinsel auslöst.

Als der portugiesische Hof nach Brasilien verlegt wird (1807), ergibt sich die Möglichkeit, auf friedlichem Wege die Unabhängigkeit der Kolonie (1822) zu erreichen und damit seine territoriale Einheit zu wahren. England behielt seine ökonomischen Privilegien in Brasilien, die es zuvor durch Verträge mit Portugal durchgesetzt hatte.[11]

3. Agrarstruktur und Agrarreform

3.1. Demographischer Überblick

Das frappierendste Ereignis im heutigen Lateinamerika ist die »demographische Explosion«, von der seine sozio-ökonomischen Strukturen mehr und mehr geprägt werden.[1] In den letzten fünfzig Jahren hat sich die Bevölkerung des Subkontinents mehr als verdreifacht: Sie ist von 90 Millionen im Jahre 1920 auf 280 Millionen 1970 angewachsen. Lateinamerika liegt mit seiner Wachstumsrate von 3% jährlich fast doppelt so hoch als der Weltdurchschnitt (1,9%). Dieses ungewöhnliche Wachstum geht auf die unverändert hohe Geburtenrate, die sich zwischen 40 und 50 pro 1000 bewegt, und eine progressive Verringerung der Sterblichkeitsrate, die von 35 pro 1000 zu Beginn des Jahrhunderts auf 17 bis 12 pro 1000 in der Zeit zwischen 1960 und 1965 gefallen ist, zurück.

Die Bevölkerungsstruktur Lateinamerikas weist zwei fundamentale Züge auf. Der erste ist die außerordentliche *Jugend der Bevölkerung:* Ungefähr 42% der Gesamtbevölkerung sind unter 15 Jahren; Personen ab 65 machen etwas weniger als 4% aus. Somit liegt der Anteil der aktiven Bevölkerung bei annähernd 54%.[2] Ein zweites Charakteristikum ist die starke und ständig *wachsende Verstädterung.* Betrachtet man die Bevölkerung, die in Ansiedlungen mit mehr als 2000 Bewohnern lebt, als städtisch, so gehörten ihr 1970 54,4% an, im Jahr 1950 waren es lediglich 39,1%. Die städtische Bevölkerung tendiert vor allem dazu, sich in den großen Städten, besonders der Hauptstadt des Landes zu konzentrieren. So wohnen 46,4% der nationalen Bevölkerung in Montevideo, 25,9% in Santiago de Chile, 25,4% in Panama, 16,8% in Asunción und 14,8% in Buenos Aires.

Diese globalen Zahlen verschleiern beachtliche nationale Unterschiede. Mexiko und Mittelamerika zeigen das schnellste, das Rio de la Plata-Becken das langsamste Bevölkerungswachstum:

Während der Wachtumsindex von Mexiko 1969 bei 3,5% lag, belief er sich in Argentinien auf 1,5% und in Uruguay sogar nur auf 1,2%. Bezüglich des Anteils von jungen Leuten an der Bevölkerung und des Verstädterungsgrades bildet das Rio-de-la-Plata-Becken ebenfalls eine Ausnahme: Der Prozentsatz an Personen unter 15 Jahren liegt unter dem Durchschnitt (in Argentinien 29,5% und in Uruguay 28,3%), während der der städtischen Bevölkerung darüber liegt (Argentinien 77,6% und Uruguay 78,6%).

Im übrigen Lateinamerika sind die Daten homogener.

Mexiko und Mittelamerika, Santo Domingo, Venezuela, Kolumbien, Ekuador, Peru und Paraguay weisen ein jährliches Bevölkerungswachstum von 3% auf; dicht dahinter folgen Brasilien mit 2,9% und Bolivien mit 2,6%. Einen durchschnittlichen Anteil an städtischer Bevölkerung zeigen Mexiko, Brasilien und Kolumbien; in Mittelamerika überwiegt die ländliche Bevölkerung, in Kuba, Chile und Venezuela die städtische.

In absoluten Zahlen wächst die ländliche Bevölkerung rapide an:

In Brasilien zählte sie 1950 33,1 Millionen, 1960 bereits 38,9 Millionen; Mexiko hatte 1950 eine ländliche Bevölkerung von 14,8 Millionen, 1960 schon 17,2 Millionen.

Trotz der beträchtlichen Landflucht hat sich der Bevölkerungsdruck auf Grund und Boden also enorm erhöht; jedoch vermindert sich in relativen Zahlen die Bevölkerung, die in Ansiedlungen von weniger als 2000 Einwohnern lebt, ebenso spürbar wie die, die sich der Landwirtschaft widmet.

Die Landwirtschaft beschäftigte 1950 53,4% der wirtschaftlich aktiven Bevölkerung, 1969 nur noch 42,2%, das sind 13,9% der Gesamtbevölkerung.[3]

Das Anwachsen der städtischen Bevölkerung kann man nicht ohne weiteres als Symptom einer sozio-ökonomischen Entwicklung ansehen, wie unsere Behandlung des Problems der lateinamerikanischen Städte noch zeigen wird. Eine wachsende Nachfrage nach land- und viehwirtschaftlichen Produkten bedingt vielmehr eine steigende Kommerzialisierung und Kapitalisierung der Landwirtschaft. Aber auch wenn diese Entwicklung andauert, bleibt der Agrarsektor das schwerwiegendste der zahlreichen Probleme Lateinamerikas. Die herrschenden Strukturen verhindern, daß sich die Produktion gemäß der Nachfrage erhöht, während sie gleichzeitig eine wachsende Menge Arbeitsloser vertreiben. Von den 120 Millionen der ländlichen Bevölkerung vegetieren 86 Millionen am Rande oder unterhalb des Existenzminimums.

3.2. Die traditionelle Agrarstruktur

Unter Agrarstruktur muß man die Gesamtheit der sozio-ökonomischen Beziehungen und Institutionen verstehen, die die Nutzung des Bodens als Produktionsfaktor regulieren. Das Adjektiv traditionell deutet auf einen Zustand hin, wie er seit Jahrhunderten, d. h. bis zu den gegenwärtigen Reformen bestand. Die Agrarstruktur ist ihrerseits Teil der gesellschaftlichen Gesamtstruktur. Heute berücksichtigt man selbstverständlich die wechselseitigen Beziehungen zwischen Stadt und Land, zwischen Agrarsektor und Handels- bzw. Industriesektor, die aber von der Agrarsoziologie lange Zeit vernachlässigt worden waren.

Eng verbunden mit der ethnologischen Forschung, die daran interessiert war, das Wesen der »primitiven Kultur« zu erfassen, verwendet die Agrarsoziologie das Konzept »folk« von Robert Redfield, der »Land« als einen spezifischen und unabhängigen Typ isoliert, der sich aus dem Gegensatz zum Urbanen (»Zivilisation«) ergibt.[4] Man neigte dazu, das ländliche Leben zu idealisieren, und betrachtete deswegen vor allem die Besonderheit der familiären Beziehungen, der religiösen Bekenntnisse sowie der Zeremonien und Bräuche.

Bei der Hervorhebung der Integration und Harmonie dieser sozialen Bereiche blieb die sozio-ökonomische Struktur unbeachtet. Zu Beginn der vierziger Jahre brachten militärische Erfordernisse — genauer die Kontrolle von wichtigen Produkten — das State Department dazu, sich für das ländliche Leben Lateinamerikas zu interessieren. Es regte Studien in Bolivien, Brasilien, Argentinien, Kuba und Mexiko an,[5] die zweifellos die Grundlage für eine lateinamerikanische Agrarsoziologie erbrachten. Die Bücher von Lowry Nelson über Kuba und Nathan Whetten über Mexiko gelten heute noch als bedeutendste Werke auf diesem Gebiet. Sie behandeln ausführlich das Verhältnis Mensch — Boden, und betonen die Eigentumsverhältnisse als Ausgangspunkt für das Verständnis der Agrarstruktur.

In den sechziger Jahren führte der von der kubanischen Revolution ausgehende Impuls zu neuen Studien über die ländliche Realität. Unter der Federführung des »Interamerikanischen Komitees für Agrarentwicklung« (CIDA)[6] untersuchte man in sieben lateinamerikanischen Ländern die Beziehungen zwischen Bodenbesitz und landwirtschaftlicher Entwicklung.[7] Diese Arbeiten, welche die Notwendigkeit von Agrarreformen aufzeigen sollten, vermitteln auch tatsächlich grundlegende und vertrauenswürdige Daten für die Planung von weitreichenden Reformen.

Auf diese Studien muß man notwendigerweise zurückgreifen, wenn man die bestehende lateinamerikanische Agrarstruktur beschreiben will. Die neuere Agrarsoziologie, vom Reformismus — die Allianz für den Fortschritt mißlang — und den restaurativen Tendenzen der Länder, die eine Agrarreform durchgeführt haben, enttäuscht, befaßt sich vorzugsweise mit der ländlichen Klassenstruktur und den Bauernbewegungen: Wenn die Bauern die Initiative zu Wandlungsprozessen nicht selber ergreifen, wird die notwendige Umwandlung der Agrarstruktur nämlich schwer durchführbar sein. Dies bedeutet für den Sozialwissenschaftler, daß er zunächst die Klassenauseinandersetzungen und Widersprüche in der ländlichen Umwelt im Vergleich zu den Spannungen und

Widersprüchen der Gesamtgesellschaft analysieren muß, und zwar so, daß Rekrutierung, Organisation und Strategie sowie mögliche Bündnispartner der Bauernbewegungen in den Vordergrund rücken.[8]

Die lateinamerikanische Agrarstruktur läßt sich durch den Konzentrationsgrad des Bodenbesitzes charakterisieren: Ausgedehnte Flächen stehen einer verschwindend kleinen Minderheit zur Verfügung; der größte Teil der ländlichen Bevölkerung hat überhaupt kein oder ein völlig unzureichendes Stück Land. Die Untersuchungen von CIDA bestätigten, was eigentlich schon — trotz der Verwirrung, die in dieser Hinsicht die Großgrundbesitzer gestiftet haben — bekannt war: Das Agrarproblem Lateinamerikas verschärft sich weiterhin durch hohe Bodenkonzentration und exzessive Parzellierung in winzige und unrentable Einheiten. Da die Hektarzahl, wenn man nicht Bodenqualität und Wasser in Rechnung stellt, nicht sehr viel aussagt, definieren die CIDA-Berichte als Latifundium einen Betrieb, der ständig mehr als 12 Personen, und als Minifundium einen, der weniger als 2 Personen beschäftigt. Aufgrund dieses Kriteriums erhielt man für die sieben untersuchten Länder folgende Daten:

	Minifundium		Latifundium	
	% der landw. Betriebe	% des Bodens	% der landw. Betriebe	% des Bodens
Argentinien	43,2	3,4	0,8	36,9
Brasilien	22,5	0,5	4,7	59,5
Kolumbien	64,0	4,9	1,3	49,5
Chile	36,9	0,2	6,9	81,3
Ekuador	89,9	16,6	0,4	45,1
Guatemala	88,4	14,3	0,1	40,8
Peru	88,0	7,4	1,1	82,4

Die tatsächliche Konzentration ist allerdings noch größer, als diese Zahlen es angeben, da aus ihnen nicht hervorgeht, daß oft dem gleichen Besitzer oder seinem unmittelbaren Familienangehörigen mehr als eine Hacienda gehören.[9]

3.2.1. Das Latifundium

Obwohl der Ertrag im Verhältnis zur Qualität des Bodens und zur Verfügbarkeit von Wasser steht, ist die Größe der Fläche nicht irrelevant. Alle verschiedenen Formen des Latifundiums haben das Bodenmonopol gemeinsam. Dies ist eigentlich selbstverständlich, doch muß es betont werden angesichts der Tendenz der lateinamerikanischen Agrargesetzgebung, die einen so negativen Begriff wie den des Latifundiums nicht auf die landwirtschaftlichen Betriebe anwendet, die trotz der

Großflächigkeit effizient produzieren. Daher unterscheidet sie das Latifundium mit hoher Bodenkonzentration und niedriger Rentabilität von der produktiveren Plantage. Die Erhöhung der Produktivität wäre das Primärziel dieser Art von »Agrarreform«, und sie erfüllte ihre Aufgabe schlecht, wenn sie begänne, die effizientesten Produktionseinheiten zu eliminieren. Ihre Argumentation, die völlig an die Interessen der Großgrundbesitzer anschließt, übersieht, daß das Latifundium über die Frage der Produktivität hinaus über eine hohe Konzentration von ökonomischer, sozialer und politischer Macht verfügt.

Wenn auch die Größe ein unabdingbares Kriterium zur Definition des Latifundiums ist, so ist es doch kein ausreichendes. Es handelt sich vielmehr um ein komplexes System von sozialen, ökonomischen und politischen Beziehungen, die man nicht in einer ausschließlich ökonomischen Dimension verstehen darf. Ein solcher Ökonomismus, der das Hauptproblem der lateinamerikanischen Landwirtschaft darin sieht, die Produktivität zu erhöhen, was in erster Linie Verbesserung agronomischer und technischer Bedingungen heißt (»grüne Revolution«),[10] läßt den Kern des Problems außer acht. Der Technokrat beschäftigt sich mit Fragen, die nur dann Bedeutung hätten, wenn schon eine rationale Agrarstruktur vorhanden wäre. Um das Latifundium in seiner Ganzheit als ein Netz von ökonomischen, sozialen, politischen und kulturellen Beziehungen zu verstehen, benötigt man eine historische Perspektive, aus der heraus sich eine adäquate Typologie erstellen läßt: Im letzten Kapitel wurden zwei Kolonisationstypen unterschieden: Bergbau- und Plantagenkolonisation. Diese beiden Typen bilden die Grundlage für die Spaltung des Latifundiums in Hacienda und Plantage.

3.2.1.1. Die traditionelle Hacienda

3.2.1.1.1. Historische Perspektive

Die soziologische Literatur leitet den Ursprung der Hacienda von der Encomienda her. Das lateinamerikanische Latifundium wäre demzufolge aus dem von den Spaniern zu Beginn der Konquista durchgeführten *repartimiento* von Indios und Boden entstanden. Von einem historisch-juristischen Standpunkt aus hat Silvio Zavala[11] schon vor dreißig Jahren gezeigt, daß es keinen Zusammenhang zwischen der Encomienda und dem Eigentum an Boden gibt. Die Encomienda der Indios setzt keine Schenkung oder Belehnung von Boden voraus, genausowenig wie die *mercedes* von Land herrschaftliche Rechte über dessen Bewohner einschließen.

Die neuere historische Forschung[12] hat, soweit sie die Hacienda nicht mit der Encomienda gleichstellt, das Problem der gegenseitigen Beziehungen und Verbindungen beider Institutionen von neuem aufgegriffen und den historischen Prozeß bis zu dem Punkt, an dem die Hacienda die Encomienda endgültig ablöst, aufgerollt.

Die Krone, kampferprobt gegen den widerspenstigen Adel, wehrte sich mit Energie gegen das Entstehen eines überseeischen Feudalismus und verteidigte die Ländereien der *comunidades indígenas*, die sie andererseits mittels der Tributpflicht einem beachtlichen Druck aussetzte. Der »tributarische Despotismus« der Krone widersetzte sich erfolgreich der Herausbildung von herrschaftlichen Verhältnissen und der Autonomie der Konquistadoren, die auch mehr am Bergbau interessiert waren — der Aktivität, mit der sich außerordentliche Gewinne erzielen ließen. Zu Beginn der Konquista blieb die Landwirtschaft de facto in Händen der Indios, wenn auch die Krone das eroberte Land als ihr Eigentum betrachtete. Sie belohnte besondere Dienste mit Verleihungen *(mercedes)* von Boden, die allerdings eher den Charakter einer Ehrung als einen ökonomischen Wert hatten: Es fehlten die nötige Arbeitskraft und der Markt. Erst mit der Entstehung eines Marktes um Bergbauzentren und Städte erhielt der Landbesitz zunehmend Bedeutung.

Die Hacienda hat zwar ihren Ursprung in der Kolonialzeit, nimmt jedoch Anfang des 17. Jahrhunderts schärfere Konturen an[13] und wird eine dominierende Institution der republikanischen Epoche. Sie ist die markanteste Einrichtung des 19. Jahrhunderts und hat in Mexiko ihre glänzendste Zeit unter der Diktatur von Porfirio Díaz am Vorabend der hereinbrechenden Revolution. In Peru liegt ihre Blüte noch später, zwischen 1900 und 1940. Der *gamonalismo*, dessen Etymologie unbekannt ist und der in der andinen Region das Herrschaftssystem der großen Haciendas bezeichnet, taucht erst gegen Ende des 19. Jahrhunderts auf.[14] Die bedeutendsten Viehhaciendas der peruanischen Zentralsierra, die der »Cerro de Pasco Copper Corporation« in Junin, wurden auf Kosten der sie umgebenden *comunidades indígenas* erst in den zwanziger Jahren dieses Jahrhunderts als solche zusammengefaßt. Hierbei handelt es sich in keiner Weise um eine Ausnahme. Es gilt, einen der tiefverwurzeltsten Irrtümer aufzudecken, nämlich, daß die in den heutigen Ausmaßen für Lateinamerika charakteristische Bodenkonzentration aus der Kolonialzeit stamme.

Verschiedene Faktoren erklären, warum der Höhepunkt des Haciendasystems in der republikanischen Epoche liegt:

1. *Umwandlung der auf Export gerichteten Bergbauwirtschaft in eine Agrarwirtschaft für den Binnenmarkt.* Nachdem in den ersten Jahrzehnten des 19. Jahrhunderts der Edelmetallexport stark zurückgegangen war, konnte man auf dem Weltmarkt kaum anderes als Leder und Felle unterbringen. Die in sich selbst abgeschlossene und autarke Hacienda rettete sich. Da sich die interne Nachfrage nach Agrarprodukten auf Grund des Bevölkerungswachstums erhöht hatte, verteuerte sich der Boden, und die Landkonzentration stieg an.

2. *Schwäche der Zentralgewalt.* Das hohe Ansehen des Königs hatte es

fertiggebracht, unterschiedliche Territorien und widersprüchliche Interessen zusammenzuhalten. Die Unabhängigkeit bedeutete eine sofortige Aufteilung der Macht, einmal durch die Zerstückelung des Imperiums in mehr oder weniger künstlich entstandene Nationen, zum anderen begünstigte die politische Instabilität mit ständigen Bürgerkriegen autonomistische Tendenzen im Innern eines jeden Landes. Faktisch erhielt die Hacienda nun »herrschaftliche« Rechte über die von ihr abhängige Bevölkerung, welche sie zu Kolonialzeiten in der Auseinandersetzung mit den eifrigen Verteidigern der *comunidad indígena,* der königlichen Bürokatie und der Kirche, niemals hätte erhalten können.

3. *Ökonomischer Liberalismus und nationale Ideologie.* Mit der Unabhängigkeitserklärung verwandelten sich plötzlich – obwohl nur auf dem Papier – alle »Klassen und Kasten« in freie und gleiche Bürger. Da man es nun für entwürdigend hielt, die Indios zu schützen, blieben diese bei der Verteidigung der kommunalen Ländereien, die weder klare Grenzen noch genau bestimmbare Besitzer hatten, ohne institutionellen Beistand. Die gemeinsame Bearbeitung des Bodens, die zudem dem ökonomischen Individualismus widersprach, hielt man sogar für die Ursache der Benachteiligung der eingeborenen Bevölkerung.[15]

Das mexikanische Säkularisationsgesetz aus dem Jahre 1856 privatisierte nicht nur die enormen Besitztümer der Kirche, sondern auch diejenigen Ländereien, die den *comunidades indígenas* gehörten. Die Verfassung von 1857 verbot öffentlichen Institutionen, zu denen auch die *comunidades indígenas* zählten, den Besitz von Grundgütern. Aber die Privatisierung der kommunalen Ländereien konnte auf Grund des erbitterten Widerstandes der Betroffenen, die zur Verteidigung der traditionellen Einrichtungen sogar zu den Waffen griffen, kaum durchgeführt werden.

Den härtesten Schlag erhielten die Indios durch das »Gesetz zur Abgrenzung des Brachlandes« aus dem Jahre 1883, durch das man versuchte, den umfangreichen, bis dahin nicht genutzten staatlichen Boden in die Produktion mit einzubeziehen. Es ist wohl nicht nötig zu erwähnen, daß die Ländereien der *comunidades,* für die es keine formalen Rechtstitel gab, eine Hauptquelle des sogenannten »Brachlandes« wurden. Die Aktion »Begrenzung« vergrößerte die schon großen Latifundien auf Kosten des kleinen und kommunalen Besitztums. In Peru überstand die *comunidad indígena* die Angriffe des Liberalismus besser, da sich das Wirtschaftsleben an die Küste verlagert hatte, wo in der ersten Hälfte des 19. Jahrhunderts Salpeter und Guano, in der zweiten Hälfte Zucker und Baumwolle zu den wichtigsten Exportprodukten des Landes wurden.

Im 20. Jahrhundert gelangte die Sierra durch die wiederkehrende Bedeutung des Bergbaus erneut ins Spiel, was eine Veränderung des traditionellen Gleichgewichts zwischen Comunidad und Hacienda mit sich brachte. In den ersten Jahrzehnten dieses Jahrhunderts stieg die Konzentration des Bodens im andinen Raum erheblich. Als die Indigenistenbewegung 1910 an der Universität Cuzco begann, ebnete sie den Weg für die gesetzliche Anerkennung der *comunidades indígenas,* die in gewisser Weise die Expansion der Haciendas bremste.

3.2.1.1.2. Allgemeine Merkmale

Die Hacienda ist ein komplexes System ökonomischer, sozialer, politischer und kultureller Beziehungen. »Die Hacienda ist nicht einfach ländlicher Besitz. Die Hacienda ist eine Gesellschaft unter privatem Vorzeichen. Sie ist ein vollständiges Kolonialsystem, das das Leben der mit ihr Verbundenen von der Wiege bis zum Grab beherrscht.«[16] Ihre Grundlage bildet das Monopol an Boden, manchmal auch an Wasser, so daß die um sie herum wohnende Bevölkerung zu einer einseitig abhängigen Beziehung gezwungen ist. Die riesigen Flächen werden nicht primär für die Produktion genutzt. Der Besitzer selbst bewirtschaftet lediglich einen relativ kleinen Teil, wenn auch den von der besten Qualität. Der Rest wird entweder den Colonos zur Verfügung gestellt oder verpachtet oder aber brach liegen gelassen. Die Anhäufung von Land hat außer dem Gewinn von Prestige, das der Europäer dem Landbesitzer entgegenbringt, eine erstrangige ökonomische Funktion: Sie sichert die sonst schwierig zu erreichende Arbeitskraft.

Die der Hacienda eigene Rationalität offenbart sich nur in einem Gebiet, in dem die Lohnarbeitskraft knapp oder nicht vorhanden ist: Nur wenn die Bewohner mittellos bleiben, sind sie bereit, für die *haciendas* zu arbeiten. Das Monopol der Produktionsfaktoren mit dem Ziel, eine leibeigene Bevölkerung an sich zu binden, ist das Grundmerkmal der Hacienda. So erhält der *colono* in der andinen Region ein Stück Land für eine Hütte und eine kleine Parzelle zum eigenen Unterhalt mit der Verpflichtung, 3 bis 5 Tage in der Woche für den Patron zu arbeiten. Je nach der Gegend haben die *colonos* unterschiedliche Namen: Huasipunguero in Ekuador, Yanacona in Peru, Inquilino in Chile.

Das zweite Merkmal ist die soziale und geographische Isolierung der Hacienda. Ohne Bindung an den Weltmarkt und fast ohne Kontakte zum nationalen Markt ist die Hacienda auf Selbstversorgung angewiesen. Die Verwendung von unbezahlter Arbeitskraft hält die Produktivität im ganzen sehr niedrig. Hinzu kommt der Absentismus: Der Besitzer hat in der Regel seinen ständigen Wohnsitz in der Stadt und legt die Verwaltung in die Hände eines *mayordomo*.

Dieser Komplex von ökonomischen Beziehungen bestimmt auch Politik und Gesellschaftsstruktur. Das soziale Leben kreist um die mythische Person des Patrons, dessen unbestreitbare Autorität seine Repräsentanten verkörpern. Der Verwalter beschäftigt sich mit den privaten Problemen seiner Leute; zu ihm kommen sie mit ihren Schwierigkeiten. Ein tiefgreifender Paternalismus stärkt Knechtschaft und Ausbeutung. Enge Freundschafts- oder Verwandtschaftsbeziehungen zwischen den *hacendados* der Region halten die Macht in Händen der eigenen Gruppe, die die lokalen Behörden ernennt und hinsichtlich lokaler Probleme entscheidenden Druck auf die nationale Verwaltung ausübt. Die politische, soziale und ökonomische Macht bilden so eine unlösliche Einheit.

Die traditionelle Hacienda, so wie sie oben beschrieben wurde, ist in Mexiko und Bolivien faktisch verschwunden; in Chile und Peru befindet sie sich gerade im Prozeß ihrer Auflösung. Doch hat sie sich relativ unversehrt in Ekuador, Kolumbien und Mittelamerika erhalten. Der Bevölkerungszuwachs, die erhöhte Nachfrage nach Agrarprodukten und die herrschenden Ideologien verlangen eine Umwandlung der Hacienda in ein System der rationellen Nutzung, das sich an kapitalistischen Grundsätzen orientiert.

Lag früher das Problem darin, sich mit Arbeitskraft zu versorgen, so heißt es heute, die überschüssige zu beschäftigen. Die Umwandlung der Hacienda in moderne landwirtschaftliche Betriebe setzt einen großen Teil der ländlichen Bevölkerung frei, für die es keine Möglichkeit der Absorption gibt. Die Modernisierung der Landwirtschaft verschärft, solange die augenblicklichen Produktionsverhältnisse andauern, das Problem der Arbeitslosigkeit.

3.2.1.2. Die Plantage

Ursprünglich unterschied sich die Plantage von der Hacienda in drei wesentlichen Punkten:

1. Sie produzierte für einen äußeren Markt.
2. Sie benötigte beachtliche Investitionen für eine relativ entwickelte Technik (Zuckersiederei). Von Anfang an haben diese beiden Faktoren die Plantage mit dem ausländischen Kapital verbunden: von den ersten portugiesischen Zuckersiedereien in Brasilien, die von Holländern finanziert wurden, bis zu den nordamerikanischen Investitionen in Kuba seit der Mitte des 19. Jahrhunderts.
3. Sie verwendete Sklaven, die im allgemeinen aus Afrika importiert wurden, als Arbeitskräfte.

In der zweiten Hälfte des 19. Jahrhunderts vergrößert sich die geographische Zone für die Plantagenwirtschaft — die peruanische, ekuadorianische und mittelamerikanische werden mit einbezogen. Man erweitert die Produktion von Zucker und Kakao um Bananen, Kaffee und Baumwolle, und man ersetzt die Sklaven durch bezahlte Arbeitskräfte. In Kuba und Brasilien, wo die Abschaffung der Sklaverei erst sehr spät erfolgt (1880 bzw. 1888) prägen die traditionellen Züge der Plantage die sozialen Beziehungen und die Lebensweise bis in die jüngste Zeit.[17]

Man darf trotz der genannten Unterschiede zwischen der Hacienda und der Plantage nicht vergessen, daß beide eine Untergliederung des Latifundiums mit all seinen sozialen und ökonomischen Unzuträglichkeiten bilden. Bodenkonzentration in Händen weniger bedeutet zugleich eine Bauernschaft ohne oder mit unzureichendem Land. Auf der Plantage hat der Komplex Minifundium-Latifundium die gleiche Funktion: eine billige, verfügbare Arbeitskraft zu sichern und eine ungerechte Einkommensverteilung sowie soziale Hierarchie zu perpetuieren.

Wenn auch die Plantage mit ihrer Bindung an den Außenhandel die Produktionsfaktoren rationaler einsetzt, so kann man in den meisten Fällen nicht schon deswegen ihre Produktivität als zufriedenstellend ansehen. Die innere Rationalität des Systems empfiehlt, große Landflächen in Reserve zu halten, um sich so der Nachfrage elastisch anpassen zu können. Der Anbau von Nahrungsmitteln für die Bevölkerung wird bei der monokulturellen Produktion auf abseitige Parzellen verlagert. Ein einziges von außen kontrolliertes Produkt bildet die Hauptquelle des Nationaleinkommens und der Devisen. Zu den Mängeln des Latifundiums kommen damit die der äußeren Abhängigkeit hinzu. Die politische und soziale Macht, die sich aus der Bodenkontrolle ableitet, potenziert sich, wenn ausländische Gesellschaften sie ausüben. Die ökonomische Infrastruktur des Landes wird völlig deformiert, indem sie von Partikularinteressen der Plantagenwirtschaft bestimmt wird.

Die kleinen »Bananenrepubliken« Mittelamerikas sind handgreifliche Beispiele der sozialen und ökonomischen Mißstände, die sich aus dem Plantagensystem ergeben: Die Gewinne fließen nicht in das Land zurück, die Infrastruktur ist nach den ausländischen Interessen ausgerichtet, in Politik und Verwaltung herrscht Korruption.[18] Die wachsenden sozialen Spannungen — in Guatemala vor allem seit dem gegenrevolutionären Putsch 1954 — haben die ausländischen Gesellschaften veranlaßt, sich teilweise vom Boden zu trennen und sich die Vermarktung des Produktes vorzubehalten. Die früheren Lohnabhängigen verwandeln sich in kleine Eigentümer, die von Preisen, Eisenbahnen, Häfen und Schiffahrtslinien der ausländischen Gesellschaft abhängig sind. Von einem »Imperialismus der Enklave« mit einer direkten Kontrolle von Boden und Produktion geht man über zu einem »kommerziellen Imperialismus«, der sich seine Gewinne im Marktmonopol sichert.

3.2.1.3. Die Viehestancia

Bestimmte Regionen in Lateinamerika — die Llanos in Venezuela, die argentinische Pampa — weisen sehr günstige Bedingungen für die Viehzucht auf. Pferde und Rinder, die die Spanier mitgebracht hatten, konnten sich in Freiheit so zahlreich verbreiten, daß man sich im 17. Jahrhundert dem Fang der frei umherlaufenden Tiere zuwandte *(estancia cimarrona)*. Dabei spielte freilich der Besitz an Boden keine vorrangige Rolle. Im 18. Jahrhundert gewinnt die Viehzucht wegen der Exportmöglichkeit von Leder und Trockenfleisch an Bedeutung, entsprechend wird der Besitz von Viehweiden zunehmend wichtig. Die Viehhacienda — »Rancho« in Mexiko, »Hato« in Venezuela — kann, sofern sie den inneren Markt mit Fleisch versorgt, in den oben beschriebenen Typ der Hacienda mit einbezogen werden. Wenn sie, wie die *estancia* in Argentinien, auf Export ausgerichtet ist, so gehört sie zum Typ der Plantage. Beide jedenfalls sind dadurch gekennzeichnet, daß sie zwar hoch spezialisierte, aber wenige Arbeitskräfte beschäftigen.

3.2.2. Das Minifundium

Das Minifundium korreliert meist mit dem Latifundium. Die Landkonzentration verweist den *campesino* auf abgelegenen und minderwertigen Boden. Die Hacienda und die sie umgebenden Minifundien bilden zusammen ein System von Wechselbeziehungen, das man als geschlossene Einheit verstehen muß (Komplex Latifundium — Minifundium). Es handelt sich hier um einen *abhängigen Minifundismus,* der seinen charakteristischen Ausdruck in der *comunidad indígena* und in den Pachtverhältnissen findet, die das System der Hacienda kennzeichnen.

Bei den Produkten, die eine sehr sorgfältige Bearbeitung voraussetzen, stößt man auf einen *Plantagenminifundismus.* Der kubanische Tabakbauer und der kleine kolumbianische Kaffeepflanzer sind Beispiele dafür.

Das Minifundium ist drittens *unabhängig vom Latifundium* entstanden, und zwar in Gegenden, in denen der kommunale und der Kleinbesitz — dieser durch Erbteilung ständig verkleinert — dominierte: In einigen Tälern der Anden hat der Bevölkerungsdruck den Besitz in winzige Einheiten aufgesplittert.[19]

Nur in Ausnahmefällen enwickelt das Minifundium eine intensive Landwirtschaft, die Bedingung dazu, eine gute Verbindung zu einem Konsumzentrum, ist beispielsweise für das Mantaro-Tal gegeben, das einen leichten Zugang zum Markt von Lima hat.

3.2.2.1. Die »Comunidad indígena«

Die außerordentliche Bedeutung der *comunidad indígena* in der kolonialen Epoche haben wir erwähnt. Sie verbindet prähispanische Elemente — kommunaler Bodenbesitz existierte unter den Eingeborenen in Mexiko *(calpulli)* ebenso wie in Peru *(ayllu)* — mit traditionellen kastilianischen Institutionen. Die *comunidad indígena,* der man eine gewisse ökonomische und administrative Autonomie gewährte, die als

Grundlage des Tributsystems der Krone diente, hatte eine politisch-militärische Funktion zur Kontrolle und Befriedung der eingeborenen Bevölkerung.

Die Unabhängigkeit traf die *comunidad* hart, denn sie blieb zu einem Zeitpunkt, zu dem der Wert des Bodens sich rapide erhöhte, ohne Schutz und gesetzliche Anerkennung. Es überrascht, daß sie sich durch ein für sie so feindliches Jahrhundert hindurch erhalten hat.

Im Andenraum leben mehr als 60% der ländlichen Bevölkerung in *comunidades indígenas:* In Ekuador gibt es circa 2000 *comunidades,* zu denen 1,5 Millionen Indios gehören; in Peru schätzt man die Zahl der *comunidades* auf 4000 mit 3,5 Millionen Bewohnern; in Bolivien ergab der Zensus von 1950 3779 *comunidades* mit mehr als einer halben Million Angehörigen. Die Einwohnerzahl pro *comunidad* schwankt zwischen 500 und 25 000; ca. 1000 Bewohner dürfte der Durchschnitt sein.[20]

Die *comunidad indígena* ist eine soziale und politische Organisation, die gemeinsamen Landbesitz voraussetzt, *(tierras de comunidad),* den man jedoch nicht gemeinsam bearbeitet. Mit seltenen Ausnahmen steht dem *comunero* eine Parzelle, die er geerbt hat und die er durch Erbschaft weitergibt, zu seiner eigenen Nutzung zur Verfügung. Dagegen werden die Weiden kollektiv genutzt, während das Vieh Privatbesitz ist. Privateigentum ist längst in die *comunidad* eingedrungen und fördert den Prozeß einer sozialen Schichtung.

Die Unterschiede hinsichtlich des Einkommens, Einflusses und Ansehens unter den *comuneros* sind beachtlich. Es kommt nicht selten vor, daß einige wenige Familien die *comunidad* ökonomisch kontrollieren. Die private Aneignung von Boden und der starke Bevölkerungsdruck haben zu einer erheblichen Aufsplitterung geführt. Das ärgste Minifundium befindet sich vor allem in der *comunidad.*

Der Agrarzensus von 1961 ergab, daß 43% der landwirtschaftlichen Betriebe des Departements Cuzco (Peru) kleiner als ein Hektar sind und nur 0,8% der gesamten Nutzfläche betragen.

Wenn wir bedenken, daß die *comunidades* durch die Haciendas von dem besseren Boden vertrieben wurden und sehr primitive Techniken anwenden, so wird man ihre niedrigen Einkünfte ahnen. In der Tat gibt es beachtliche Unterschiede zwischen den *comunidades* der verschiedenen Regionen. Die höchst entwickelten sind diejenigen in Gebieten ohne Latifundium und mit dem Zugang zu städtischen Märkten; die traditionellsten und unterentwickeltsten finden sich in isolierten Andentälern oder in Abhängigkeit von Haciendas.

Die Mitgliedschaft als *comunero* bringt bestimmte Rechte und Pflichten mit sich: individuelle Bearbeitung einer Parzelle, Nutzung der kommunalen Weiden, das Recht der Teilnahme in den politischen, sozialen und religiösen Institutionen, das Amt, zu dem man gewählt wurde, auszufüllen, bei kommunalen Arbeiten mitzuwirken oder sich gegenseitig zu helfen. Die *comuneros* mit höherem Prestige und in besserer ökonomischer Position leisten keine Kollektivarbeiten; zwar nehmen sie fremde Hilfe an, doch ohne daran zu denken, sie zu erwidern. Die Amtsträger *(alcaldes, alguaciles, regidores)* werden im allgemeinen aus dem Kreis der reichen Familien gewählt; manchmal ist ein Amt erblich.

3.2.2.2. Prekäre Formen des Landbesitzes

80% jener Bevölkerung Lateinamerikas, die in der Landwirtschaft beschäftigt ist, haben keinen oder nur unzureichenden Boden.[21] Manche arbeiten als Lohnabhängige; der größte Teil hingegen ist durch einen Vertrag von *colonaje, aparcería* oder *arrendamiento* an fremden Boden gebunden.

Die *colonaje* wurde bereits im Zusammenhang mit der Arbeitskraft auf der Hacienda erwähnt: Durch sie verpflichtet sich der *colono,* einige Tage in der Woche im Austausch gegen das Nutzungsrecht einer Parzelle zu arbeiten.

Zur *aparcería* gehört die Zahlung in Naturalien, in der Regel die Hälfte der Ernte. Man muß zwischen zwei Formen der *aparcería* unterscheiden: Mit der Verpachtung von Boden um die Hacienda herum *(aparcería señorial)* wird vor allem ein Reservoir an Arbeitskraft sichergestellt; die *kommerzielle aparcería* herrscht in den an den nationalen Markt angeschlossenen Zonen vor; in diesem Fall stellt der Besitzer über den Boden hinaus Düngemittel, Maschinen und Samen zur Verfügung und ist an einer hohen Produktivität interessiert.

Arrendamiento heißt Barzahlung für die Nutzung des Bodens und ist lediglich in Ländern verbreitet, in denen wie in Argentinien auch auf dem Land eine Geldwirtschaft dominiert. Oft findet man die ersten beiden Formen miteinander vermischt, und es ist nicht ungewöhnlich, daß gleichzeitig verschiedene Vertragsformen für ein und dieselbe Parzelle abgeschlossen werden.

3.2.3. Familieneigentum und mittlere Betriebe

Die erwähnten CIDA-Berichte unterscheiden zwischen Familieneigentum — eine landwirtschaftliche Fläche, die ausreicht, um mehr als 2 und weniger als 4 Personen Arbeit zu geben, wobei man unterstellt, daß diese Familienmitglieder sind — und mittleren Betrieben, die 4 bis 12 Personen ständig beschäftigen können. In dieser Größenordnung befinden sich die Landgüter mit der höchsten Produktivität pro Hektar. Ein hoher Anteil der im Land selbst konsumierten Produkte stammt aus Familien- oder mittleren Betrieben. Der Eigentümer kümmert sich selbst um sein Gut. Es gilt, den Boden nach besten Kräften zu nutzen. Man beschäftigt eine große Zahl von Arbeitskräften — die Produktivität pro Landarbeiter ist niedrig —, was nicht unbedingt ein Übel ist, wenn man das hohe Ausmaß der Arbeitslosigkeit berücksichtigt. Innerhalb der lateinamerikanischen Agrarstruktur ist dieser Sektor der dynamischste, doch ist seine Bedeutung mit Ausnahme von Argentinien, wo das Familieneigentum 44,7% der landwirtschaftlich genutzten Fläche beträgt, zweitrangig.[22]

Die unter der Provektion der »Allianz für den Fortschritt« entstandenen Agrarreformen strebten diesen Eigentumstyp aus ökonomischen und sozialen Gründen an. Dabei ist das familiäre Eigentum angesichts des vorhandenen Bevölkerungsdruckes und der Aussichtslosigkeit, Teile der Landbevölkerng im industriellen Sektor zu beschäftigen, sehr unstabil, mit der Tendenz, sich in eine Form der indirekten Bewirtschaftung zu verwandeln oder sich zu zersplittern. Ursache für letztere ist oft hohe Verschuldung — es gibt kein effizientes Agrarkreditsystem — oder Erbfolge, die nach und nach zur Aufteilung des Bodens führt.

3.3. Krise der traditionellen Agrarstruktur

Die augenblickliche Agrarstrukturen erweisen sich als unfähig, eine Bevölkerung, die in schwindelerregendem Ausmaß wächst, zu ernähren und zu beschäftigen. Die Wachstumsrate der Bevölkerung übersteigt in zehn Ländern die der Nahrungsmittelproduktion und erfordert zunehmend den Import von Lebensmitteln. Es entsteht auf dem Lande eine »marginale Bevölkerung«, die man deshalb so definiert, weil es ihr unmöglich ist, sich in den Produktionsprozeß zu integrieren. Die »demographische Explosion« hat das Verhältnis Mensch-Boden völlig durcheinandergeworfen; sie hat die Irrationalität eines Systems offengelegt, das in der Anhäufung von Land bestand mit dem Ziel, eine geringe und sehr verstreut wohnende Bevölkerung zur Arbeit darauf zu verpflichten. Begleiterscheinungen des Systems Latifundium — Minifundium sind technologische Stagnation, unzureichende Investitionen und niedrige Produktivität.

Der sichtbare Ungleichgewichtsfaktor ist das Bevölkerungswachstum, aber dies ist seinerseits das Resultat einer Reihe von Faktoren, die in Relation zu grundsätzlichen Wandlungen in anderen Sektoren stehen: So hat die Stärkung des städtischen Sektors zur Verbreitung von Erziehung und Ausbildung, von Hygiene, von Kommunikationswegen und technischen Fortschritten beigetragen; diese stehen ihrerseits in Beziehung zu Wandlungsprozessen innerhalb der Gesamtgesellschaft, die ihren Anstoß von übernationalen ökonomischen, technologischen und ideologischen Kräften erhalten.

Die traditionellen Strukturen verschwinden allerdings nicht aufgrund ihrer Unfähigkeit, sich den neuen Notwendigkeiten anpassen zu können. Die Reform der traditionellen Strukturen ist in erster Linie eine *politische* Frage, die vom Kampf zwischen den gegensätzlichen gesellschaftlichen Kräften entschieden wird. Der soziale und politische Wandlungsprozeß der Agrarstruktur ist in Lateinamerika seit mehr als 50 Jahren im Gange und hat mit wechselndem Erfolg verschiedene Etappen durchlaufen.

Der auffallendste Aspekt in diesem Prozeß ist die *Zählebigkeit* der Interessen des Latifundiums, welches eine außerordentliche Fähigkeit bewiesen hat, sich Reformen zu widersetzen, indem es sie manipuliert, oder dadurch, daß es in den Ländern, in denen eine Agrarreform einmal durchgeführt wurde, nach und nach zu den alten Verhältnissen zurückkehrt. Ernest Feder hat diesen Prozeß der Verteidigung des Status quo unter dem Begriff »Gegenreform«[23] genau beschrieben.

Auf ideologischem Gebiet ist der entscheidende Charakterzug der Gegenreform die Umwandlung von politischen Fragen in rein technische: Das Hauptproblem der lateinamerikanischen Landwirtschaft bestehe in ihrer niedrigen Produktivität; konsequenterweise müsse man also eine pragmatische Form finden, um sie zu erhöhen. »Das Problem ist komplex und wird nicht durch irgendein Rezept gelöst.« Eine Agrarreform senke lediglich die Produktivität, ganz abgesehen von der Unordnung und den Kosten, die sie verursache. Nichts regele sich mit der Zerstörung effizienter Bewirtschaftungsformen solange Land im Überfluß vorhanden sei: Lateinamerika sei im Gegensatz zu anderen Kontinenten, was die landwirtschaftliche Nutzfläche betrifft, noch nicht an seine Grenzen gestoßen. Technologische (ausgewählte Samensorten, Mechanisierung) und ökonomische Verbesserungen (höhere Summen und höhere Effizienz der landwirtschaftlichen Kredite), sowie komplementäre Maßnahmen – die Erziehung der Landbevölkerung, die heute eine ausreichende »unternehmerische Mentalität« vermissen lasse – versprächen langfristig bessere Resultate.

Selbstverständlich sagt man nicht, woher die ungeheuren Mittel zur Durchführung der von ihnen verfochtenen Ziele kommen sollen, und auch nicht, was man mit einer überschüssigen Bevölkerung, die mit der Modernisierung der Landwirtschaft nach den obigen Vorschlägen noch bedeutend zunehmen wird, anfangen kann.

3.3.1. Spontane Zwischenlösungen

Solange man die unabweisbaren Reformen zurückdrängt, verschärfen sich die Widersprüche. Der Bevölkerungsdruck atomisiert ein Minifundium, das man für nicht mehr teilbar gehalten hätte. Die Modernisierung der Haciendas — steigende Nachfrage und verbesserte Kommunikationswege empfehlen eine intensivere Bearbeitung des Bodens — vertreibt die überschüssige Bevölkerung. Wenn man ein bestimmtes Lebensniveau unterschritten hat und nicht vor Hunger sterben will, bleibt nichts als Flucht. Als individuelle Lösungen bieten sich die Flucht in die Stadt und die spontane Kolonisierung im Urwald an.

3.3.1.1. Landflucht

Vielleicht gibt es keinen besseren Index für die Auflösung der traditionellen Agrarstruktur als die enorme geographische Mobilität, die man bei der lateinamerikanischen Landbevölkerung beobachtet. Die Bauern ohne oder mit unzureichendem Land wandern das ganze Jahr auf der Suche nach Arbeit umher. Statt wie in der Vergangenheit Menschen zu binden, wirft die Hacienda sie heute ab. Auch die *comunidades* und die Minifundiengebiete sind nicht in der Lage, eine wachsende Bevölkerung zu beschäftigen. Die Arbeitslosigkeit auf dem Lande verursacht eine Wanderungsbewegung, die eine Bewußtseinsänderung begünstigt; dies wird besonders gefördert durch den Kontakt mit der Stadt aufgrund von Verwandtschaftsbeziehungen, periodischen Besuchen, der Anwesenheit der Zentralbehörden und der Eröffnung neuer Kommunikationswege. Die Isolierung auf dem Land ist spürbar zurückgegangen, ohne daß sich dort die Zahl der Arbeitsstellen erhöht hätte.

Man kann eine temporäre von einer langfristigen Emigration unterscheiden: Zum ersten Typ gehört z. B. die Emigration des mexikanischen Tagelöhners in die Vereinigten Staaten, des Indios der Sierra zu den Plantagen der Küste oder zu den östlichen Kolonisierungsgebieten in den Ausläufern der Anden. Diese Emigration ist dadurch charakterisiert, daß man mindestens einmal im Jahr zu seinem Heimatort zurückkehrt. Die zweite Form ist die langfristige oder definitive Emigration, die gewöhnlich in den Elendsvierteln der Hauptstädte endet. Beide Formen sind eng miteinander verbunden. In Venezuela, Kolumbien, Nikaragua und Paraguay stammt mehr als 50% des Wachstums der Städte aus der Immigration. Die Landflucht ist heute eines der explosivsten Probleme Lateinamerikas.

3.3.1.2. Kolonisierung

Der Bevölkerungsdruck erweitert ständig die Grenzen des bebauten Bodens. Dabei kommt den riesigen Gebieten, die sich nicht in privater Hand befinden, besondere Bedeutung zu. In Brasilien, Ekuador, Peru und Bolivien erhielt in den letzten 10 Jahren die Kolonisation, die in die Urwaldgebiete eindrang, eine hohe Bedeutung. Die »spontane Kolonisierung«, die eine »marginale Bevölkerung« ohne jede institutionelle Unterstützung unter dem Druck der Umstände unternimmt, erlaubt bestenfalls, in unwirtlichen und entlegenen Regionen zu überleben.

Diese Subsistenzwirtschaft ohne begleitende soziale und ökonomische Maßnahmen von seiten der Entwicklungsbehörden wird mit einem hohen Preis bezahlt: Sie zerstört menschliche Kräfte, bewirkt einen sozialen Abstieg der Siedler, mißbraucht und vernichtet natürliche Reichtümer. Die Kolonisierung dient lediglich als Ventil, ohne die auf dem Lande aufgeworfenen Probleme zu verringern. Falls die Kolonisierungszone halbwegs zugänglich ist, wodurch eine gewisse Kommerzialisierung ihrer Produkte möglich wird, oder auch wenn nur zukünftige Straßenbauprojekte bekannt werden, verwandelt sich das Gebiet in ein Spekulationsobjekt und reproduziert in kürzester Zeit die Mängel der bestehenden Agrarstruktur.

Die vom Staat in Gang gebrachte und gelenkte Kolonisation hat keine besseren Resultate erbracht. Die Investitionen, die erforderlich sind, um eine signifikante Zahl von Campesinos anzusiedeln, sind sehr hoch und überschreiten bei weitem das finanzielle Potential dieser Staaten; eine Ausnahme bildet Venezuela, wo der Erdölreichtum — jedoch ohne den erhofften Erfolg — kostspieligste Pläne entstehen ließ.[24] Darüber hinaus muß man sich fragen, ob die Kolonisierung des Urwalds die beste Form der Investition von knappen staatlichen Mitteln ist, wenn damit nur tropische Produkte produziert werden können, die schon heute sehr schwierig auf dem Weltmarkt unterzubringen sind. Die Propagierung der Kolonisation als Ersatz oder Ergänzung der Agrarreform läßt sich nur von den Interessen der herrschenden Klassen her verstehen.

Dies wäre anders, wenn man sie nach der Transformation der Agrarstruktur plante, um damit eine rationalere Politik hinsichtlich des Verhältnisses zwischen Mensch und Boden zu betreiben. Dann hätte allerdings die Kolonisierung mittels Bewässerung — wie z. B. das Projekt im Lerma-Becken in Mexiko[25] — Vorrang vor der Durchdringung des Urwalds.

3.3.2. Offizielle Maßnahmen

Einen grundsätzlichen Wandel muß man zumindest feststellen: Bis zum Ende der fünfziger Jahre pflegte man jegliche Kritik an der Agrarstruktur als »kommunistisch« oder »subversiv« abzutun; heute ist man sich in weiten Bevölkerungsschichten der gebotenen Eile und des Vorrangs der Agrarfrage bewußt geworden. Sogar die Stadt erlebt diese Problematik durch die sie umgebenden Elendsgürtel. Die traditionelle Passivität der Campesinos wird einer steigenden Ungeduld weichen. Die Bewußtseinsbildung unter der ländlichen Bevölkerung ist nicht mehr ein isoliertes Phänomen. Häufig ereignen sich Landbesetzungen und Streiks.

Die internationalen Organisationen sind mit der nationalen Technokratie einer Meinung, daß es ohne eine Agrarreform, die den internen Markt erweitert, keine industrielle Entwicklung geben wird. Die Agrar-Oligarchie wird ihr Kapital in den industriellen und den Finanzsektor transferieren und sich in die neuen städtischen Eliten integrieren. Der Latifundienbesitzer, der nichts weiter hat als seine Hacienda, stellt eine, wenn auch weitverbreitete Reliquie der Vergangenheit dar. Die ökonomische Macht ist im Laufe des 20. Jahrhunderts meist ohne Wechsel der Person vom Land in die Stadt übergegangen. Als schärfste Verteidiger des Status quo treten heute die ländlichen Mittelschichten — Rodolfo Stavenhagen spricht von einer »Campesino-Bourgeoisie«[26] — und die parasitären Schichten auf: die Spekulanten, Zwischenhändler und Wucherer, die vor allem an der Erhaltung des Minifundiums interessiert sind.

Diese doppelte Tendenz, einerseits ein sehr klares Bewußtsein von der Notwendigkeit, die Agrarstruktur umzuwandeln, ein Ergebnis der Verschärfung ihrer Widersprüche — Landflucht und Beschäftigungslosigkeit im Agrarsektor —, andererseits die herrschenden sozialen Kräfte, die daran interessiert sind, jeglichen Wandel, der ihre privilegierte Position angreift, zu verhindern, bestimmen die offizielle Politik. Man versucht, die offensichtlichsten Fehler zu korrigieren, wie beispielsweise die niedrige Produktivität, ohne dabei an den Kern des Problems zu rühren: die äußerst ungleiche Verteilung des Bodens.

Ende der fünziger Jahre spekulierte man mit der Möglichkeit, daß ein System progressiver Besteuerung des Landbesitzes die Produktivität verbessern könnte. Dadurch, daß man die schlecht genutzten Ländereien stärker belaste, intensiviere der Besitzer die Produktion oder sähe sich gezwungen, sein Land zu veräußern; darüber hinaus erhoffte man sich so, die Staatskasse zu füllen.

In Kolumbien enthielt das Regierungsdekret 290 aus dem Jahre 1957 ein detailliertes System steuerlicher Maßnahmen. Doch es wurde angesichts der fehlenden Katastererhebungen und der spärlichen Informationen, die verfügbar waren[27], um die potentiellen Erträge zu berechnen, niemals angewandt. Die Machtstrukturen, die die Durchführung einer konsequenten Agrarreform verhindern, werden sich erfolgreich jedem Versuch, derartige Mittel effizient anzuwenden, widersetzen.

Der gleiche Widerspruch erklärt die Wirkungslosigkeit der Agrarreformgesetze, die im Rahmen der »Allianz für den Fortschritt« in den sechziger Jahren von den meisten lateinamerikanischen Ländern erlassen wurden.[28] Diese Gesetze, die mit Recht Pseudo-Agrarreformen genannt wurden, charakterisieren sich durch eine solche Komplexität von Variablen und Ausnahmen, daß faktisch ihre Undurchführbarkeit garantiert ist.[29] Der Landbesitzer ist sicher, irgendeine verborgene Lücke im Gesetz zu finden, die sein Landgut rettet.

Häufige Umgehungen einer Enteignung bieten juristische Bestimmungen wie: 1. der Begriff der »ausreichenden Bewirtschaftung«, der so elastisch ist, daß es kaum gelingt, ihn konkret anzuwenden; 2. die Forderung nach gerechter Entschädigung, die eine Reform illusorisch macht, da die Regierung nicht über die notwendigen finanziellen Mittel verfügt; 3. das Recht, vor ordentlichen Gerichten zu klagen, was jeden Versuch der Enteignung in eine unbestimmte Zukunft verlagert.

Eine »legale und in Freiheit durchgeführte« Agrarreform hat sich bis heute als höchst problematisch erwiesen.

3.4. Agrarreform

»Latifundia perdidere Italiam«. Die Mängel des Latifundiums sind seit der Antike bekannt. Auch die Geschichte Lateinamerikas könnte man auf die Formel reduzieren: Kampf um den Boden. Der Zusammenstoß der Hacienda mit den *comunidades indígenas* beschäftigte bereits die kolonialen Gerichte. Schon im 18. Jahrhundert, in einem Moment weitgehender administrativer Reformen, plädierte man für eine Agrarreform.[30] Dennoch stieg im 19. Jahrhundert die Bodenkonzentration und erreichte ihren Höhepunkt vor der mexikanischen Revolution (1910), die zwanzig Jahre später in eine tiefgreifende Agrarreform mündete. Der Reform der Agrarstruktur ging ein revolutionärer Prozeß voraus. Bolivien (1952) und Kuba (1959) bestätigen diese Erfahrung, während Reformen der sechziger Jahre ohne vorausgehenden revolutionären Prozeß fehlschlagen.

Reform und Revolution erscheinen im politischen Vokabular als Gegensätze. Reformisten nennen sich häufig die schärfsten Feinde der Revolution. Wenn man tatsächlich revolutionäre Ziele — Wandel der überkommenen Strukturen, die den neuen Notwendigkeiten nicht mehr entsprechen — erreichen könnte ohne die chaotische Gewalttätigkeit, die ein revolutionärer Prozeß mit sich bringt, würden Revolutionen von den Erfolgen des Reformismus überholt. Friedliche Reformen zu predigen ist einfach, etwas anderes ist es, sie durchzuführen.

Aus soziologischer Perspektive muß man Reform und Revolution als zwei besondere und sich entsprechende Momente des gleichen Wandlungsprozesses betrachten. Die Revolution bricht aus, wenn eine Massenbewegung aus eigener Kraft eine neue Macht errichtet, die keinerlei Bindung an die bis dahin herrschenden sozialen und ökonomischen Strukturen hat, sondern vielmehr das Ziel, diese Strukturen zu verändern. Reform ist nach Übernahme der revolutionären Macht der Umwandlungsprozeß der alten Strukturen. Es gibt Ausnahmen wie im Fall Peru, wo eine innerhalb des Staates bestehende Macht, die Armee, den Anspruch erhebt, ohne Rücksicht auf bestehende Klassenverhältnisse im Dienste eines Strukturwandels zu regieren, oder wie im Fall Chile, wo eine revolutionäre Macht auf legalem Wege erreicht worden ist. Bis zu welchem Punkt diese beiden Regierungen fähig sein werden, die beabsichtigten Reformen zu Ende zu führen, ohne in einen revolutionären Prozeß einzumünden oder sich allmählich in das alte Fahrwasser zurückzubegeben, wird erst in Zukunft zu beurteilen sein. In jedem Fall ist das Entscheidende nicht der revolutionäre Ausbruch der Massen — der pflegt sich in einer bloßen Revolte aufzulösen —, sondern die Machtergreifung durch eine Gruppe, die keine Bindung an die alten Strukturen hat und die sich dadurch legitimiert, daß sie sie umwandelt.

Die Agrarreform ist ein Moment dieses integralen Prozesses der sozio-ökonomischen Transformation, den eine revolutionäre Macht durchführt. Das Scheitern der Pseudo-Agrarreformen hat seine Ursache genau in ihrer Isolierung und technologischen Reduktion, als ob es möglich wäre, die sozio-ökonomischen Beziehungen des Agrarsektors zu modifizieren, ohne die übrigen Strukturen anzutasten.

So erschöpfte sich die ekuadorianische Reform von 1964 in der Verteilung von Besitztiteln an einige Bauern, die brachliegendes Land besetzt hatten (»Hilfe für die spontane Kolonisierung«), der Abschaffung des *huasipungo*, einer Form der semifeudalen Pacht, die in die dominierenden kapitalistischen Verhältnisse nicht mehr hineinpaßt, und der Umwandlung einiger staatlicher Haciendas in Genossenschaften.

Diese Art von Reformen hat keine andere Funktion als die sozioökonomischen Verhältnisse den bestehenden Strukturen anzupassen. Genaugenommen kann man von einer Agrarreform nur dann sprechen, wenn sie innerhalb eines integralen Prozesses von Reformen, der die verschiedenen Sektoren der gesamten Gesellschaft umfaßt, und von einer Regierung, die sich von den bis dahin bestehenden Machtstrukturen frei gemacht hat, in Gang gesetzt wird. Eine lediglich auf den Agrarsektor beschränkte Reform ist im Rahmen der gegebenen Verhältnisse eine Illusion.

Wandel der Agrarstruktur bedeutet zunächst Veränderung des Landbesitzsystems, um die Produktionsfaktoren — Boden und Wasser — den Bedürfnissen der Bevölkerung besser anzupassen. Mehrere Ziele verfolgt man damit:

1. höhere Produktion durch Verbesserung der Produktivität je Hektar wie auch durch Erweiterung der landwirtschaftlichen Nutzfläche;

2. gerechtere Einkommensverteilung mit durchschnittlich höherem Lebensstandard der Bevölkerung;

3. Voraussetzung für eine industrielle Entwicklung;

4. größtmögliche Partizipation an Entscheidungen.

Die Koordination dieser Ziele ist nicht einfach, und es ist fraglich, ob ihre gleichzeitige Durchführung gelingen kann. Bisher war das vorrangige Ziel, eine gerechte Einkommensverteilung zu sichern, um so den veralteten Machtmechanismus und die Abhängigkeiten abzuschaffen.

Als Teil eines umfassenden gesellschaftlichen Wandels ist der Prozeß der Agrarreform von so hoher Komplexität, daß ein verallgemeinerndes, abstraktes Schema keine Vorstellung von der Besonderheit des jeweiligen historischen Geschehens vermitteln kann. Die verschiedenen lateinamerikanischen Reformen — die mexikanische, die bolivianische und die kubanische haben einen paradigmatischen Wert — gingen, auf unterschiedlichem ideologischem Niveau und, mit sehr verschiedenen Realitäten konfrontiert, jeweils ihren eigenen Weg. Obgleich hier auf die historischen Gegebenheiten nicht näher eingegangen werden kann, wollen wir doch abstrakt die Grundproblematik der einzelnen Etappen, durch die jede Agrarreform hindurch muß, skizzieren. Dabei können drei Phasen unterschieden werden:

3.4.1. Landerfassung

Zunächst muß festgelegt werden, welche Merkmale die Gebiete aufweisen sollen, die von den Reformmaßnahmen erfaßt werden. An zwei Prinzipien wird festgehalten:

1. Um über das Land, das man zur Durchführung der vorgesehenen Programme braucht zu verfügen, und die politische und ökonomische Macht, die sich der Reform widersetzt zu schwächen, muß das Latifundium unmittelbar angegangen werden.

2. Um sich nicht einem bürokratischen Chaos, das eine gleichzeitige Enteignung des gesamten Bodens mit sich bringt, und der Feindschaft der *campesinos* auszusetzen, ist Respekt vor kleineren und mittleren Gütern geboten.

Mexiko setzte das nicht zur Enteignung anstehende Maximum auf 200 ha unbewässerten und 100 ha bewässerten Bodens fest. Das kubanische Gesetz vom 17. Mai 1959 begrenzte die Größe des nicht zu enteignenden Bodens auf 30 Caballerías (402,6 ha). Heute befinden sich trotz der Radikalisierung der kubanischen Revolution noch 43% des landwirtschaftlich nutzbaren Bodens in Privatbesitz.

3.4.2. Landenteignung

Nach der Festlegung der zu enteignenden Fläche stellt sich die Frage nach der Entschädigung der ehemaligen Besitzer. *Konfiskationen* von Ländereien sind in keiner Revolution eine Besonderheit. Dennoch ist die *Enteignung* die normale Form der Aufhebung des Latifundiums. In der Regel wird zur Berechnung der Entschädigungssumme der vom Besitzer selbst erklärte Steuerwert zugrunde gelegt. Der Staat zahlt diese Summe in »Schuldverschreibungen der Argrarreform«, die mäßige Zinsen bringen (ca. 4%) und nach einem Zeitraum von 15 bis 20 Jahren einlösbar sind.

Manchmal wird für Einrichtungen und Vieh zum ortsüblichen Durchschnittspreis in bar gezahlt. So bestimmte es beispielsweise das peruanische Gesetz von 1969.

Die Forderung einer sogenannten »angemessenen und sofortigen Barzahlung« würde jeden Reformversuch zunichte machen. Wenn es sich um ausländische Eigentümer handelt, die gegen das Land einen übernationalen Druck ausüben können, hat eine solche Forderung schwerwiegende Konsequenzen.

In Kuba, wo ungefähr 50% der Zuckerproduktion in Händen nordamerikanischer Gesellschaften lag, wurde am 6. Juli 1960 ein härteres Gesetz zur Enteignung ausländischer Firmen erlassen.

3.4.3. Landübereignung

Dies ist zweifellos das größte Problem der Agrarreform, da von seiner Lösung die Brauchbarkeit der neuen Struktur abhängt. Das enteignete Land kann in Form individueller Grundstücke verteilt werden, an Gruppen weitergegeben werden oder in der Hand des Staates bleiben. Der *campesino* zeigt Vorliebe für individuelle Aneignung und mißtraut grundsätzlich jeder kollektivistischen Lösung. Der jahrhundertealte Hunger nach Land scheint nur durch unmittelbaren Besitz gestillt werden zu können. Auch ist die individuelle Zuteilung in Gesellschaften mit vorwiegend kapitalistischen Produktionsverhältnissen das Angebrachte. So konvergiert die konservative Haltung der *campesinos* mit den vorrangigen Interessen einer Gesellschaft, die sich auf den Privatbesitz von Produktionsmitteln stützt. Trotz der starken kommunitären Tendenzen der ursprünglichen Kultur der Eingeborenen, überwiegt in Mexiko wie in Bolivien die private Bewirtschaftung des Bodens.

Die individuelle Verteilung des Bodens potenziert den Minifundismus.

In Mexiko betrug 1960 die durchschnittliche Größe einer Parzelle im Ejido 6,5 ha, doch 44% aller Ejidatarios besaßen weniger als 4 ha Land; in einigen Zonen mit großem Bevölkerungsdruck, wie im Staate Tlaxcala, betragen die Parzellen nur einen Hektar.[31] Im Tal von Cochabamba (Bolivien) erhielten 8000 *compesinos* Grundstücke von einem Hektar, und obwohl es Zonen gab wie im Süden, wo die verteilten Parzellen bis zu 80 ha groß waren, lag der Durchschnitt bei ca. 2,5 ha. Sogar das Land, das die Gewerkschaft zur Kollektivnutzung bekam, wurde auf Initiative der *campesinos* in Parzellen aufgeteilt.[32]

Die individuelle Verteilung führt neben der Expansion des Minifundismus mit all seinen sozialen und ökonomischen Mängeln auf lange Sicht zu einer Reproduktion der alten Strukturen, das den Komplex Latifundium-Minifundium wiedererstehen läßt. Die Wiedergeburt des Latifundiums — in einigen Fällen sogar seine in verschiedenen Formen versteckte Beibehaltung — hat in Mexiko die Grenzen einer Agrarreform, bei der individuelle Interessen überwiegen, gezeigt.

Stavenhagen erwähnt, daß im Tal von Yaqui 85 Landbesitzer 116 800 ha bewässertes Land kontrollieren, das unter 1191 verschiedenen Namen registriert ist, d. h., daß ein Eigentümer durchschnittlich 1400 ha Land bewirtschaftet.[33]

Die mexikanische Agrarreform war sich in der Periode ihrer höchsten Radikalisierung der Notwendigkeit, kollektive Formen der Bewirtschaftung einzuführen bewußt, zumindest für die Einheiten, deren Zersplitterung die für die Industrie bestimmte Produktion gefährdete, oder wenn eine individuelle Bewirtschaftung sich als unökonomisch herausstellte. Mit »kollektivem Ejido« bezeichnet man eine Genossenschaft, in der die Kreditvergabe in kollektiver Form abgewickelt wird, in der man das Land gemeinsam bearbeitet und Maschinen, Vieh und industrielle Einrichtungen gemeinsam nutzt. Das Einkommen wird unter den Mitgliedern je nach Quantität und Qualität der Arbeit verteilt. Der größte Teil der kollektiven Ejidos liegt in der Laguna, einer weiten Ebene zwischen dem Staat Coahuila und dem von Durango. Dank den Bewässerungsanlagen weist diese Gegend ausgezeichnete landwirtschaftliche Bedingungen auf, die sich besonders für den Anbau von Weizen und Baumwolle eignen.

Der Erfolg des kollektiven Ejido hing, wie Salomon Eckstein verdeutlicht, von der durch die staatlichen Organe gewährten Hilfe ab, die großzügig und entschieden nur während der Amtszeit von Lázaro Cárdenas (1934-1940) geleistet wurde. Obwohl die Regierung den kollektiven Ejido in den letzten Jahrzehnten im Stich ließ und ihm sogar feindlich gegenüberstand, hat er überlebt und, zumindest in den Staaten mit überdurchschnittlichem Pro-Kopf-Einkommen, höhere Rentabilität als der individuelle Ejido gezeigt.[34]

Zum rationalen Einsatz von vorhandenen Ressourcen und zur endgültigen Überwindung des Komplexes Latifundium-Minifundium, empfiehlt sich die Schaffung von landwirtschaftlichen Produktionsgenossenschaften. Ihre Entwicklung und Konsolidierung erfordert, wie der Fall Mexiko zeigt, die Unterstützung des Staates, was auf lange Sicht auf Kosten des privaten Sektors geht. Einer dieser beiden Sektoren wird sich schließlich behaupten und die gesamte staatliche Politik zu seinen Gunsten beeinflussen.

Die Produktionsgenossenschaften, die man vereinzelt in der lateinamerikanischen Landwirtschaft errichtet hat, vegetieren in einem äußerst feindlichen Klima. Ohne staatliche Kontrolle und öffentliche Hilfe zerfallen sie häufig. Unter den augenblicklichen Produktionsverhältnissen können die Agrargenossenschaften schwerlich das Niveau von Bauernassoziationen, deren Funktion die gemeinsame Gewinnung von Rechtstiteln und Verwaltung von Krediten, der Einkauf von Samen und Dünger oder die Kommerzialisierung der Produktion ist, übersteigen (Kredit- und Dienstleistungsgenossenschaft).

Bei den agro-industriellen Betrieben, die aufgrund ihrer Größe und ihres Grades der Technologie eine beachtliche Produktivität erreicht haben, stößt eine Agrarreform mit individueller Verteilung des Bodens auf unüberwindliche Grenzen. Diese Produktionseinheiten in kleine Parzellen aufzuteilen, bedeutet einen starken Produktionsabfall. Im Namen der elementarsten ökonomischen Rationalität blieben die agro-industriellen Zuckerplantagen der peruanischen Nordküste von dem Agrarreformgesetz 1964 unberührt, obwohl sie die Produktionsmittel monopolisierten und eine enorme ökonomische, soziale und politische Macht konzentrierten.

Als die peruanische Militärregierung ein kollektivistisches Modell entwickelt hatte, konnte sie diese Betriebe im Jahre 1969 mit einem Federstrich enteignen. Die neugegründeten Genossenschaften übernahmen das gesamte festangestellte Personal, blieben aber unter direkter Kontrolle des Staates.

Viele politische und ökonomische Gründe empfehlen die Einschränkung der Autonomie der neuen Genossenschaften. Je größer die ökonomische Bedeutung einer Genossenschaft ist, desto eher wird sie in eine staatliche Farm verwandelt werden. Eine harmonische Entwicklungsplanung verbietet, die Autonomie von hochproduktiven Einheiten zu respektieren, die sonst eine schon privilegierte Minderheit begünstigen würde. Die Erfordernisse einer zentralen Planung zwingen zu einer dritten Unternehmensform bei der Landvergabe: der staatlichen Farm.

Die kubanische Revolution hat diese drei Etappen durchlaufen. Die erste Agrargesetzgebung vom Mai 1959 sah in Übereinstimmung mit den in der Sierra Maestra formulierten Vorstellungen die Abschaffung des Latifundiums vor; der Boden sollte unter die Kleinbauern und die landlosen Bauern verteilt werden. Die mexikanischen und die bolivianischen Erfahrungen rieten dem kubanischen Gesetzgeber, Maßnahmen gegen allzu exzessive Aufsplitterung des Bodens zu ergreifen; man setzte ein »lebensnotwendiges Minimum« von 2 Caballerías (27 ha) fest. Technische Effizienz und schnelles Produktivitätswachstum veranlaßten tatsächlich, daß die enteigneten Latifundien, die einen im Gesetz nicht vorgesehenen staatlichen Sektor bildeten, als Produktionseinheiten bestehen blieben.

Seit 1961 wuchs das Interesse des Staates an den *sociedades agro-pecuarias*, d. h. den Produktionsgenossenschaften, an die die kleinen Landbesitzer ihren Boden freiwillig abtreten sollten. Man hoffte, daß allmählich die *campesinos* mit ihrem alten Individualismus brächen und sich genossenschaftlich organisierten, da sie die größeren Leistungen des kollektiven Betriebes in der Praxis kennengelernt hatten. Man wandte keine Zwangsmethoden an, doch das revolutionäre Bewußtsein reichte nicht aus, den genossenschaftlichen Sektor in zufriedenstellendem Umfang anwachsen zu lassen. 1966 hatten sich erst 270 Produktionsgenossenschaften zusammengefunden, die insgesamt über 20 000 ha verfügten. Außerdem existierten 537 Kredit- und Dienstleistungsgenossenschaften, in denen ungefähr 50 000 Landbesitzer erfaßt waren. Ausgehend von der zweiten Reform bildete man staatliche Farmen *(granjas estatales)*, die als einzige Organisationsform in der Lage waren, die Produktion innerhalb eines nationalen Plans zu erhöhen.

Heute ist Kuba ein Beispiel für die Erfolge, Schwierigkeiten und Widersprüche einer unter der direkten Kontrolle des Staates stark zentralisierten Landwirtschaft. (35)

4. Verstädterung und Überverstädterung

4.1. Das Phänomen Stadt

In den UNO-Studien werden Gebilde mit mehr als 20 000 Einwohnern als Städte bezeichnet. Bei den statistischen Ämtern der lateinamerikanischen Republiken gelten jedoch unterschiedliche Zahlen und Kriterien (wie das Vorhandensein bestimmter Dienstleistungen, die Position in der Verwaltungshierarchie etc.), aber im allgemeinen bezeichnet man die Bevölkerung als Stadtbevölkerung, die in Zentren mit mehr als 2000 Einwohnern lebt.

Der Grad der Verstädterung leitet sich ab von dem prozentualen Anteil der Gesamtbevölkerung, der in den städtischen Zentren lebt; und diese werden ihrerseits definiert durch die Zahl ihrer Einwohner. Benutzt man diese Kriterien, so muß man in Lateinamerika zwei Tatsachen feststellen: *erstens,* die rasche Zunahme der städtischen Bevölkerung. Noch 1925 lebten mehr als zwei Drittel der Bevölkerung Lateinamerikas in Ortschaften mit weniger als 2000 Einwohnern. 1970 lebte mehr als die Hälfte der Bevölkerung (54,4%) in städtischen Zentren mit über 2000 Einwohnern. Besonders in den letzten Jahrzehnten kam es zu einer Beschleunigung des Wachstums der Städte. Zwischen 1940 und 1950 wuchs die städtische Bevölkerung am 44%, von 1950 bis 1960 um 55%. Lateinamerika weist, im Vergleich zu Asien und Afrika, einen hohen Grad der Verstädterung auf: 1960 lebten 25% der Lateinamerikaner in Städten mit mehr als 20 000 Einwohnern, während es in Asien nur 13% und in Afrika nur 9% waren.

Zweitens: Die Länder, in denen die städtische Bevölkerung überwiegt, haben zugleich die höchste Bevölkerungskonzentration in Städten mit über 100 000 Einwohnern. Man kann einen hohen Konzentrationsgrad der städtischen Bevölkerung in den großen Metropolen feststellen, in denen das ökonomische, politische und kulturelle Leben des Landes zentralisiert ist. 1914 war Buenos Aires die einzige Stadt Lateinamerikas, die über eine Million Einwohner hatte. 1930 hatten bereits Mexiko City und Rio de Janeiro diese Zahl erreicht. Bis 1950 folgten São Paulo, Havanna, Lima und Santiago de Chile; und bis 1960 hatten auch Bogotá, Caracas und Montevideo die Millionengrenze überschritten. 1970 gab es 16 lateinamerikanische Städte mit über einer Million Einwohner. Je größer eine Stadt ist, desto schneller wächst sie. Im Gegensatz dazu hat die Bevölkerung in den mittleren Städten (mit über 20 000 bis unter 100 000 Einwohnern) eine relativ geringere Bedeutung und nimmt langsamer zu.

Die beherrschende Absorptionskraft einer Großstadt — der »primate city«[1] — ist typisch für den größten Teil der lateinamerikanischen Länder: Städte wie Buenos Aires, Montevideo, Asunción, Santiago, Lima, Mexiko City und Havanna sind nicht nur die Landeshauptstädte, sondern darüber hinaus unbestritten die führenden wirtschaftlichen und politischen Zentren, die einen hohen Anteil der städtischen Bevölkerung des Landes absorbieren. Ekuador hingegen hat zwei städtische Pole, Quito und Guayaquil, und Brasilien hat außer den zwei großen Konkurrenten Rio und São Paulo eine beträchtliche Zahl mittlerer Städte. Auch Kolumbien stellt eine Ausnahme dar: Neben der Hauptstadt ist es auch einigen anderen Städten — Medellín, Cali, Barranquilla — gelungen, eine vergleichbare und komplementäre Position zu behaupten.

Der demographisch-ökologische Ansatz ist jedoch nicht zur Erklärung dieser Tatsachen des Urbanisierungsprozesses geeignet. So wäre es z. B. ein großer Irrtum, eine kausale Beziehung zwischen »Bevölkerungsexplosion« und dem übermäßigen Wachstum der großen Metropolen zu sehen. Die »Bevölkerungsexplosion« spiegelt das Zusammentreffen von technischen Elementen der Modernisierung (Verbesserung der sanitären Einrichtungen, Ausbau des Erziehungswesens und der Verbindungswege), die eine erhebliche Senkung der Sterblichkeitsziffern gebracht haben, mit fortbestehenden vorindustriellen soziokulturellen Strukturen, begleitet von hohen Geburtenraten, wider.

Es reicht jedoch nicht aus, zur Erklärung des Phänomens lediglich bestimmte Faktoren der Modernisierung oder bestimmte »traditionelle« Verhaltensmuster anzuführen, ohne diese jeweils in den Gesamtzusammenhang des Systems der nationalen und internationalen Beziehungen einzuordnen, die die Einführung dieser Faktoren und das Überleben jener Verhaltensmuster überhaupt erst ermöglicht haben. Ganz offensichtlich ist, quantitativ ausgedrückt, eine Beziehung zwischen dem allgemeinen Bevölkerungszuwachs und dem Wachstum der großen Städte festzustellen, ohne daß die erste Variable einen Erklärungswert für das wasserkopfartige Wachstum der Städte hat: Argentinien und Uruguay, deren durchschnittlicher Bevölkerungszuwachs sehr niedrig ist, haben, ebenso wie Chile und Mexiko mit hohen Geburtenraten, je eine große Stadt von überragender Bedeutung.

Auch wenn die »Bevölkerungsexplosion« nicht eingetreten wäre und die Geburtenziffern niedriger lägen, wäre die Stadt-Land-Struktur der heutigen sehr ähnlich. Diese Annahme hat einen rein analytischen Charakter. Sie soll helfen, die zur Konzentration der städtischen Bevölkerung führenden strukturellen Faktoren von jenen zu trennen, die die »Bevölkerungsexplosion« auslösen; das schließt allerdings nicht aus, daß beide Faktorenbündel zueinander in einer sich gegenseitig bedingenden Abhängigkeitsbeziehung stehen. Andererseits ziehen quantitative Veränderungen auch qualitative nach sich, die man nicht so vereinfacht erfassen kann, indem man folgert, die Probleme einer Stadt, die von einer auf fünf Millionen Einwohner angewachsen ist, seien nun ins Fünffache gestiegen. Die neuen Probleme liegen auf einer anderen Ebene.

Die ökologisch-demographischen Kriterien haben in ihrer Willkürlichkeit keinen Erklärungswert. Mit ihrer Hilfe wird lediglich die zunehmende Ballung der lateinamerikanischen Bevölkerung in den großen städtischen Zentren konstatiert. Ist denn aber schon jede geographische Konzentration der Bevölkerung als Stadt zu bezeichnen? Ist etwa mit diesen raumbezogenen und demographischen Erwägungen bereits das Phänomen Stadt erschöpfend erfaßt? Stimmt der Begriff der Verstädterung, so wie er aus den Statistiken hervorgeht, mit jenem überein, der als Indikator für eine bestimmte sozioökonomische Entwicklung dient? Ganz offensichtlich nicht. Es ist also notwendig, die Perspektive zu erweitern.

Für den Soziologen ist »die Stadt« vor allem eine »Lebensweise«[2]. Auf einer bestimmten geographischen, demographischen und technologischen Grundlage entwickeln sich Lebensformen, Ideen und Einstellungen, die klar von denen unterscheidbar sind, die auf dem Lande beobachtet werden können. Die »Stadtsoziologie«, so wie sie die Chicagoer Schule in den vierziger Jahren entwickelte, ging vom Gegensatz Stadt—Land aus, womit sie eine Tradition wiederaufleben ließ, die in ihren Grundzügen auf das klassische Altertum zurückgeht.[3] Hier manifestierte sich die Polarität zwischen Land und Stadt in der Betonung des fast ausschließlichen Charakters der landwirtschaftlichen Betätigung im Gegensatz zur großen Vielfalt der Tätigkeiten in den Städten. Soziale und kulturelle Homogenität und vorrangige Bedeutung der primären Beziehungen (Familienbindungen, Nachbarschaftsbeziehungen) wurden der enormen Heterogenität der städtischen Lebensformen gegenübergestellt, die einer sehr differenzierten sozialen Stratifizierung entsprachen. Mit dieser Komplexität erklärte man andererseits die so oft zitierte Anonymität, Oberflächlichkeit und Flüchtigkeit der Beziehungen in der Stadt. Der sozialen, einfachen und harmonischen Persönlichkeit wurde die Isolation des Stadtmenschen und die damit verbundene Zunahme der Selbstmordziffern und der Kriminalität entgegengestellt.

Da es sich um zwei »Idealtypen« handelte, war es natürlich möglich den Kontrast zwischen ländlich und städtisch extrem hervorzuheben. Konkret auf eine bestimmte Gesellschaft angewandt, entpuppten sie sich jedoch als zwei komplementäre und interdependente Aspekte, die innerhalb ein und derselben Gesamtstruktur wirken. Letztlich erwies sich die Mehrzahl der angeführten Unterschiede sowohl als Ausdruck zweier unterschiedlicher Entwicklungsniveaus — vorindustrieller und industrieller Art — als auch als ausschließliches Abbild der nordamerikanischen Entwicklung. Andererseits griff die These vom Stadt—Land—Gegensatz das alte Dualismuskonzept des 19. Jahrhunderts wieder auf, so wie es Tönnies in seinem Werk ›Gemeinschaft und Gesellschaft‹ geprägt hat. Die Kritik an diesem Begriffspaar ist auch für den »Stadt—Land—Gegensatz« gültig. Ein Moment sollte man jedoch aus diesem soziologischen Ansatz festhalten. Die Begriffe städtisch und ländlich verweisen auf bestimmte Grundstrukturen, die eine Gesellschaft in ihrer Gesamtheit bestimmen: In diesem Sinne spricht man von einer agrarischen oder einer urbanen Gesellschaft.

Unter Verstädterung ist also der Wandlungsprozeß der Grundstrukturen einer agrarischen Gesellschaft zu verstehen, so wie er sich in den Städten der westlichen Industrieländer vollzogen hat, die sich bereits zu industriellen Zentren entwickelt haben. Die Verstädterung einer Gesellschaft erfaßt also alle, d. h., jede einzelne ihrer Strukturen und Dimensionen, mithin auch das ländliche Leben und die landwirtschaftlichen Tätigkeiten. Aníbal Quijano schreibt,[4] die Verstädterung sei eher ein Prozeß, der *in* einer Gesellschaft stattfinde und sich auf jede einzelne ihrer Grundordnungen auswirke, als ein Prozeß *der* Gesellschaft, der ausschließlich die Stadt—Land—Beziehung betreffe, ohne andere als ausschließlich indirekte Implikationen für die Gesellschaft in ihrer Gesamtheit zu haben.

Wenn also die Verstädterung jede der Grundstrukturen einer Gesellschaft erfaßt, ist es erforderlich, ihre verschiedenen Aspekte herauszustellen. Die *Verstädterung der ökonomischen Struktur* bringt eine zunehmende Vorherrschaft der in den städtischen Gebieten angesiedelten Tätigkeitsbereiche — also des Sekundär- und Tertiärsektors — mit sich. Sie führt schließlich zur Vereinheitlichung der gesamtökonomischen Struktur, sobald der Agrarsektor in das städtische Produktionssystem (Mechanisierung der Landwirtschaft und Industrialisierung der Agrarproduktion) integriert ist. Parallel dazu impliziert die *Verstädterung der Sozialstruktur* eine Expansion der Klassen- und Machtstrukturen, die ihren Ursprung in den der Stadt eigenen ökonomischen Tätigkeitsbereichen haben.[5]

Was die Politik betrifft, so wurde sie in der »polis« geboren, und in der Stadt hatte und hat sie ihre Heimstätte. Die *Verstädterung des politischen Lebens* fällt praktisch mit deren Aufstieg zusammen. Die Ballung der zuvor verstreut lebenden Bevölkerung in den Städten ermöglicht deren politische Partizipation, und sie bricht das »oligarchische« Machtmonopol, das die traditionelle Agrargesellschaft kennzeichnet. Die *Verstädterung auf ideologischer Ebene* führt zur universellen Gültigkeit der in der Stadt entstandenen Werte, Symbole, Vorstellungen und Einstellungen.

Obgleich alle diese Prozesse untereinander abhängig sind, kommt es deshalb nicht unbedingt zum Verschwinden einer gewissen Autonomie einzelner Bereiche. Aufgrund spezifischer, in jeder Struktur wirkender Faktoren schreitet die ökonomische Verstädterung nicht gleich schnell wie die ökologisch-demographische, und die politische und kulturelle Verstädterung langsamer als die ökonomische voran, und nicht selten kommt es zu »Engpässen« und Verzerrungen. Die Ungleichheit der einzelnen Verstädterungsprozesse ist ein wesentlicher Aspekt der gegenwärtigen Problematik in Lateinamerika. Die Verstädterung erfaßt die ganze Gesellschaft, und sie erfaßt jede Gesellschaft. Lateinamerika steht, wie alle übrigen Teile der Welt, in diesem universellen Verstädterungsprozeß. Viele seiner dabei auftretenden Konflikte und Verzerrungen treten auch in anderen unterentwickelten Gebieten auf. Einige davon sind den hochentwickelten Industriegesellschaften nicht fremd. Andere hingegen stoßen auf Unverständnis, wenn sie nicht im Zusammenhang mit der Besonderheit ihres historischen Hintergrundes gesehen werden.

4.2. Von der Kolonialstadt zur Stadt des 19. Jahrhunderts

Vier Zeitabschnitte sind in der zweitausendjährigen Geschichte der lateinamerikanischen Stadt zu unterscheiden.[6]

4.2.1. Die prä-hispanische Stadt

Der erste umfaßt die letzten vorchristlichen Jahrhunderte bis zur spanischen Eroberung. Die präkolumbischen Städte — Teotihuacán, im Zentrum Mexikos, das die höchste Stufe städtischer Entwicklung erreicht hatte, soll während seiner Blütezeit nicht weniger als 100 000 Einwohner gehabt haben — lagen in zwei geographisch und kulturell nicht miteinander verbundenen Gebieten: Das erste, das Kirchoff Mesoamerika genannt hat,[7] umfaßte einen großen Teil Mexikos und Guatemalas; das zweite schließt die Flußtäler der peruanischen Nordküste und das Hochland der Anden ein. Das dem wirtschaftlichen, politischen und administrativen Einfluß der präkolumbischen Städte unterworfene Gebiet machte kaum 5% des heutigen Lateinamerika aus. Obgleich die Spanier schon voll entwickelte städtische Kulturen vorfanden, war der größte Teil des Kontinents unbesiedelt oder von Nomadenkulturen oder nichtstädtischen seßhaften Kulturen bevölkert. Die europäische Kolonisation ist der fundamentale und entscheidende Faktor im Prozeß der Verstädterung Lateinamerikas.

Dennoch darf die präkolumbische Stadtentwicklung nicht unterschätzt werden: Zum einen hat sie deutliche Spuren in den Städten hinterlassen, die auf den Fundamenten der indianischen Kulturen erbaut wurden; zum anderen ermöglichte die Unterwerfung der eingeborenen Bevölkerung unter die Herrschaft bestimmter städtischer Zentren, die zugleich Sitz der Götter und der politischen Macht waren, die Hegemonie der Stadt in der Kolonie.

4.2.2. Die Kolonialstadt

Der zweite Zeitabschnitt umfaßt die Kolonialzeit. Obwohl die meisten lateinamerikanischen Städte von den Europäern gegründet wurden, blicken sie auf eine vierhundertjährige Geschichte zurück. Lateinamerika weist nicht nur einen relativ hohen Grad der Verstädterung auf, sondern dieser Prozeß setzte schon sehr früh ein, wenige Jahrhunderte nach und als unmittelbare Folge des Aufstiegs der europäischen Städte. Die treibende Kraft der überseeischen Expansion ging von der merkantilen Stadt aus, die im 15. Jahrhundert unbestritten die ökonomische und politische Führung inne hatte. Die Knappheit an Edelmetallen, d. h., das Fehlen von liquiden Mitteln, das die Entwicklung der europäischen Städte zu bremsen drohte, stellte die historische Kraft dar, die den geographischen Entdeckungen Aktualität verlieh. Die kastilianische Stadt, wenn sie sich auch unter den besonderen Bedingungen der Konquista nicht voll in dieses merkantile Modell einpassen läßt, war es schließlich, die der Kolonialstadt ihren Stempel aufdrückte.

Es ist beeindruckend, welche Gründungsbesessenheit die Spanier in der zweiten Hälfte des 16. Jahrhunderts an den Tag legten: Die Mehrzahl der heute großen lateinamerikanischen Städte entstanden in rascher Folge. Kolonisation wurde mit der Gründung von Städten bzw. von Zentren gleichgesetzt, in denen die Eroberer wohnten und von denen aus sie ein bestimmtes Gebiet kontrollieren konnten. In vielen Fällen wurden die frühen Kolonialstädte auf den Resten indianischer Städte errichtet — so Mexiko City, Cholula, Tlaxcala, Oaxaca, Quito, Cajamarca und Cuzco. Andere wurden in reichen Landwirtschaftsgebieten mit einer großen eingeborenen Bevölkerung neu gegründet — wie Puebla, Lima und Trujillo. Auch die meistfrequentierten Verkehrsknotenpunkte nahmen schließlich einen gewissen städtischen Charakter an: Das gilt z. B. für Huamanga (Ayacucho) auf der Strecke Lima—Cuzco; Arequipa auf dem Weg nach Potosi und für den Hafen von Camaná; ferner für La Paz, auf der Strecke zwischen Cuzco und Potosí.

Die Ausbeutung der Minen brachte die Entwicklung von städtischen Zentren mit sich, deren Geschicke mit dem Reichtum verknüpft waren, den sie bargen: Dazu gehörten Guanajuato, Taxco, Huancavelica und Potosí. Letztere, von Karl V. zur Kaiserstadt erklärt, erreichte mit

140 000 Einwohnern die höchste Einwohnerzahl des Kontinents, bevor in der zweiten Hälfte des 17. Jahrhunderts ihr Niedergang einsetzte[8].

Die Verbindung mit der Metropole war fundamental, so daß den Häfen wachsende Bedeutung zukam. Nachdem feste Schiffsverbindungen eingerichtet waren, wurden Havanna und Cartagena zu den wichtigsten Häfen des Kontinents, gefolgt von Veracruz, Portobello, Panama und Callao. Außerdem waren es in einigen Fällen Sicherheitsgründe, die es ratsam erscheinen ließen, ständige Garnisonen zu unterhalten und so zur Gründung von Städten wie Piura, Loja und Concepción führten.

Die Faktoren, die einen raschen Verstädterungsprozeß als Folge der Konquista begünstigten, waren verschiedener Art, hingen jedoch miteinander zusammen:

1. Der Charakter der Tätigkeiten in Politik, Verwaltung, Handel und Bergbau war durchweg städtisch und den Spaniern vorbehalten.

2. Die militärische und politische Kontrolle sowie die Erhebung der Tribute von der besiegten Bevölkerung konnte nur wirksam durchgeführt werden, wenn man diese in leicht überschaubaren städtischen Zentren konzentrierte.

3. Die Evangelisierung und kulturelle Integration der Indios konnte auch nur erreicht werden, wenn man deren verstreute Ansiedlung auf dem Lande unterband. Obwohl die Konquista insgesamt einen rapiden Niedergang der indianischen Bevölkerung bewirkte — in Mexiko schätzt man sie zu Beginn des 16. Jahrhunderts auf ca. 25 Millionen von denen um 1600 kaum mehr als 1 Million übriggeblieben war[9] —, nahm während der gesamten Kolonialepoche die städtische Bevölkerung kontinuierlich zu.

Nach Jorge Hardoys Schätzungen betrug zwischen 1580 und 1630 die Zuwachsrate der städtischen Bevölkerung im spanischen Amerika, mit Ausnahme Floridas, etwa 3,8%. (10) Die spanische Bevölkerung konzentrierte sich überwiegend in den politisch-administrativen Hauptstädten: nichtsdestoweniger machte der prozentuale Anteil der Spanier 1614 in Lima nur 37,8% aus; 1613 waren es in Santiago nur 16,2% und in Panama 1610 nur 21,2%.

Die Stadt wurde also, von Anfang an, zu einem Zentrum der Herrschaft über das sie umgebende Gebiet. Diese Herrschaft ergab sich nicht organisch aus dem Netz der sozioökonomischen Beziehungen zu ihrer Umgebung, sondern sie basierte auf einer politisch-militärischen Gründung einer Minderheit von Invasoren. José Luis Romero verglich sie mit »einer Zitadelle, nicht nur im militärischen, sondern vor allem im sozialen und kulturellen Sinne; eine europäische und europäisierende Zitadelle, in der europäische Mentalität, Lebensformen, Rasse, Normen- und Wertsysteme intakt erhalten werden«.[11]

Nach kastilianischer Tradition unterstand ein breites ländliches Gebiet der Stadtverwaltung — so kontrollierte beispielsweise der *cabildo* von Asunción ein riesiges Gebiet, dessen Größe etwa der des späteren

Paraguay entsprach. Damit wurde verhindert, daß sich auf dem Lande — das unbewohnt oder nur von der unterworfenen indianischen Bevölkerung bewohnt war — eine effiziente Lokalverwaltung etablierte. Der *cabildo*, in Kastilien seit der Auslöschung der *comuneros* (1521) abgeschafft, lebte im fernen Amerika wieder auf, wo er von Anfang an von einigen wenigen spanischen Familien aus den Reihen derer, die den Rang von *vecinos* hatten, kontrolliert wurde. Obgleich der *cabildo* im Verlauf der Kolonialzeit an Bedeutung und Autonomie verlor (nachdem die Gefangensetzung der königlichen Familie durch Napoleon ein Machtvakuum geschaffen hatte), wurde er dennoch zur Schlüsselinstitution im Befreiungskampf. Außer der verschwindend geringen Zahl von *vecinos*, zu denen nicht einmal alle Spanier zählten, wurde die Stadt natürlich auch von den verschiedenen »Kasten und Rassen« bewohnt, die Knechtsarbeiten verrichteten oder Handwerksberufe ausübten. Hieraus leitet sich ein weiterer fundamentaler Aspekt der Stadt ab: Vorwiegend im städtischen Bereich finden sich die Phänomene der Rassenmischung und der Akkulturation, die Lateinamerika kulturell kennzeichnen.

Richard M. Morse hat wiederholt den doppelten, sowohl »künstlichen« als auch »zentrifugalen« Charakter der lateinamerikanischen Stadt betont, der sich im Gegensatz zum »organischen« und »zentripetalen« Charakter der europäischen Stadt herausgebildet habe.[12] Die meisten europäischen Städte haben sich aus kleinen Stadtsiedlungen mit ursprünglich militärischer, kommerzieller oder administrativer Funktion entwickelt. Sie entstanden als Folge einer allgemeinen wirtschaftlichen Entwicklung und befanden sich meist an strategischer, privilegierter Stelle, sei es in einem blühenden, wohlhabenden Gebiet, sei es an einem wichtigen Handelsweg.

Henri Pirenne unterstrich in seiner Theorie über den *faubourg* diesen »organischen« Charakter, der ein Wachstum ohne Plan, entstehend aus dem einfachen Zusammenwachsen von Stadtteilen, beinhaltete, und auch den »zentripetalen« Charakter, demgemäß die Stadt ein Sammelbecken der ökonomischen und sozialen Kräfte sei, die außerhalb ihres Bereichs entstehen. Die lateinamerikanische Stadt hingegen ist das Produkt einer »künstlichen« Gründung, eines bewußten Akts des Eroberers, dessen Zweck die Ansiedlung seines bürokratischen Herrschaftsapparates war, um von ihr aus die Eroberung und Kolonisierung des umliegenden Gebietes vorantreiben zu können (zentrifugale Funktion). Sowohl die beträchtliche Zahl der gescheiterten Stadtgründungen — Buenos Aires wurde 1536 gegründet und 1580 wiedergegründet; Maracaíbo wurde 1529 gegründet und 1571 zum zweiten Male gegründet — als auch die Leichtigkeit, mit der eine Stadt an einen anderen Ort verlegt wurde — dies war mehr als einmal der Fall in Arequipa, Trujillo, Guayaquil, Panama, Guatemala und Havanna —, bestätigen den »künstlichen« Charakter der Kolonialstadt.

Der schachbrettartige Grundriß von Puebla (1531) und Lima (1535) diente für die weiteren Stadtgründungen in Hispanoamerika als Grundmodell: quadratische oder rechteckige Häuserblocks umsäumen den Hauptplatz, an dessen Seiten Kathedrale, Regierungspalast und Cabildo stehen. Die Ausdehnung der Stadt ging von diesem ursprünglichen Zentrum aus, das Sitz der weltlichen und geistlichen Behörden war.

Jorge Basadre schrieb in bezug auf Lima sehr zutreffend: »Sie war eine künstliche Hauptstadt in dem Sinne, daß die politische Struktur noch vor der ökonomischen Struktur gegeben war.«[13]

Bis heute ist die politische Herrschaftsstruktur mit der daraus folgenden territorialen und demographischen Expansion der ökonomischen vorausgegangen: das Herrschaftsverhältnis zwischen Stadt und Land reproduziert die »Herrschaftsmechanismen« aus der Zeit der Konquista. Dies ist die zum Verständnis des lateinamerikanischen Verstädterungsprozesses notwendige Grundtatsache: Die Stadt ist seit ihrer Gründung in der Kolonialzeit ein »künstliches« Zentrum zentrifugaler Macht, oder, um es noch präziser auszudrücken, ein parasitäres Zentrum kolonialer Herrschaft.

Über Kastilien schrieb E. A. Gutkind, »die Städte sind Inseln im weiten Meer der natürlichen Umwelt«[14]. Dies ist um so zutreffender für die ungeheuren Dimensionen Amerikas. In der Tat ist das spanische Amerika nichts weiter als eine Reihe städtischer Inseln, untereinander nur durch die gemeinsame Abhängigkeit von der spanischen Krone verbunden. Zwischen den verschiedenen Städten des Kontinents bildeten sich kaum andere Beziehungen als Konflikte heraus, die aus demselben Drang nach regionaler Autonomie entstanden. Die Autorität der Vizekönige über die Audiencias und Generalkapitanate hat häufig nicht mehr als rein protokollarische Bedeutung gehabt, da, abgesehen von der praktischen Unmöglichkeit, derart riesige Gebiete zu kontrollieren, die Krone ein Interesse daran hatte, eine solche Machtkonzentration in fremden Händen zu unterbinden. So konsolidierte sich eine strahlenförmige Herrschaftsstruktur: Sie wirkte von der Metropole aus in die einzelnen städtischen Zentren und von diesen aus in das unterworfene Gebiet. Wo der Einfluß der Stadt nicht hinreichte, drang auch die europäische Kultur nicht vor.

Der Fall Brasilien. In bezug auf den Prozeß der Verstädterung, wie auch in allen anderen Aspekten seiner historischen Entwicklung, stellte Brasilien einen Sonderfall dar. Es hatte keine Bodenschätze und eine geringe eingeborene Bevölkerung. Die Erschließung der Nordostküste wurde durch den auf die Einfuhr afrikanischer Sklaven gestützten Zuckerrohranbau verwirklicht. Die ökonomische Grundlage der protugiesischen Kolonie war im 16. und 17. Jahrhundert ausschließlich die Landwirtschaft. Folglich ging auch die wirtschaftliche und gesellschaftliche Macht vom Lande aus, wo sich die landbesitzende Aristokratie aufhielt.[15] Bis ins 19. Jahrhundert hinein gewann die

Stadt in Brasilien nicht das Prestige und die Macht, die sie im hispanischen Amerika seit den Anfängen der Kolonie genossen hatte.

Die Städte, die seit der Mitte des 16. Jahrhunderts entlang der Küste entstanden – Olinda (1535), Salvador (1549), Rio de Janeiro (1567) –, verbanden die tropische Landwirtschaft mit dem europäischen Markt. Mit der Gründung von São Paulo (1554) gingen Impulse zur Kolonisation des Landesinneren aus. Die Goldfunde im 18. Jahrhundert führten zu einer atemberaubenden Beschleunigung dieses Prozesses, und es entstanden neue Städte im Inneren des Landes, unter denen es Villa Rica (1711) zu beachtlicher Blüte brachte. Die Mobilisierung der in sozial und politisch strukturierten Gruppen *(bandeiras)* auf der Suche nach Gold und Sklavenarbeitskraft vordringenden Bevölkerung führte zu einer realeren und dynamischeren Besiedlung jener unermeßlich weiten Gebiete, als sie die Spanier in ihrem Drang nach Konzentration in den städtischen Zentren erreicht hatten.

4.2.3. Die Stadt im 19. Jahrhundert

Der dritte Zeitabschnitt erstreckt sich praktisch über das ganze 19. Jahrhundert. In einigen Ländern reicht er in die ersten Jahrzehnte des 20. Jahrhunderts hinein. In diesen Zeitabschnitt fallen keine erwähnenswerten Stadtgründungen. Man hielt sich weiter an Grundriß, Struktur und Lebensformen der Kolonialstadt. Mit der Erlangung der Unabhängigkeit veränderte sich jedoch das Verhältnis zwischen Stadt und Land spürbar zugunsten der ländlichen Gebiete. José Luis Romero sprach sogar von einer »Rückentwicklung der Stadt« in der ersten Hälfte des 19. Jahrhunderts.[16]

Zur Erklärung dieses Rückganges ist es notwendig, verschiedene Faktoren in Betracht zu ziehen. Zum einen fiel es den traditionellen politischen Zentren schwer, nach dem Verlust ihrer monarchischen Legitimation die alten Herrschaftsmechanismen aufrecht zu erhalten. Der Bruch mit der iberischen Halbinsel stellte das gesamte System der strahlenförmig angeordneten Herrschaftsausübung in Frage: Dasselbe Recht, aufgrund dessen Buenos Aires mit Madrid brach, nahmen Asunción und Montevideo für sich in Anspruch, um mit Buenos Aires zu brechen, und veranlaßte Guatemala zum Bruch mit Mexiko und Caracas zum Bruch mit Bogotá.

Die Zersplitterung des Imperiums sowie die ständigen Bürgerkriege die, mit wenigen Ausnahmen, die ersten Jahrzehnte der Republiken erschütterten, waren Ausdruck des plötzlichen Zusammenbruchs der alten geographisch-administrativen Herrschaftsstrukturen. Andererseits zeichnete sich seit Beginn des 18. Jahrhunderts eine zunehmende Stärke des ländlichen Sektors ab. Die Landbevölkerung, die sich nun endgültig vom Schlag der Konquista erholt hatte, nahm mit beträchtlicher Geschwindigkeit zu, seit die Agrarproduktion einen expandierenden Markt fand. Die politische Macht der Stadt brach in dem Maße zusammen, wie es dem Land, sich selbst überlassen, gelang, seine wirtschaftliche, politische und gesellschaftliche Autonomie zu beanspruchen.

Die zwischen der Stadt — als Ausdruck der bürokratischen Macht — und dem Lande — das die zunehmende Bedeutung des Produktionspotentials der Landwirtschaft verkörperte — entstehenden Spannungen entluden sich in Revolten und Protesten die, nicht immer zu Recht, als unmittelbare Vorläufer der Befreiungskämpfe ausgelegt worden sind. Außer dem Gegensatz zwischen Spaniern (Bürokraten und Händlern) und Kreolen (Grundbesitzern) gab es den weitaus tiefergehenden und entscheidenden Gegensatz zwischen der herrschenden Minderheit von Spaniern und Kreolen und den unterjochten »Kasten und Rassen«. Dort, wo beide Gegensätze, wie es in Mexiko und Venezuela, mehr als in der südlichen Hälfte des Kontinents geschah, inmitten der Unabhängigkeitskriege, die im Grunde Bürgerkriege waren, ausgetragen wurden, nahm die materielle Zerstörung — Minen wurden stillgelegt, Werkstätten dem Erdboden gleichgemacht, Verbindungswege zerstört — und die Zahl der Opfer — Venezuela büßte zwischen 1810 und 1830 fast die Hälfte seiner Bevölkerung ein — katastrophale Ausmaße an.[17] Da die Anlagen zerstört waren und der Transport zum Erliegen gekommen war — in Mexiko konnten auf Jahre hinaus nur von bewaffneten Konvois bewachte Transporte passieren —, sank die Minenproduktion auf den niedrigsten Stand ihrer Geschichte ab. Da keine Edelmetalle angeboten werden konnten, warf die Öffnung des Welthandels nicht die Wunderprofite ab, die man sich von ihm versprochen hatte. Außerdem führte die politische Zersplitterung zur Zerstörung der wirtschaftlichen Verbindungen, die sich während der Kolonialzeit allmählich konsolidiert hatten: Chile und der argentinische Nordwesten, die zuvor das peruanische Bergbaugebiet mit Nahrungsmitteln beliefert hatten, sahen sich nun von ihrem Markt abgeschnitten; Venezuela verlor Mexiko als Hauptabnehmer von Kakao; das in Quito ansässige Handwerk wurde von seinem peruanischen Markt getrennt.

Die Stadt verlor, nachdem sie einen großen Teil ihrer politisch-administrativen Kontrolle über das Landesinnere sowie ihre auf das Außenhandelsmonopol gestützte wirtschaftliche Vormachtstellung eingebüßt hatte, an Bedeutung und versank bevölkerungsmäßig und räumlich in Stagnation. In einem allgemeinen Prozeß der Verländlichung — die Dominanz der Agrarstruktur in Lateinamerika, das Haciendasystem, bildete sich in seinen Grundzügen in der ersten Hälfte des 19. Jahrhunderts heraus — kam es zu einer Konsolidierung der lokalen Macht, die zur Grundlage des Caudillismus wurde. Im Verlauf des Jahrhunderts pendelte sich wieder das Gleichgewicht zwischen Stadt und Land ein, nachdem das Großgrundbesitzertum seine Interessen abgesichert hatte: Die Stadt erlangte ihre Bedeutung wieder, indem sie zum Wohnsitz der landbesitzenden Obligarchie wurde, die

die Verwaltungs-, Bergbau- und Handelsaristokratie der Kolonialepoche vollkommen verdrängt hatte.

In den letzten Jahrzehnten des 19. Jahrhunderts entstand für Lateinamerika schließlich, als Folge der industriellen Entwicklung der kapitalistischen Welt, ein unersättlicher Markt für seine Grundprodukte, und zwar sowohl für die agrarischen als auch für die mineralischen Rohstoffe. Zu Beginn unseres Jahrhunderts kam es zu einer atemberaubenden Expansion der Exporte. Die wenigen Städte, die die Beziehungen zum Ausland auf sich vereinigten, konnten ihre Macht und ihren Einfluß ausbauen. Von exemplarischer Bedeutung ist der mit der Zunahme des Exports gekoppelte wirtschaftliche Aufstieg von Buenos Aires.[18] Die Tendenz zur Herausbildung einer Vorrangstellung einiger weniger Städte, die wir bereits in der Kolonialepoche festgestellt haben, nahm in dieser neuen, auf dem Außenhandel und der internationalen Arbeitsteilung beruhenden Form der Abhängigkeit extreme Ausmaße an. So begann die vierte und letzte Epoche, die der *abhängigen Entwicklung der Stadt,* in der wir uns noch heute befinden. Auf den folgenden Seiten soll dieser Zeitabschnitt aus verschiedenen Perspektiven beleuchtet werden.

4.3. Verstädterung und Industrialisierung

Es ist wichtig, den gegenüber der Industrialisierung autonomen Charakter des Prozesses der Verstädterung herauszustellen, ohne dabei seine enge Verknüpfung mit dem ersten Modell der kapitalistischen Entwicklung zurückzuweisen. Hiervon ausgehend, kann eine »untrennbare Verbindung« zwischen diesen Prozessen der Industrialisierung, Verstädterung und Wirtschaftsentwicklung postuliert werden.[19] Jedoch begann die Verstädterung, in Europa wie in Amerika, vor der Industrialisierung: Es gibt einen vorindustriellen Verstädterungsprozeß, landwirtschaftlicher oder merkantiler Natur, der nicht unbedingt in einen autochthonen Industrialisierungsprozeß mündet. Andererseits ist ein Industrialisierungsprozeß vorstellbar, wie er sich in China abzuzeichnen scheint, der nicht eine Ballung gigantischer Industriestadtkonglomerate nach Art des Ruhrgebiets impliziert. Aus der ökologisch-demographischen Perspektive betrachtet, ist es durchaus möglich, eine zunehmende Verstädterung ohne Industrialisierung, wie auch umgekehrt eine Industrialisierung ohne Verstädterung (im Sinne einer Konzentration von Bevölkerung in den großen städtischen Zentren) zu beschreiben. Die Existenz von Großstädten garantiert keinesfalls einen hohen Grad der Industrialisierung, ebensowenig wie industrieller Fortschritt notwendigerweise zur Herausbildung großstädtischer Ballungsräume führen muß.

Die Anwendung des Begriffspaares räumlicher Konzentration für

Stadt und räumlicher Streuung für das Leben auf dem Land ist nur auf einem bestimmten Stand der Entwicklung der Produktivkräfte möglich: Als die Kohle noch die wichtigste Energiequelle war, mußten die Industriezentren noch unweit der Zechen errichtet werden. Die heutigen Energiequellen lassen eine *verstreute* und dezentralisierte Ansiedlung von Städten zu, die früher charakteristisch für das Leben auf dem Lande war. Andererseits haben die Vororte der lateinamerikanischen Großstädte einen Zustrom von Campesinos zu verzeichnen, die auf dem Lande freigesetzt und nicht von der Stadt absorbiert werden. Dies ist ein Phänomen, das man wohl »konzentrierte Verländlichung« nennen könnte.

In Lateinamerika sind Verstädterung und Industrialisierung untereinander verbundene Phänomene, stehen jedoch nicht in einer kausalen Abhängigkeitsbeziehung zueinander. Die Länder, in denen von 1950 bis 1960 das Wachstum der Städte am höchsten war — Venezuela, Brasilien und Kolumbien —, haben auch den intensivsten Industrialisierungsprozeß durchlaufen,[20] ohne daß man deshalb eine einseitige Abhängigkeit zwischen beiden Prozessen feststellen könnte. In einer auf Zensusdaten des Zeitraums 1940-1950 gestützten Untersuchung über Brasilien[21] wurde nachgewiesen: Erstens, daß die Zuwachsrate der Städte sogar in den rückständigsten Gebieten des Landes, in denen es praktisch überhaupt keine industrielle Entwicklung gab, über dem nationalen Durchschnitt lag; zweitens, daß Industrialisierung stets einhergeht mit Verstädterung, ohne daß jedoch die Wachstumsraten beider Prozesse parallel verlaufen.

Es ist eine Grundtatsache, daß die beginnende oder deformierte Industrialisierung des Kontinents — die im folgenden Kapitel behandelt wird — kaum einen feststellbaren Einfluß auf Standort und Wachstum der Städte gehabt hat. Die heute wichtigsten Industriezonen der einzelnen Länder liegen um die wichtigsten Städte — Buenos Aires, São Paulo, Santiago de Chile-Valparaíso, Lima-Callao, Mexiko City-Puebla —, die schon vor der Industrialisierung zentrale Bedeutung hatten. Die Industrie, die vorwiegend Konsumgüter produziert, siedelt sich in der Nähe des Abnehmermarktes an, also in der Umgebung der ökonomisch, sozial und politisch wichtigen Zentren, und festigt damit noch weiter ihre ohnehin sehr privilegierte Position. Nur in Ausnahmefällen gehen von der Errichtung eines Industriezweiges, wie im Falle der Stahlindustrie, die in höherem Maße von der Rohstoffanlieferung abhängig ist und im allgemeinen vom Staat finanziert wird, Impulse zur Entstehung von Städten aus: Als Beispiel seien hier Huachipato-Concepcion (Chile) und Volta Redonda (Brasilien) angeführt. Chimbote (Peru) verdankt sein rasches Wachstum eher der Fischmehlindustrie als der Stahlindustrie. Es gibt Projekte zur Schaffung neuer Pole industrieller Entwicklung, wie z. B. im venezolanischen Guayana-Gebiet oder am Rio Negro in Argentinien. Global gesehen, ist ihre Bedeutung jedoch noch äußerst gering. Der Industrialisierungsprozeß tendiert in seiner jetzigen Verlaufsform dazu, einerseits die regionalen Diskrepanzen zu vertiefen und andererseits die Konzentration in einigen wenigen übermäßig aufgeblähten städtischen Ballungsräumen zu verschärfen.

Die steigende Abwanderung der ländlichen Bevölkerung in die Stadt ist weder ausgelöst noch quantitativ abhängig von einer möglicherweise von der Industrie ausgehenden Anziehungskraft. Relativ — nicht absolut — sinkt die Zahl der in der Landwirtschaft tätigen Bevölkerung, ohne daß die Industrie fähig wäre, die auf dem Lande freigesetzte Bevölkerung zu absorbieren. Seit 1925 ist der Anteil der im verarbeitenden Sektor beschäftigten Bevölkerung — er liegt bei etwa 14% — gleichgeblieben, obwohl der Anteil dieses Sektors am Bruttoinlandsprodukt erheblich gestiegen ist.

1925 waren 13,7% der erwerbstätigen Bevölkerung im verarbeitenden Sektor beschäftigt (3,5% im industriellen und 10,2% im handwerklichen Sektor); 1960 waren es nur noch 13,4% der erwerbstätigen Bevölkerung (davon waren allerdings 7,5% in den industriellen Fertigung und 6,8% im handwerklichen Bereich beschäftigt). Im industriellen Sektor wachsen die Betriebe mit mehr als 100 Beschäftigten am schnellsten: in Brasilien sind es 56% der Industriebetriebe (1960), in Kolumbien sind es 52% (1963) und in Chile 57% (1957).

Obwohl der prozentuale Anteil der im verarbeitenden Sektor beschäftigten Bevölkerung gleichbleibend ist, weist dieser Bereich jedoch in absoluten Zahlen ein beträchtliches Wachstum auf. In den 35 Jahren von 1925 bis 1960 hat sich in Argentinien die Zahl der in verarbeitenden Betrieben beschäftigten Personen praktisch verdoppelt, in Mexiko hat sie sich fast verdreifacht und in Venezuela mehr als verdreifacht.[22] Also ist die Zahl der Personen, die in diesem Zeitraum vom Agrarsektor zum Sekundärsektor übergegangen sind, nicht unbeträchtlich, eine Tatsache, die, wie noch zu sehen ist, wesentlich das Profil der lateinamerikanischen Arbeiterklasse verändert hat. Trotz alledem hat sich erwiesen, daß die Industrie nicht genügend Arbeitsplätze bieten kann, um die zunehmende Zahl, vor allem unqualifizierter, den Anforderungen einer modernen Industrie immer weniger gewachsener Arbeitskräfte aufzunehmen. Der Industrialisierungsprozeß hat die kulturelle Spaltung zwischen den Nachfahren der Eroberer und den Eroberten, zwischen der ländlichen und der städtischen Bevölkerung noch weiter vertieft.

Das übermäßige Wachstum der lateinamerikanischen Großstädte — ein Phänomen, das man mit dem Begriff »Überverstädterung« benannt hat — ist nicht mit dem Einbruch eines Industrialisierungsprozesses zu erklären, der den Campesino seinem Heim entreißt, indem er ihm bessere Lebensbedingungen anbietet. Der Campesino flieht vom Land, auch wenn seine Zukunft in der Stadt weniger rosig aussieht.

Es handelt sich auch nicht um eine unkorrigierbare Verzerrung innerhalb eines rapiden Industrialisierungsprozesses. Beide Prozesse verlaufen in verschiedenen Bahnen, angetrieben von verschiedenen Mechanismen. Die Gründe der Landflucht müssen auf dem Lande selbst gesucht werden. Sie liegen in der Krise der Agrarstruktur, in der relativen Übervölkerung, in der durch die Verbesserung der Verbindungswege und das Vordringen der Massenmedien begründeten Überwindung der ländlichen Isolation etc. Die Elendsgürtel rings um die Großstädte bieten trotz allem noch bessere Überlebensmöglichkeiten als das Land. Die Beschränktheit des Arbeitsmarktes im Industriesektor hängt vom Typ der angewandten Technologie und den spezifischen Finanzierungs- und Marktbedingungen ab. Es gibt keinen Anlaß, eine notwendigerweise sich ergebende Konvergenz zwischen beiden Prozessen zu vermuten.

Daraus ergibt sich eine neue, für die unterentwickelten Länder typische Situation: Der Primärsektor schrumpft zugunsten eines sich immer mehr aufblähenden Dienstleistungssektors. Der ohnehin überlastete Tertiärsektor muß einen Teil der Bevölkerung absorbieren, die auf dem Lande freigesetzt und nicht im Sekundärsektor beschäftigt werden kann. Die weder in der Landwirtschaft noch im verarbeitenden Sektor, im Bergbau oder im Baugewerbe tätige Bevölkerung belief sich 1925 auf 22,4%; 1960 waren es bereits 32,5% der erwerbstätigen Bevölkerung. Wenn man nun den Tertiärsektor auf diese Zunahme hin analysiert, findet man nicht vorwiegend jene Wirtschaftszweige vertreten, die zum ergänzenden Bereich des städtischen Industriesektors zählen, wie Transportwesen, Handel, Versicherungen etc., sondern man muß feststellen, daß häusliches Dienstpersonal den höchsten Anteil der im Dienstleistungssektor Beschäftigten ausmacht. In sechs lateinamerikanischen Ländern, über die Daten verfügbar waren, waren mehr als 30% und in zweien mehr als 20% der im Tertiärsektor tätigen Bevölkerung in der Sparte Hauspersonal verzeichnet.[23] Außerdem verbergen sich hinter den Dienstleistungsstatistiken verdeckte Arbeitslosigkeit und Unterbeschäftigung.

4.4. Anmerkungen zur »Überverstädterung«

Überverstädterung heißt *übermäßige* Verstädterung. Dies ist ein Übermaß, das sich in Verbindung mit anderen Variablen manifestiert: ökonomische Entwicklung, Besiedlung des Landes, Verteilung der städtischen Bevölkerung. Es zeigt ein Mißverhältnis zwischen dem Grad der Industrialisierung und dem Maß der Verstädterung, zwischen stark urbanisierten Zonen und riesigen, fast unbewohnten Gebieten, zwischen der Größe und Bedeutung der wichtigsten Stadt und den übrigen städtischen Zentren des Landes an. Dieses Mißverhältnis kann man durchaus als übermäßig bezeichnen, denn aus ihm entsteht eine Anzahl von Phänomenen, die zum Bereich einer Sozialpathologie zählen.

Ausschließlich phänomenologisch betrachtet, drückt die Überverstädterung die Unfähigkeit der Stadt aus, einem zunehmenden, in ihr lebenden Teil der Bevölkerung Arbeit, Wohnung und Dienstleistungen zu geben. Kennzeichen der lateinamerikanischen Stadt sind heute die Arbeitslosigkeit und Unterbeschäftigung; der aufgeblähte Tertiärsektor; die Knappheit an adäquaten Wohnungen, mangelnde Trinkwasserversorgung und unzulängliches Transportwesen; zu wenig und mangelhafte Schulen und Freizeiteinrichtungen; allmählicher Verfall der physischen Umwelt in den Städten; unaufhaltsame Ausweitung der Elendsviertel am Rande der Städte.[24]

In den lateinamerikanischen Großstädten kann man die sozioökonomische Krise des Subkontinents mit bloßen Augen wahrnehmen. Dort fristet ein sehr hoher Anteil der Bevölkerung sein Dasein in Behausungen, die nicht einmal die Mindestvoraussetzungen einer Wohnung erfüllen. Man schätzt, daß etwa 20 Millionen Wohneinheiten ersetzt werden müßten, die als absolut unzulänglich betrachtet werden. Außerdem mußten pro Jahr 2 Millionen neu gebaut werden, wollte man mit dem Bevölkerungszuwachs Schritt halten. Trotz der nordamerikanischen Hilfe, die über die Interamerikanische Entwicklungsbank (BID) in die Finanzierung billiger Wohnungen sowie städtischer Abwässer- und Kanalisationseinrichtungen geflossen ist, nimmt das Wohnungsdefizit weiter zu. Mit Privatkapital werden lediglich Luxus- und Mittelschichtwohnungen gebaut, deren Preise für die Mehrheit der Bevölkerung unerschwinglich sind. Nachdem in den sechziger Jahren jene verschwindend geringe Nachfrage befriedigt wurde, stagnierte der Wohnungsbau. In einigen Ländern ist er sogar zurückgegangen, wodurch eine weitere typische Beschäftigungsmöglichkeit für die neu in die Städte kommende ländliche Bevölkerung versperrt blieb.

Die »Spontaneität« der Marktgesetze, die Grundstücksspekulation, die fehlende Stadtplanung und die Finanzschwäche der Kommunen — all diese, eng miteinander verbundenen Faktoren machen das Chaos deutlich, das in den Städten, besonders aber in ihren Randzonen herrscht. Der Mangel an Schulen, sanitären Einrichtungen, Sportplätzen, Transportwagen und -mitteln etc. ist enorm, aber im Vergleich zur Situation auf dem Lande ist das Panorama fast zufriedenstellend: Auch wenn all diese Dienstleistungen in der Stadt knapp sind, so konzentriert sich hier doch immerhin der größte Teil der im ganzen Lande existierenden Dienstleistungen. Andererseits bringt der abgrundtiefe Kontrast zwischen wohlhabenden Wohnvierteln und Elendssiedlungen, die bisweilen in unmittelbarer Nachbarschaft liegen, eine zunehmende Unsicherheit mit sich. Chaos und Unsicherheit bedrohen unmittelbar das Leben in den lateinamerikanischen Städten.

Die Elendssiedlungen am Rande der Städte sind das Phänomen, das — im Hinblick auf seinen Umfang und mögliche soziale Explosivität — am stärksten die Aufmerksamkeit der Wissenschaft auf sich gelenkt hat. 18% der Bevölkerung von Caracas, 21% der Bevölkerung von Lima, 38% der Bevölkerung von Rio de Janeiro[25], 40% der Bevölkerung von Arequipa, 70% der Bevölkerung von Chimbote und 80% der Bevölkerung von Buenaventura (Kolumbien) hausen in erbärmlichen Hütten, die nicht die geringsten Attribute der Bewohnbarkeit aufweisen. Außer den *barriadas* sind noch die sogenannten *conventillos* oder *vecindades* von Mexiko City und Santiago zu erwähnen, alte Häuser mitten im Zentrum, wo die Menschen unter ähnlich ungesunden Bedingungen zusammengepfercht leben müssen.

Die zunehmende Abwanderung der Landbevölkerung führt in Verbindung mit der Arbeitslosigkeit und den niedrigen Löhnen in der Stadt zum Entstehen dieser »provisorischen« Behausungen, die aber tendenziell permanenter Natur sind: In Panama heißen sie *barriadas brujas*, in Lima einfach *barriadas* (neuerdings in *pueblos jóvenes* umgetauft), *ranchos* in Caracas, *favelas* in Rio, *villas miseria* in Buenos Aires und *callampas* in Santiago de Chile. Über Nacht schießen diese provisorischen Wohnkolonien aus dem Boden, von den Bewohnern selbst errichtet, die zum Bau alles mögliche Material nehmen und sich auf leerstehendem Gelände, meist Staatseigentum, niederlassen.

Die *barriada marginal* ist weder ein neues noch ausschließlich in den lateinamerikanischen Städten anzutreffendes Phänomen: Ihre Existenz könnte bis in die Kolonialzeit zurückverfolgt werden, und sie taucht auch in anderen Ländern auf, die noch keinen hohen Industrialisierungsgrad erreicht haben. Neu hingegen ist die Schnelligkeit, mit der sie wächst und die Größe, die sie erlangt hat, so daß ein Punkt erreicht wurde, an dem sie die ökologische und sozioökonomische Struktur der Stadt wesentlich veränderte.

Die in Pionierarbeit von Matos Mar durchgeführten Untersuchungen[26] haben die soziokulturelle Eigenart der *barriada* aufgezeigt. Eine schwer zu überwindende Mauer trennt den ländlichen Zuwanderer vom Stadtbewohner. Dies gilt besonders für das Andengebiet, wo der Campesino aus der Sierra in der Stadt auf ein von seinem eigenen sprachlichen kulturellen Hintergrund völlig verschiedenes Milieu trifft. Wenn der »Indio« aus der Sierra in die Stadt abwandert, bleibt ihm nichts anders übrig, als sich in der *barriada marginal* niederzulassen. Damit wird ihm seine Integration erleichtert, denn er hat die Möglichkeit, eigene Kulturformen beizubehalten. Der Bewohner der *barriada* wird zum Mittler zwischen städtischen und ländlichen Lebensformen: Einerseits fühlt er sich durch Verwandtschaftsbeziehungen, Sitten, Gebräuche und Traditionen eng mit seiner heimatlichen Dorfgemeinschaft verbunden; andererseits ist er zu einer ständigen Kommunikation mit der Stadt und ihren spezifischen Werten gezwungen.

Oscar Lewis hat auf das Weiterleben ländlicher Werte in der »Kultur der Armut« der Großstädte hingewiesen, die eine Art Brücke zwischen beiden Welten herstellt. Damit erklärt er, warum es in Lateinamerika kaum zur Auflösung des Familienlebens oder zur Desintegration der Persönlichkeit gekommen ist, die die Chicagoer Schule als dem Prozeß der Verstädterung inhärent betrachtet hat. Nach Lewis kommt es in der Stadt keinesfalls zu einem Verfall, sondern, ganz im Gegenteil, zu einer Konsolidierung des Familienlebens, das sich zu einem Grundpfeiler des Überlebens in einer feindlichen Umwelt entwickelt.[27] Mit der Ausweitung der *barriadas marginales* und der »Kultur der Armut« entsteht ein Phänomen der »Verländlichung« der Städte, das zu erfassen von größter Wichtigkeit ist, wenn man daran geht, das politische Verhalten dieser neuen sozialen Gruppen zu untersuchen.

Die »Verländlichung« der Stadt schließt nicht den entgegengesetzten Prozeß der Integration, Homogenisierung und Assimilitation der in die Stadt kommenden Zuwanderer aus.[28] Dem ländlichen Zuwanderer ist es bis heute, spätestens in der zweiten Generation, stets gelungen, sich voll an das Leben in der Stadt und deren Werte anzupassen. Demnach müßte die ökologische Verstädterung die ökonomische und kulturelle Verstädterung implizieren. Die Erfahrungen der letzten zehn Jahre in Lateinamerika lassen eine solche Annahme jedoch problematisch erscheinen. Für die heutige Situation ist typisch, daß sich der alte Gegensatz zwischen Stadt und Land in der Stadt selbst in immer schärferer Form äußert.

Die Stadt erhält somit aufs neue die Funktion, die sie schon während der Kolonialzeit hatte, nämlich Zentrum für und Hauptorgan der Akkulturation und Rassenvermischung zu sein. Die Schlüsselfrage ist nun, ob sich der gegenwärtige Prozeß der Verländlichung behaupten kann und zur Konsolidierung einer marginalen, einer Mestizenkultur führen wird, die eine Mittlerposition zwischen Stadt und Land einnimmt, oder ob die städtische Marginalität nur ein vorübergehendes Phänomen sein wird, das sich zwangsläufig mit der fortschreitenden Integration im modernen städtischen Sektor auflöst.

4.5. Stadtplanungspolitik in Kuba

Kuba ist das einzige lateinamerikanische Land, das eine Politik zur Überwindung der »Überverstädterung« eingeleitet hat. Daher ist dieses Beispiel von Interesse.[29]

In Kuba setzte die Verstädterung sehr früh ein. Um 1899 lebten 28,5% der Bevölkerung in Orten mit über 20 000 Einwohnern: im selben Jahre waren es in den Vereinigten Staaten nur 23,8%. Aber Havanna hatte schon damals mit 15% der Gesamtbevölkerung des Landes und 31,8% der städtischen Bevölkerung eine führende Position. Die Hauptstadt war — mit 235 981 Einwohnern — fünfmal so groß wie die zweitgrößte Stadt des Landes, Santiago de Cuba — mit 43 090 Einwohnern. Zur Zeit der nordamerikanischen Hegemonie verschärfte sich diese Tendenz zur führenden Rolle der Hauptstadt noch: 1953 lebten in Havanna 20,9% der kubanischen Gesamtbevölkerung und 50,2% der städtischen Bevölkerung.

Am Vorabend der Revolution wies Kuba eine Stadt-Land-Struktur auf, die der Situation im übrigen Lateinamerika sehr ähnlich war:

a) Eine hypertrophe Hauptstadt, in der sich ein Fünftel der Bevölkerung des Landes konzentrierte; und in der 52,8% des Wertes der Industrieproduktion, einschließlich der Zuckerproduktion (75% ausschließlich der Zuckerproduktion) erwirtschaftet wurden; wo 90% der Hafengeschäfte abgewickelt wurden; wo sich die einzige Werft des Landes und die größte Fischfangflotte des Landes befanden; Sitz der wichtigsten Universität und unbestrittenes Zentrum des gesamten ökonomischen, politischen und kulturellen Lebens des Landes.

b) Fehlen von mittleren Städten. Santiago de Cuba, die zweitgrößte Stadt, hatte nur 14% der Bevölkerungszahl der Hauptstadt.

c) Enormes ökonomisches, soziales und kulturelles Gefälle zwischen Land und Stadt. Das Wohnungs- und Dienstleistungsdefizit, besonders auf dem Lande, hatte katastrophale Ausmaße angenommen, wie wir sie auch schon für das übrige Lateinamerika festgestellt haben. 1959 wiesen 46% aller Wohnungen, in denen 54% der Bevölkerung lebten, nicht die erforderlichen Mindestvoraussetzungen auf.

Ein Hauptziel der Revolutionsregierung war es, die Dichotomie zwischen Stadt und Land zu beseitigen oder auf ein Mindestmaß zu reduzieren. Vom ersten Augenblick an wurde deutlich gemacht, daß der Verbesserung der Lebensbedingungen der Landbevölkerung, besonders in den am stärksten vernachlässigten ländlichen Gebieten, eine hervorragende Bedeutung beigemessen werden sollte. Um dieses Ziel zu erreichen, war außer den grundlegenden sozioökonomischen Veränderungen — wie Agrarreform, Verstaatlichung der Industrie — eine Umstrukturierung im Sinne einer neuen Raumordnung notwendig, die auf die Bedürfnisse der Bevölkerung und der ökonomischen Entwicklung zugeschnitten sein mußte. 1964 wurde das Departamento de Planificación Física umgewandelt und zu einem autonomen Organ gemacht, das mit der Untersuchung, Planung und Leitung dieses Umstrukturierungsprozesses beauftragt wurde.

Dazu gehörten drei Hauptaufgaben:

1. Die verstreute Siedlungsweise der Landbevölkerung aufzuheben. Die Anhebung des Lebensstandards der Landbevölkerung beinhaltete ihre Umsiedlung in Siedlungseinheiten, die mit adäquaten sanitären, schulischen und sozialen Einrichtungen (wie Sport- und Unterhaltungsmöglichkeiten) auszustatten waren. Zwischen 1959 und 1962 wurden 83 neue Dörfer mit einer Bevölkerung zwischen 300 und 500 Einwohnern gegründet. Allerdings wurde diese Politik in Anbetracht der sehr hohen, mit der Neugründung kleiner, mit allen notwendigen Dienstleistungen ausgestatteten Siedlungseinheiten verbundenen Kosten, stark eingeschränkt. Ab 1965 entschied man sich für relativ

große städtische Einheiten, die zugleich die in ihrem Einzugsbereich verstreut lebende Bevölkerung mit erfassen. Die Förderung der Neugründung von Städten auf dem Lande ist bis heute nicht über das programmatische Versuchsstadium hinausgelangt. Ciudad Sandino in Pinar del Rio ist die erste, für 15 00 Einwohner geplante Stadt, die auf Grund dieses Modells erbaut wird.

2. Eine rationalere geographische Verteilung der ökonomischen Infrastruktur.

Die Industrien sollen dort angesiedelt werden, wo sie ökonomisch oder sozial den größten Nutzen bringen, nicht, wie in der vorrevolutionären Zeit, in der Nähe eines privilegierten Verbrauchermarktes.

3. Die Entlastung Havannas. Bis 1963 hielt das massive Wachstum der Stadt an. 1965 gelang es, die Zuwachsrate auf 0,9% zu drücken. Dies war die niedrigste Zuwachsrate der kubanischen Städte und lag fast zweimal unter der Durchschnittszuwachsrate des Landes (2,21%).

Der Erfolg dieser Politik beruht auf sehr verschiedenartigen Faktoren, die aber den gleichen Effekt gehabt haben: Die Mehrzahl der Exilkubaner, Angehörige der Mittel- und Oberschicht, kam aus der Hauptstadt. In Havanna ist kaum etwas zur Restauration der Wohnungen unternommen worden. Der physische Anblick der Stadt ist schmutzig und vernachlässigt. Das öffentliche Verkehrswesen ist sehr mangelhaft. Die Industrieinvestitionen wurden ausschließlich auf schon bestehende Betriebe beschränkt. Andererseits wurden jedoch die Ursachen der Landflucht ausgemerzt, indem neue Arbeitsplätze im Landesinneren geschaffen wurden und der Lebensstandard der Landbevölkerung erhöht wurde. Seit 1965 besteht auf dem Land ein Arbeitskräftemangel — wo traditionell Arbeitslosigkeit geherrscht hatte — während in den Städten noch ein relativer Überschuß zu verzeichnen ist. Im Gegensatz zu den übrigen Ländern Lateinamerikas entwickelt sich hier eine Migrationsbewegung von der Stadt aufs Land, allerdings auf ein Land, das sich allmählich *verstädtert*.

5. Die blockierte Industrialisierung

5.1. Das vorindustrielle neunzehnte Jahrhundert

Unter Unterentwicklung versteht man ein gänzliches Fehlen oder zumindest erhebliche Verzögerungen der Industrialisierung, welche im 19. Jahrhundert die Nordatlantikländer völlig veränderte. Die Jahre von 1770 bis 1870 waren in diesem Sinne entscheidend. Diese Periode wurde auf der iberischen Halbinsel und in ihren amerikanischen Kolonien durch eine gewaltsame Zäsur, die Unabhängigkeitskriege, unterbrochen: Die napoleonische Invasion wurde unmittelbarer Anlaß für den Zerfall des Imperiums und zugleich Ausgangspunkt für die Entstehung des modernen Spanien. Die französische Intervention zerschlug die — wenn auch zaghaft eintretenden — positiven Effekte der Entwicklungspolitik, die die Bourbonen in Gang gesetzt hatten und die mit der Verwaltungsreform Karls III. ihrem Höhepunkt erreichte.

Während Frankreich in die Revolution eine innere Dynamik entfaltete, so daß schließlich aus ihr und den nachfolgenden Wirren eine in ihren wichtigsten Institutionen völlig erneuerte Nation hervorging, beruhte die Erschütterung der spanischen Welt auf einem externen Faktor: Zwar wurden auch hier auf Erneuerung abzielende Kräfte freigesetzt, doch gelang es ihnen aufgrund der fehlenden ökonomisch-sozialen Entwicklung nicht, die Entwicklung unter Kontrolle zu bringen. Eine allzu schwache Bourgeoisie mußte eine historische Rolle übernehmen, auf die sie nicht vorbereitet war.

Freilich läßt sich das Bündel der verschiedenen Faktoren, die das Historische konstituieren, nicht auf ein einziges Ereignis, reduzieren, auch wenn es sich um ein so folgenschweres handelt, wie es die napoleonische Invasion war. Die bourbonischen Reformen, die nicht einmal in ihrer Intention die grundlegenden Strukturen berührten, waren längst abgeschlossen, als die Franzosen intervenierten. Das Scheitern des Reformismus der spanischen Aufklärung erleichterte zudem die ausländische Invasion, die wiederum die Möglichkeit zu Reformen versperrte. So begann eine neue Epoche, in der der bisherige Gegensatz zwischen Kontinuität und Reformen von dem zwischen Reform und Revolution abgelöst wurde. Die Regentschaft von Karl IV. war die letzte des Ancien régime, in dem Reformen noch Raum gehabt hätten. Nach der revolutionären Erfahrung von Cádiz bot die Amtszeit von Ferdinand VII. keine andere Alternative an als Revolution oder Konterrevolution. Der Sieg der Konterrevolution prägt das Profil des Jahrhunderts.

Mit leichten Modifikationen ist ein ähnliches Interpretationsschema auf Lateinamerika anzuwenden. In erster Linie zeitigten die bourbonischen Reformen in den Kolonien größere Wirkungen als in der Metropole, da sie hier in den letzten Jahrzehnten des 18. Jahrhunderts eine beachtliche ökonomische Entwicklung in Gang setzten. In den Randgebieten des spanischen Reiches entstand eine neue Oberschicht — in Venezuela, im Río de la Plata-Becken, in Chile —, die zwar fähig war, der Halbinsel die Stirn zu bieten, aber nicht immer, sie als politisch führende Macht zu ersetzen. Wenn auch die Revolution ihr erstes Ziel erreichte — die Unabhängigkeit —, so scheiterte sie in ihrer eigentlichen Absicht, eine liberale und progressive Gesellschaft nach europäischem oder nordamerikanischem Modell zu schaffen. Mit der politischen Zersplitterung nach der Unabhängigkeit verlagerte sich die Macht von der Stadt aufs Land. Bürgerliche und kapitalistische Elemente, die zwar schwach, aber vorhanden waren, wurden durch latifundistische und semifeudale Kräfte ersetzt. Wie in Spanien endete die Revolution mit dem Sieg der Konterrevolution.

Nach Pierre Chaunu kam die Loslösung der hispanoamerikanischen Kolonien zu spät — in der tiefen Krise des spanischen 17. Jahrhunderts wäre ihre Annexion durch die neuentstehenden europäischen Mächte möglich gewesen — oder zu früh — ehe in Lateinamerika eine Handels- und Landbourgeoisie, wenigstens in Ansätzen, gefestigt war[1].

Zu Beginn des 19. Jahrhunderts wies Hispanoamerika eine ökonomische Vitalität auf, die einen so kritischen und scharfsinnigen Reisenden wie Alexander von Humboldt überraschte.

Der Aristokrat aus Berlin lobte die urbane Entwicklung und die Qualität des Lebens in einigen Städten wie Mexiko, Lima und Havanna. Er hob das Niveau der naturwissenschaftlichen Forschungen hervor, besonders das auf dem Gebiet der Botanik und der Mineralogie. In seinem ›Politischen Essay über das Königreich Neuspanien‹ widmet Humboldt ein Kapitel dem »Stand der Manufakturen« (Webstühle, Porzellan, Glas, Seife, Tabak usw.). »Der Wert des Produkts der Manufakturen Neuspaniens wird auf sieben bis acht Millionen Pesos im Jahr geschätzt«, eine beachtliche Summe, wenn man in Rechnung stellt, daß er die Höhe der königlichen Renten in Neuspanien auf zwanzig Millionen Pesos schätzt.[2]

Auch wenn die Manufakturen der anderen Vizekönigtümer bei weitem nicht dieses Niveau erreichten, so sind doch die Kunstwerkstätten von Quito und die Webereien im argentinischen Nordwesten erwähnenswert.

Gewiß, Spanien bildete keine Ausnahme in bezug auf die typisch koloniale Politik, Rohstoffe, besonders Edelmetalle, einzuführen und

Fertigprodukte auszuführen, wobei jede Konkurrenz ausgeschaltet wurde, die die Kolonien gegenüber den metropolitanen Interessen hätten ausüben können. Das Handelsmonopol war einer der Vorteile des Kolonialpaktes. Zweierlei jedoch beschränkte die Wirkung dieser restriktiven Maßnahmen, die ohnehin als Überbleibsel zu Beginn des Jahrhunderts zu merken sind: 1. die industrielle Schwäche der Halbinsel mit einem sehr begrenzten Angebot von Fertigwaren; 2. die große Entfernung, die bei den damaligen Transporttechniken die Frachtkosten übermäßig erhöhten. Die in die Kolonien exportierten Produkte waren äußerst teuer und lediglich für eine privilegierte Minderheit erschwinglich. Der größte Teil der Bevölkerung deckte seinen Bedarf durch das einheimische — häufig vorspanische — Handwerk oder durch lokale Manufakturen, die man gleich zu Beginn der Konquista errichtet hatte.

In der zweiten Hälfte des 18. Jahrhunderts entwickelten sich, da die landwirtschaftliche Produktivität und mit ihr die Bevölkerung zunahm, Manufakturen in beachtlichem Umfang.

Paul Bairoch hat die entscheidende Bedeutung, die die Verbesserung der landwirtschaftlichen Produktivität als Auslösungsfaktor der Industrialisierung in Europa hatte, hervorgehoben.[3] Die rapide Entwicklung des Agrarsektors in den hispanoamerikanischen Kolonien im 18. Jahrhundert ist eine Tatsache von außerordentlicher Wichtigkeit, der man von dieser Perspektive her nicht die Aufmerksamkeit gewidmet hat, die sie verdient.

Das Textilhandwerk hatte im Vizekönigtum Neuspanien einen beachtlichen Entwicklungsstand erreicht. Die Importstoffe, zwar von guter Qualität, aber äußerst teuer, waren für einen sehr eingeschränkten Markt von Spaniern und begüterten Kreolen bestimmt. Eingeschmuggelte Stoffe mußte man dem Typ und der Qualität nach den legal eingeführten Stoffen angleichen, einmal, damit sie nicht leicht identifizierbar waren, andererseits, weil sie auf dem gleichen Markt konkurrierten. Der größte Teil der Bevölkerung, soweit er nicht im eigenen Hause webte, versorgte sich mit grobem Baumwoll- und Wollstoffen, die man im Lande selbst herstellte.

Robert A. Potash wies darauf hin, daß das spanische Handelsmonopol durch die ungeheure Verteuerung der Qualitätstoffe de facto die lokale Fabrikation protektionierte. Umgekehrt erlaubten die äußerst kostspieligen Frachten von so umfangreichen Gütern wie Baumwolle oder Wolle nicht den Export von minderen Qualitäten, für die es keine andere Absatzmöglichkeit als den internen Markt gab. In Puebla, Guadalajara, Valladolid, Querétaro war eine Textilindustrie vorhanden, die 1808 ungefähr 60 000 Personen beschäftigte.[4] Im gleichen Jahr gab es in Katalonien 2000 Textilbetriebe, die ungefähr 100 000 Personen beschäftigten.[5]

Man produzierte in kleinen Handwerkstätten, dennoch spielte das Handelskapital bereits bei den mexikanischen Textilzentren eine entscheidende Rolle. Die Existenz eines beträchtlichen internen Marktes — Neuspanien hatte eine Bevölkerung von sechs Millionen — sowie der

Reichtum an Rohstoffen — Wolle und Baumwolle — ließen eine baldige Industrialisierung ahnen, sofern man den technischen Rückstand aufholen und die Zunft Hindernisse und interne Zölle überwinden konnte. Aber derartige Reformen waren im alten System nicht denkbar. Liberale Prinzipien begannen erst dann wirksam zu werden, als schon die Unabhängigkeitskriege, die nachfolgende Anarchie und die ausländische Konkurrenz die kolonialen Manufakturen zerstört hatten.

Drei fundamentale Konsequenzen der Unabhängigkeit des Subkontinents verhinderten im 19. Jahrhundert die Industrialisierung:

1. Die politische Zersplitterung riß die interregionalen Märkte auseinander und schuf neue winzige Einheiten, die nicht etwa aufgrund geringerer geographischer Ausdehnung, sondern vielmehr wegen des mangelnden menschlichen Potentials unfähig waren, eine industrielle Entwicklung in Gang zu setzen. In der Mehrzahl der neuen Republiken — Bolivien, Paraguay, Ekuador und den mittelamerikanischen Ländern — war innerhalb der nationalen Grenzen eine Industrialisierung völlig illusorisch. Mexiko litt trotz des Verlustes von Mittelamerika (1832) und der weiten Gebiete nördlich des Rio Grande (1847) weniger unter der politischen Zerstückelung, weil sich seine Bevölkerung im zentralen Hochland konzentrierte. Das erklärt, weshalb Mexiko als einziges lateinamerikanisches Land eine gewisse Kontinuität von den kolonialen Manufakturen bis zur heutigen Industrie aufweist.

Dagegen ist der argentinische Nordwesten ein typischer Fall für die Konsequenzen der politischen Verschiebung. In diesen Gebieten, die im 16. Jahrhundert von Peru aus kolonisiert wurden, bildete sich aufgrund des Fehlens von Edelmetallen eine spezialisierte Produktion von landwirtschaftlichen und handwerklichen Gütern für den peruanischen Markt heraus: Die Stadt Potosí entwickelte eine beträchtliche Nachfrage nach Lebensmitteln, Stoffen und Lasttieren. Die Bergbaukrise des 18. Jahrhunderts wirkte sich auch auf die Manufakuren dieser Region aus, vor allem auf die Produktion von Woll- und Baumwollstoffen, aber den Gnadenstoß erhielt das Gebiet nach Erlangung der Unabhängigkeit durch seine Unterwerfung unter Buenos Aires.

In der ersten Hälfte des 19. Jahrhunderts verlagerte sich das ökonomische und demographische Potential vom Inneren an die Küste und verursachte so die für die Unterentwicklung typische Dichotomie: ein Wachstumsbereich, der an den Außenhandel gebunden ist, und die Stagnation der inneren Provinzen. Dies geschah nicht ohne starke Opposition. Die Bürgerkriege zwischen »Föderalisten« und »Unionisten« spiegeln den Kampf der inneren Provinzen wider, bei dem es darum ging, Buenos Aires zu einer protektionistischen Politik zu bringen und am Nutzen des Zolls teilzuhaben, den nun die Hauptstadt monopolisierte, wie es vorher die Metropole getan hatte. Nach 25 Jahren des Hin und Her mit wechselndem Geschick sicherte sich die

Küstengegend um Buenos Aires die Führung, paradoxerweise mit dem Sieg des Föderalisten Rosas.[6]

2. Der Zersplitterung und politischen Anarchie, die zu einer beachtlichen Zerrüttung der Verwaltung und der Finanzen führte, entsprach die konstitutive Schwäche der neuen Staaten. Die neuen Behörden waren nicht weniger korrupt und eigenwillig als ihre kolonialen Vorgänger, überdies besaßen sie kaum Prestige und Macht. Die öffentlichen Finanzen waren ständig vom Ruin bedroht, d. h. sie hingen lediglich von Zolleinnahmen ab, die allerdings durch die Verringerung der Edelmetallexporte stark gesunken waren. Die ausländischen Kredite, hauptsächlich britischer Herkunft, verschärften diese Schwierigkeiten noch, indem sie die öffentliche Verschuldung erheblich erhöhten. Absolut mittellos konnte der Staat weder den elementarsten öffentlichen Erfordernissen gerecht werden, noch das Vakuum auffüllen, das die Kirche bei der Wahrnehmung erzieherischer Aufgaben gelassen hatte. Während die auf Subsistenz abgestellte Naturalwirtschaft groß wurde, verkümmerten die Märkte. Zusätzliche finanzielle Instabilität und das völlige Fehlen von Bank- und Kreditinstitutionen ließen industrielle Investitionen als Wahnwitz erscheinen. Eine der interessantesten Erfahrungen bei der Kreditvergabe für den Industriesektor, die Banco de Avío (1830—1842) in Mexiko, scheiterte kläglich. Der Besitz an Boden war die einzig sichere Quelle ökonomischer, sozialer und politischer Macht.

3. Man kann die Öffnung zum Weltmarkt als Reaktion auf das alte spanische Handelsmonopol verstehen. Freiheit war auch und vor allem das Recht, mit allen Völkern der Erde Handel zu treiben. Die Interessen der kommerziellen und latifundistischen Sektoren fallen mit der Verteidigung des ökonomischen Liberalismus zusammen, der gerade als letzter Schrei der Wissenschaft und der Zivilisation galt. Obgleich der Außenhandel mangels exportierbarer Produkte von Anfang ein geringes Volumen hatte, bewirkte er doch die Stagnation der bestehenden Manufakturen auf einem äußerst niedrigen Niveau. Es fehlte nicht an prophetischen Stimmen, die nach protektionistischen Maßnahmen schrien doch kam es — einerseits durch die schnell anwachsende Nachfrage des Auslands[7] und andererseits durch die Häufung der Einkünfte in den Händen weniger Latifundisten, die nach Auslandsgütern verlangten — zu einer engen Koppelung britischer Interessen mit denen der Agraroligarchie der jungen Republiken.

Unter den internen und externen Umständen ihrer Realisierung verhinderte die politische Emanzipation die Entfaltung einer Unternehmerbourgeoisie. Es ist sehr zweifelhaft, ob jene sich unter den Bedingungen der Kolonie hätte durchsetzen können; zumindest für Mexiko wäre es denkbar gewesen: Doch nützen Hypothesen dieser Art nicht. Eine autonome Entwicklung Lateinamerikas stellte sich nun wegen der zunehmenden Unterschiede der Wachstumsrate in diesem

Gebiet und derjenigen im kapitalistischen Europa als unwahrscheinlich heraus. Die spanische Conquista verzerrte das vorspanische Produktionssystem dermaßen, daß man zwei Jahrhunderte brauchte, um ein neues Gleichgewicht zu finden.

Die unvermeidliche Konfrontation mit dem industriellen Kapitalismus bewirkte eine vergleichbare Verzerrung der zugrundeliegenden Strukturen, von der sich Lateinamerika bis heute nicht erholt hat.

5.2. Industrialisierung und exportorientierte Rohstoff- und Agrarwirtschaft

In der Epoche von 1870 bis 1930 prägte die Integration in das System des industriellen Kapitalismus das Geschick Lateinamerikas. Während die jungen Republiken kaum zur Ruhe gekommen waren und sich von den Erschütterungen der Unabhängigkeitskriege (1810 bis 1830) erholten, wuchs die Wirtschaftsmacht des industriellen Europa und an seiner Spitze Englands in überwältigender Weise.

Das Handelskapital trug zu dieser Entwicklung lediglich am Rande und indirekt bei. Obwohl England auf dem Weltmarkt des 18. Jahrhunderts eine überragende Rolle spielte, gab es keine direkte Verbindung zwischen dem Handelskapital — das auch in Holland, Spanien und Italien reichhaltig vorhanden war — und der Entstehung der Industrie. Der Industriekapitalismus ist nicht ohne weiteres aus dem Handelskapitalismus ableitbar; er entstand vielmehr aus einer »historischen Mutation«, von der her er in seiner Besonderheit zu begreifen ist.

Es ist wichtig, auf diesen Punkt einzugehen, um nicht fälschlicherweise anzunehmen, daß Lateinamerika von sich aus eine Industrialisierung hätte hervorbringen können. Die Isolierung in der ersten Hälfte des 19. Jahrhunderts bewirkte im Gegenteil eine wirtschaftliche Rezession und eine Verländlichung der grundlegenden Strukturen. Die allmähliche Einordnung in den industriellen Kapitalismus hieß nicht Abbruch eines autonomen Entwicklungsprozesses, sondern Mobilisierung sozialer und ökonomischer Kräfte, die trotz des profunden Ungleichgewichts, das sie hervorriefen — was heute immer deutlicher wird —, dieses Gebiet aus seiner Stagnation herausrissen.

Die Industrialisierung Europas erfolgte nicht auf Kosten der nichteuropäischen Welt, indem ähnliche Entwicklungen in anderen Gegenden der Welt abgestoppt wurden; vielmehr war es — und dieses Phänomen ist lediglich aus intern-europäischen Faktoren heraus erklärlich —, aufgrund der Industrialisierung in der Lage, auf seinem Wege und zu seinem Nutzen die nichtindustrialisierte Welt einzubeziehen. 1870 war diese Dichotomie bereits eine nicht mehr korrigierbare Tatsache. Durch ihre industrielle Kapazität erweiterten die nordatlantischen Gebiete ihre Einflußzonen auf der ganzen Welt und verursachten damit die Unterentwicklung, der man sich jedoch erst nach dem Zweiten Weltkrieg bewußt wurde.

Zu Beginn verstand man die europäische Anwesenheit auf beiden Seiten als ein »zivilisatorisches Werk«. Die Ausnutzung der Landwirtschaft und der Minen Lateinamerikas vollzog sich durch die sozioökonomische Umwandlung dessen, was man später die »Erste Welt« genannt hat. Das schnelle Bevölkerungswachstum in den industriellen Zentren und die ständige Verbesserung des Lebensstandards erhöhten die Nachfrage nach landwirtschaftlichen Produkten. Die industrielle Entwicklung benötigte eine Fülle neuer Metalle und schuf neue Energiequellen. Die Revolution auf dem Gebiet der Kommunikationstechnik (Telegraphie, Telefon) und der Transportmittel (Eisenbahnen, Dampfschiffe) verbilligte die Frachtkosten und erweiterte die Märkte. Lateinamerika wies die besten Voraussetzungen für eine Integration in die kapitalistische Welt auf:

1. seine geographische Lage nicht weit vom Nordatlantik, dem neuen »mare nostrum« des industriellen Anbruchs;

2. seine frühe Europäisierung durch die hispanische Konquista. Der Kreole, der nach Ursprung und Kultur sich als Europäer fühlte, war der Vermittler und, wenn man so will, die »fünfte Kolonne« dieser zweiten »friedlichen und zivilisatorischen Konquista«.

Lateinamerika besaß die natürlichen Voraussetzungen zur Produktion von Nahrungsmitteln, Mineralien und Brennstoffen, die die industriellen Länder in wachsendem Umfang benötigten; diese wiederum boten, außer ihrer steigenden Nachfrage, Kapital und Techniken an, um diese Reichtümer zu gewinnen. Die Integration in ein internationales System der Arbeitsteilung erschien allen Beteiligten unabweisbar und für alle Seiten ergiebig.

Tatsächlich waren die Wachstumsraten sehr hoch, auch in den Ländern, die nur Rohstoffe produzierten. Die moderne Technologie — Bergbau, Transport, Kühlanlagen — drang in die entlegensten Winkel vor. Einige privilegierte Gebiete, wie die Provinz von Buenos Aires, der Staat São Paulo und der Süden Chiles partizipierten an dem demographischen Überfluß Europas. Die Städte, in denen die Handelsbourgeoisie und die Agrarahe Agraraaristokratie ihren Sitz hatten — in Brasilien besonders eng miteinander verbunden —, europäisierten sich in ihrem Aussehen, in ihren Gewohnheiten und Denkweisen. Die Diktatur von Porfirio Díaz in Mexiko, die eben proklamierte brasilianische Republik, deren Dezentralisierung eine bessere Übereinstimmung der lokalen Interessen mit der politischen Macht erlaubte, das Erstarken der Agraroligarchien in Chile und Argentinien schienen »Ordnung und Fortschritt« zu garantieren. In den ersten zehn Jahren unseres Jahrhunderts konnte man meinen, daß Lateinamerika aktiv an den »Fortschritten der Zivilisation« partizipierte. *Argentinien* verglich sich ohne Scheu mit den Vereinigten Staaten und hoffte, in der südlichen Hemisphäre eine ähnlich führende Rolle zu spielen. Voller Zuversicht sah man der Zukunft entgegen. Das Wachstum der mit dem Export verbundenen Sektoren war außerordentlich.

Im Jahre 1888 betrug die für den Weizenanbau bestimmte Fläche in Argentinien 815 438 ha; 1908 waren es schon 4 854 086 ha und 1914 6 601 744 ha. Die Fläche für Weiden wuchs noch beachtlicher: von 390 000 ha im Jahre 1888 über 4 656 707 ha 1908 auf 7 239 628 ha im Jahre 1914. Zwischen 1895 und 1914 vergrößerte sich die Nutzfläche um 22 Millionen Hektar, und zwar hauptsächlich in der Pampa. Man sollte im Auge behalten, daß die Agrarproduktion 1. auf Grund der Exportnachfrage – die argentinischen Exporte stiegen von 120 067 790 Goldpesos im Jahre 1895 auf 403 131 157 im Jahre 1914 – und 2. durch die einfache Erweiterung der Nutzfläche wuchs: die Disponibilität des Bodens erschien unerschöpflich.

Eine Krise, so glaubte man, konnte höchstens aufkommen, wenn entweder die Exporte stagnierten oder wenn man an die Grenzen des kultivierbaren Landes stieß.

Die enorme Produktion von Weizen und Fleisch für den Außenmarkt — 70% der Agrarproduktion wurde ausgeführt — erforderte ein Eisenbahnnetz, das die fruchtbare Pampa mit dem Hafen von Buenos Aires verband.

1857 wurden die ersten zehn Kilometer eingeweiht; 1880 waren es schon 2313 km; 1913 verfügte man über Eisenbahnlinien von 33 478 Kilometer Länge.

Das ausländische Kapital — zu 80% britischen Ursprungs — erhöhte sich praktisch von Null im Jahre 1860 auf 2,5 Milliarden Dollar im Jahre 1900 und ca. 10,5 Milliarden Dollar 1913. Von diesem letzten Betrag waren 36% in Eisenbahnen investiert worden, 31% bezogen sich auf die Verschuldung der öffentlichen Hand und 8% auf öffentliche Dienstleistungen; die übrigen 25% verteilten sich auf Finanz- und Handelsgesellschaften (20%) sowie landwirtschaftliche Aktivitäten (5%)[8].

Eine ähnliche Umwandlung erlebte *Mexiko* in den 35 Jahren der Amtszeit von Porfirio Díaz; einer Schlüsselperiode, in der, wie es in einer bekannten Studie heißt, »die Grundlage für eine moderne Wirtschaft gelegt wurde«[9]. Die Rolle, die in Argentinien die Landwirtschaft spielte, übernahm in Mexiko der Bergbau: Auch hier handelte es sich um das Phänomen einer von außen gesteuerten Expansion.

Bis 1890 exportierte Mexiko lediglich Edelmetalle. 1900 umfaßte die Edelmetallproduktion 80%, Industriemetalle – vor allem Kupfer und Blei – die übrigen 20%, deren Produktion eine jährliche Wachstumsrate von 9,1% aufwies. In den letzten Jahren des »Porfiriats« begann man mit der Erdölförderung, die jährlich um 102% wuchs. Die für den internen Konsum bestimmte

Landwirtschaft mit einer jährlichen Wachstumsrate von 0,65% stagnierte praktisch, während die dem Export gewidmete Produktion – Henequén, Kaffee, Vanille – signifikant anwuchs. Die Exporte stiegen von 40 Millionen Pesos im Jahre 1877 auf 288 Millionen Pesos im Jahre 1910, das heißt, um mehr als Siebenfache, was eine jährliche Wachstumsrate von 6,1% bedeutet, die sich darüber hinaus aus mehreren Produkten zusammensetzt: 1877 trugen die Edelmetalle zu 65% am Gesamtwert der Exporte bei; 1910 fielen sie auf 13,5%.

Proportional zum Wachstum der Exporte stieg das ausländische Kapital, hauptsächlich in den Minen und in den Eisenbahnen, die sich von 638 Kilometern im Jahre 1876 auf 19 280 km im Jahre 1910 verlängerten. 1911 erreichten die ausländischen Investitionen eine Höhe von 3,4 Milliarden Pesos, von denen 65% europäischer — englischer, französischer und deutscher — Herkunft waren. Trotz der regierungsamtlichen Absicht, ausländisches Kapital nicht nur aus einem einzigen Land zu beziehen, überwogen die nordamerikanischen Investitionen (35%).

Die heutige ökonomische Struktur und der Grad der Industrialisierung hängen von dem Ausmaß ab, mit dem man die lateinamerikanischen Länder als Rohstoffversorger am internationalen kapitalistischen System beteiligt. Über die bereits beschriebenen Fälle Argentiniens und Mexikos hinaus waren 1910 in dieses System Kuba als Zuckerexporteur, Brasilien als führender Kaffeeproduzent, Chile aufgrund von Kupfer und Salpeter sowie Uruguay als Exporteur von Fleisch und Wolle voll integriert. Die anderen Republiken waren, auch wenn sie am internationalen Handel partizipierten, noch weit von ihrem Höhepunkt als Exportländer von Rohstoffen entfernt. Die frühere oder spätere Integration in den internationalen Markt hing in erster Linie vom Besitz an exportierbaren Reichtümern ab, die zu einem bestimmten Moment Anwendung fanden: So schuf das Erdöl aufgrund seiner Bedeutung seit den zwanziger Jahren das neue Venezuela.

Der Zeitpunkt des Zugangs zum internationalen Markt war für das Ausmaß und die Art der industriellen Entwicklung entscheidend. In den Ländern, die sich sehr frühzeitig an die Exporterfordernisse angepaßt hatten, entstand ein erster Industrialisierungsprozeß mit der Produktion von Konsumgütern nicht dauerhafter Art, deren Import sich sowohl wegen des kostspieligen Transports als auch wegen der Gewohnheiten der Konsumenten als nicht rentabel herausstellte. 1929 erwirtschaftete der industrielle Sektor in Argentinien 22,8% des Bruttosozialprodukts, 14,2% in Mexiko, 11,7% in Brasilien und 7,9% in Chile.

Es mag Erstaunen hervorrufen, daß ein Land mit den natürlichen und menschlichen Ressourcen *Argentiniens* — die Nettoimmigration aus Europa belief sich zwischen 1857 und 1914 auf 3,3 Millionen — einen autonomen Prozeß der Industrialisierung nicht erreichte. Viele

Faktoren erklären seine anfängliche Drosselung. Drei sollen erwähnt werden wegen ihrer fundamentalen Bedeutung und weil sie den übrigen lateinamerikanischen Ländern gemeinsam sind.

1. Das hohe Ausmaß der Landkonzentration.

1937 waren 94,8% der erwerbstätigen Bevölkerung Minifundisten, Arbeiter ohne Land, Pächter und Unterpächter. 1% besaß große Ländereien mit Betrieben zwischen 2000-3000 Hektar, die 70% der Gesamtfläche ausmachten. Konsequenterweise konzentrierten sich die aus dem Export von Agrargütern stammenden Einkünfte in den Händen einer äußerst kleinen Schicht, was zugleich den internen Konsum beträchtlich einschränkte. Die oligarchische Kontrolle des Bodens verhinderte die Eingliederung der Masse der Immigranten in den Agrarsektor: Knapp 25% von ihnen richteten sich auf dem Lande ein, zumeist als bezahlte Arbeitskräfte. Dennoch war der Lohn des europäischen Immigranten in den meisten lateinamerikanischen Ländern wesentlich höher als der einer eingeborenen Arbeitskraft; dies erklärt, daß sich der interne Markt Argentiniens im Vergleich zu den anderen Ländern der Region besonders ausdehnen konnte. Aber die Grundtatsache blieb die gleiche: Der Latifundismus verhinderte die Konsolidierung eines internen Marktes, der fähig gewesen wäre, eine Industrie entstehen zu lassen, und begrenzte die importierten Güter auf den Bereich der Luxusartikel.

2. Das Fehlen einer protektionistischen Politik zum Schutze der nationalen Industrie.

Der Zoll war die Haupteinkommensquelle des Staates, und obwohl man Einfuhren wie Ausfuhren belastete, verwandte man dieses Instrument nicht zur Unterstützung der nationalen Industrie: Die oligarchischen Interessen brachten immer wieder die protektionistischen Stimmen zum Schweigen. In dem für den Weltmarkt offenen Land konnte man nichts anderes als Güter von geringem Verarbeitungsgrad, die keinen kohen Kapitaleinsatz und keine technische Komplexität erforderten, produzieren.

3. Das ausländische Kapital investierte lediglich in den Sektoren, die seinen Interessen am weitesten entgegenkamen.

Bevorzugt waren Gebiete, die mit dem Außenhandel verbunden waren. Die erwirtschaftteten Gewinne reinvestierte man in den Industrieländern, was einen ständigen Mangel an verfügbarem Kapital hervorrief. Der öffentliche Sektor, völlig beim Ausland verschuldet, konnte keine Politik der Industrieförderung betreiben, die sowieso im krassen Widerspruch zum herrschenden Liberalismus gestanden hätte.

All das erklärt, daß sich von 1900 bis 1930 die Beschäftigungsstruktur in Argentinien kaum verändert hatte: Der Manufaktursektor, inklusive Industrie und Handwerk, Bergbau und Bauwesen absorbierten während dieser 30 Jahre nur 26% der erwerbstätigen Bevölkerung. Argentinien, obwohl führende ökonomische Macht Lateinamerikas, besaß lediglich eine Nahrungsmittel-, Textil- und Leichtmetallindustrie. Praktisch gab es keine Schwerindustrie (Stahl, Chemie) und keine Fabrikation von Maschinen und Zwischenprodukten.

Viel schwieriger war die Ausgangslage für *Mexiko*, das nicht wie Argentinien über jene ökologischen Möglichkeiten und Qualifikationen des menschlichen Potentials verfügte. Landwirtschaftlich unvergleichlich ärmer, mit einer schwer zugänglichen Geographie, einem niedrigen Pro-Kopf-Einkommen und einer nur zum Teil integrierten indianischen Bevölkerung war seine einzige Quelle exportierbaren Reichtums der Bergbau, der nur wenige Arbeitskräfte benötigte. Dies alles machte die industrielle Entwicklung in Mexiko auffälliger, auch wenn sie — fast auf klassische Art — in direkter Weise aus der kolonialen Manufaktur entstand. Während der Diktatur des Porfirio Díaz, einer langen Periode politischer Stabilität und öffentlicher Ordnung, konnte sich eine erste Industrialisierung aufbauen. Es gelang, die inneren Zölle und andere interne Hindernisse zu beseitigen, um die verschiedenen Regionen in einen homogenen nationalen Markt zu integrieren, wobei der Bau der Eisenbahnen entscheidend war.

In dieser Periode modernisierte man die traditonelle Textilindustrie; überdies entwickelte sich eine neue Nahrungsmittelindustrie. 1892 nahm die erste völlig mechanisierte Papierfabrik in San Rafael ihre Produktion auf, 1903 wurde der erste Hochofen Lateinamerikas in Betrieb genommen: die »Eisen- und Stahlgießerei von Monterrey«, ein Unternehmen, das die Kohle- und Eisengewinnung bis zur Fertigverarbeitung von Stahl in eigener Regie hatte.

Die revolutionäre Krise von 1910 bis 1930 paralysierte diesen Prozeß. In den blutigsten Zeiten, von 1910 bis 1921, verminderte sich die Bevölkerung in absoluten Zahlen um 360 000 Menschen. Mit Ausnahme des Bergbaus verzeichnete man einen beachtlichen Produktionsabfall. Bis zum Ende der zwanziger Jahre erreichte die landwirtschaftliche und industrielle Produktion nicht einmal das Niveau von 1910, und das zu einem Zeitpunkt, an dem man sich mit der Weltwirtschaftskrise zurechtfinden mußte. Die Reformen des Präsidenten Cárdenas — Agrarreform, Nationalisierung der Eisenbahnen und des Erdöls — bildeten in der Folge die Grundlage für ein schnelles industrielles Wachstum.

5.3. Der Industrialisierungsprozeß seit 1930

5.3.1. Die Weltwirtschaftskrise

Die Weltwirtschaftskrise von 1929 brachte eine entscheidende Wende in der Geschichte Lateinamerikas: Das internationale System der Arbeitsteilung, das seit längerem ins Wanken geraten war, brach plötzlich zusammen, und die für die rohstoffproduzierenden Länder schwerwiegenden Nachteile dieses Systems traten zutage. Seit Beginn des Jahrhunderts rang Brasilien um die Lösung des Kaffee-Problems (die Nachfrage von außen wuchs nicht mit der gleichen Geschwindigkeit wie das Angebot); Chile hatte seine Erfahrungen mit der fallenden Nachfrage nach Salpeter gemacht; aber diese Schwierigkeiten hielt man für konjunkturbedingt und nicht für eine wesentliche Gefährdung der Handelsbeziehungen.

Das Verdienst der Krise der dreißiger Jahre lag, wenn man so will, in ihrem didaktischen Gehalt: Die lateinamerikanische Wirtschaft, ausgerichtet auf die Interessen des Exportsektors, erwies sich als *unfähig, deformiert* und *abhängig*. Trotz dieser Einsicht wurden allerdings nicht ohne weiteres die existierenden Strukturen verändert: Lateinamerika blieb weiterhin abhängig von den Rohstoffexporten und dem Import ausländischen Kapitals: Wenn auch nicht mehr im gleichen Maße wie zuvor.

In der Krise wurde zweierlei deutlich: 1. *Ihr struktureller Charakter:* Die Nachfrage nach Agrarprodukten und nach Mineralien, die den ersten Prozeß der Industrialisierung bestimmte, hatte ihre Dynamik verloren. Der Export von Agrarprodukten aus Zonen mit gemäßigtem Klima gestaltete sich immer schwieriger: In den industrialisierten Ländern nahm die Bevölkerung nur langsam zu; ist einmal ein bestimmter Lebensstandard erreicht, so hat die Nachfrage nach Nahrungsmitteln eine begrenzte Elastizität. Überdies wuchs die Agrarproduktion der industrialisierten Länder rapide an und wies selbst Probleme der Überproduktion auf. Der Export von tropischen Produkten — mit einer noch weniger elastischen Nachfrage — entsprach bei weitem nicht den Produktionsmöglichkeiten.

Was die Bergbauprodukte betrifft, so hatte sich herausgestellt, daß einige substituierbar geworden waren oder in einer späteren Phase der Industrialisierung keine Verwendung mehr fanden. Einige scheiterten an einem international gestiegenen Angebot, weil neue produktive Bereiche einbezogen wurden. Die Verschlechterung der »Terms of Trade«, die sich mit der Erhöhung des Angebots verschärften, machte eine ökonomische Entwicklung auf der Grundlage der Exporterweiterungen von Rohstoffen völlig illusorisch.

2. *Die Ablösung Englands als führende Macht* der Region: Der Zweite Weltkrieg unterstrich die Vormacht der Vereinigten Staaten. Die spezifischen Unterschiede der Führungsmächte, die zwei verschiedenen Etappen der Entwicklung des Kapitalismus entsprechen, prägten auf ihre Weise die abhängigen Regionen. Während sich im England der Königin Viktoria Exporte aufgrund der überragenden Bedeutung der Importe bis zu einem bestimmten Punkt ausglichen, ist der Wert des Außenhandels in der heutigen nordamerikanischen Wirtschaft zweitrangig. Nach den Zahlenangaben von CEPAL, die auf dieses Phänomen wiederholt hinwiesen, betrug der durchschnittliche Importkoeffizient in England in der Zeit von 1870-1914 32,1%, während er heute in den Vereinigten Staaten bei 3% liegt.[10] England exportierte Fertigwaren und importierte Rohstoffe, dagegen exportieren und reimportieren die USA vorzugsweise Kapital. Es ist nicht der Außen-

handel, sondern die Finanzinvestition, die ihre ökonomischen Beziehungen mit dem Ausland gestaltet.[11]

5.3.2. Industrialisierung durch Importsubstitution

Die Krise der dreißiger Jahre wirkte sich direkt auf die Industrialisierung derjenigen Länder aus, welche aufgrund ihrer sehr aktiven Teilnahme am internationalen Handel einen bestimmten Grad in ihrer ökonomischen Entwicklung erreicht hatten. Die Industrie für Konsumgüter, die schon fast erschöpft war, konnte wieder anrollen, als mit dem Verfall der Preise und dem sinkenden Export die Importe drastisch reduziert wurden.

Nach Berechnungen von CEPAL verminderten sich die Exporte in der Zeit von 1930-1934 um 8,8%, die »Terms of Trade« verschlechterten sich um 24,3%, und die Importmöglichkeiten verringerten sich um 31,3%.

Plötzlich verschwanden traditionell importierte Produkte und hinterließen der nationalen Industrie einen fordernden Markt. So begann ein Prozeß, den CEPAL »industrielle Entwicklung durch Importsubstitution« genannt hat. Der brasilianische Ökonom Carlos Lessa hat den vielleicht zutreffenderen Ausdruck »nicht absichtliche« Industrialisierung geprägt, um diesen spontanen Lauf der Industrialisierung zu beschreiben, der aus der Schwäche der Importkapazitäten hervorging.[12]

Der Zweite Weltkrieg gab der lateinamerikanischen Industrie dadurch neue Impulse, daß er einen Mangel an Fertigwaren hervorrief — die industrialisierten Länder hatten ihre Wirtschaft auf die Kriegsnotwendigkeiten abgestellt — mit wachsender Nachfrage nach Rohstoffen, die der lateinamerikanischen Wirtschaft zugute kam. Für einige Jahre zeichnete sich eine optimale Situation ab, in der sich die Exporte mit einer entsprechenden Expansion des internen Marktes erhöhten, während es nur eine beschränkte Konkurrenz ausländischer Produkte gab. Wäre das fundamentale Hindernis des Industrialisierungsprozesses die externe Abhängigkeit, so mußte es überraschen, daß es nicht gelang, eine so günstige Situation zu dessen Konsolidierung zu nutzen. Sicher, der Zeitraum einer Dekade ist sehr kurz, und die ökonomischen, sozialen und politischen Strukturen Lateinamerikas stellten ein Hemmnis dar, das keinen industriellen »take off«, nicht einmal unter den besten internationalen Bedingungen, erlaubte.

An der Weltwirtschaftskrise litten in stärkerem Maße die Exportländer von Mineralien (Chile und Mexiko) als die Exporteure von Nahrungsmitteln (Argentinien), deren Nachfrage relativ stabil blieb.
In *Argentinien* brachte ein Putsch im Jahre 1930 die konservativste Fraktion des Heeres an die Macht, die die oligarchischen Interessen des Exportsektors aufs äußerste verteidigte und eine Politik der Anpassung an die Bedingungen des Weltmarkts betrieb, ohne die konjunkturelle

Lage, die sich für den industriellen Sektor anbot, auszunutzen. Der Peronismus begünstigte die Industrialisierung als Importsubstition durch fühlbar verbessertes Einkommensniveau weiter Schichten und Kanalisierung der Kredite für die kleineren und mittleren Industriebetriebe mittels der »Banco Industrial«. Trotz einer Politik der staatlichen Intervention — »el Instituto Argentino de Promoción del Intercambio« nationalisierte praktisch den Außenhandel, Eisenbahnen und wichtige Dienstleistungen gingen in die Hände des Staates über — gelang wegen der Korruption des Regimes und seiner Unfähigkeit (ungeachtet der entfalteten Demagogie gegen die herrschenden landwirtschaftlichen Oligarchien) kein erfolgreicher Aufbau der Schwerindustrie.

Trotzdem stieg zwischen 1925-1929 und 1945-1949 das von der Fertigwarenindustrie produzierte Sozialprodukt von 17,7% auf 25,5%. In der gleichen Zeit wuchs die Zahl der in der Industrie beschäftigten Arbeitskräfte um 68%, gemessen an der wirtschaftlich aktiven Bevölkerung von 20,8% auf 23,9%. In den fünf Jahren von 1925-1929 importierte man 13,3% der Konsumgüter; 1955 war es nur noch 1%: der Prozeß der Importsubstitution war damit praktisch abgeschlossen.

Die Krise traf *Chile* mit größerer Härte: In der Zeit von 1930-1934 verminderten sich die Exporte um 33%; die Verschlechterung der »Terms of Trade« belief sich auf 38%. 1937 hatte das Bruttosozialprodukt — in absoluten Zahlen — noch nicht das Niveau von 1929 erreicht. Enorme Importrestriktionen zwangen die chilenische Industrie, das Maximum ihrer Kapazität herauszuholen. Die Expansion der Jahre 1930-1940 spiegelte die bessere Ausnutzung der Installationen und Infrastruktur wider.

Wenn man den industriellen Index von 1929 auf 100 festsetzt, so erreichte er 1938 lediglich 113,3, dagegen lag er 1945 bei 247,3 und 1954 bei 328,8. (13)

Das schnelle industrielle Wachstum in den vierziger und fünfziger Jahren beruhte auf der staatlichen Förderungspolitik. 1939 gründete die Volksfrontregierung unter Aguirre Cerda die Corporación de Fomento de la Producción (CORFO), ein staatliches Organ mit der Aufgabe, einen Plan zur industriellen Entwicklung zu entwerfen und durchzuführen. CORFO trug entscheidend zur Elektrifizierung des Landes bei und errichtete 1950 das erste Stahlwerk in Huachipato. Als Agentur, die die vorrangigen Erfordernisse diagnostizierte, Investitionsprojekte erarbeitete, ausländische Kredite organisierte und kontrollierte, hat die CORFO ähnlichen Institutionen in vielen lateinamerikanischen Ländern als Modell gedient. Tatsächlich bedeutete dies den Sprung von der spontanen, auf Importsubstitution abgestellten Industrialisierung zu einer Politik der vom Staat soweit als notwendig geplanten und durchgeführten industriellen Förderung.

Brasilien gelang es ebenfalls, den rapiden Abfall der Exportwerte zu seiner internen Entwicklung zu nützen: Zwischen 1920 und 1957 wuchs das Bruttosozialprodukt um 300%, während die Exporte lediglich um 80% anstiegen. Zu Beginn der dreißiger Jahre, gerade als die Kaffeeproduktion aufgrund der günstigen Preise von 1927-1929 in neuen Plantagen aufgenommen worden war, fiel der internationale Kaffeepreis um 60% und verursachte die äußerst schwere Überproduktionskrise.

Die Regierung reagierte zugunsten der Interessen der Kaffeeproduzenten und kaufte die Produktion auf, von der sie einen großen Teil vernichten mußte; ferner verfügte sie eine Abwertung der nationalen Währung um fast 40% mit dem Ziel, die Verluste des Exportsektors zu verringern.

Eine so egoistische Politik zeigte allerdings die besten Resultate für die Entwicklung des Landes: Man behielt das Einkommensniveau bei, der interne Markt schrumpfte nicht, andererseits verteuerte man die importierten Güter, was der nationalen Industrie erlaubte, das Maximum ihrer Produktionskapazität auszunutzen. Die Industrieinvestitionen verdrängten die traditionellen Investitionen in den exportorientierten Bereichen der Landwirtschaft aus ihrer Vorrangstellung. Das aus den Kaffeehaciendas zurückgezogene Kapital investierte man in der Industrie, die zwischen 1929 und 1937 um 50% anwuchs. Am Ende des Zweiten Weltkriegs hatte sich eine Industrie konsolidiert, die fähig war, den nationalen Markt mit Konsumgütern zu versorgen.[14]

1946 entschied sich die Regierung, die hohe Parität des Cruzeiro beizubehalten, um den internationalen Kaffeepreis zu verteidigen, der während des Krieges beachtlich gestiegen war. Dies entfesselte eine solche Lawine von Importen, daß eine Politik der Einfuhrkontrolle notwendig wurde: Man gab den Kapitalgütern den Vorrang, was einerseits die Konsumgüterindustrie stärkte, die so ihre Einrichtungen verbessern konnte, andererseits die Entwicklung einer Schwerindustrie zur Produktion von Kapitalgütern, die mit den importierten Maschinen nicht konkurrieren konnte, bremste.

Staatlicher Initiative und Unterstützung war es zu danken, daß 1946 mit der Einweihung der Hochöfen von Volta Redonda eine Schwerindustrie in Gang kam. Jedoch konnte der Staat kaum eine angemessene Infrastruktur für die Bedürfnisse dieser Industrie schaffen, noch ihr große Impulse geben. Die Industrialisierung zur Importsubstitution blieb vorrangig und bestärkte die führende Rolle von São Paulo. Der Anteil dieses Staates am Industrieprodukt des Landes stieg von 39,6% 1948 auf 45,3% im Jahre 1955. Noch im Jahre 1910 war die Zahl der Textilarbeiter des Nordostens — wo man die ersten modernen Spinnmaschinen aufgestellt hatte — praktisch gleich hoch wie die der Textilarbeiter von São Paulo. Die Konzentration der Industrie um São Paulo erklärt sich ebenso durch die dortige Präsenz einer Handels- und Kaffeebourgeoisie, die mit der Krise gezwungen war, neue Investitionsmöglichkeiten zu finden — Brasilien besitzt die bewußteste und fähigste Unternehmerschaft Lateinamerikas —; sie erklärt sich aber auch aus der Existenz einer großen Bevölkerungsmasse mit im Vergleich zum Rest des Landes sehr hohen Einkünften, die aus der Kaffeeproduktion herstammen. Nicht ohne Grund hat man festgestellt, daß der Kaffee der Ursprung der Industrialisierung von São Paulo ist.[15]

Die industrielle Entwicklung *Mexikos* ist fast so beeindruckend wie die brasilianische; zwischen 1940 und 1960 stieg das Industrieprodukt mit einer jährlichen Wachstumsrate von durchschnittlich 7,7% an. Der Zusammenbruch und die anschließenden revolutionären Veränderungen haben das Land in einen strukturellen Kontext versetzt, der dem zur Zeit des »Porfiriats« bei weitem überlegen ist: Die industrielle Wachstumsrate der Zeit zwischen 1900 und 1910, die höchste zur Zeit des alten Regimes, betrug nur 3,6%.

Die Agrarreform erweiterte den nationalen Markt und beschleunigte gleichzeitig den Prozeß der Verstädterung. Außerdem sicherte das neue Regime trotz größerer sozialer Dynamik Stabilität und Kontinuität. Entscheidend war der höhere Grad der Unabhängigkeit, die die Regierungspolitik gegenüber dem Exportsektor und dem ausländischen Kapital zeigte, zumindest bis zur Präsidentschaft von Avila Camacho (1940-1946).

Zwei charakteristische Merkmale der industriellen Entwicklung Mexikos muß man erwähnen, nicht weil es sie ausschließlich in diesem Lande gegeben hat, sondern weil sie hier mit der größten Klarheit auftreten und einen wichtigen Aspekt der Industrialisierung nach dem Krieg erhellen. *Erstens,* die hohe Bedeutung des öffentlichen Sektors und die Politik der staatlichen Intervention, sowohl mittels der Kreditvergabe der »Banco de México« als auch mittels der staatlichen Investitionen der »Nacional Financiera«. Man hat die mexikanische Wirtschaft als eine »gemischte Wirtschaft« bezeichnet, in der ein starker privater Sektor mit einem nicht minder starken öffentlichen konkurriert. Heute kann man faktisch jede kapitalistische Wirtschaft als gemischt definieren. Wesentlicher ist es zu wissen, welcher Sektor tatsächlich dominiert und den anderen seinen Zwecken unterwirft. In Mexiko überwog in den dreißiger Jahren der öffentliche Sektor, der private gewann nach und nach an Boden, bis er in den fünfziger Jahren wieder dominierte. Jedenfalls haben die staatlichen Investitionen die Infrastruktur verbessert und eine Schwerindustrie, vor allem die petrochemische angeregt. Der Einfluß der Regierung auf die Kreditbedingungen, die Ermächtigung zu Importen, administrativen Posten im öffentlichen oder halböffentlichen Sektor, haben andererseits die Korruption begünstigt.[16] Mit der Präsidentschaft von Echeverría scheint man ein Wiedererstehen des öffentlichen Sektors mit Eifer für Reformen verzeichnen zu können. Die Möglichkeit, zwischen beiden hin und herzupendeln, ist eines der Geheimnisse der politischen Stabilität Mexikos.

Das zweite Charakteristikum der mexikanischen industriellen Entwicklung ist die staatliche Kontrolle über die Gewerkschaften, die die Löhne auf einem aus internationaler Sicht sehr niedrigen Niveau hält; doch im Verhältnis zu den Löhnen und dem Einkommen auf dem Lande sind sie beachtlich hoch. Die mexikanische Arbeiterklasse, die größtenteils vom Land kommt, hat nicht das Bewußtsein und die typischen Kampfformen des Industrieproletariats entwickelt und akzeptiert bereitwillig einen staatlichen Paternalismus. Die politische und gewerkschaftliche Kontrolle der Arbeiter hat durch das tatsächliche Einfrieren der Löhne eine entscheidende Rolle für die Währungsstabilität gespielt, die in Beziehung zum Dollar seit 1954 konstant blieb.[17]

5.3.3. Die heutige Situation

Was den Grad ihrer Industrialisierung angeht, kann man drei Gruppen von Ländern unterscheiden:

1. Die bis jetzt erwähnte Gruppe — *Mexiko, Brasilien, Argentinien und Chile* —, die allein unter sich fast zwei Drittel des in Lateinamerika erwirtschafteten Sozialprodukts verteilen. Es sind dies die Länder, die eine höhere industrielle Entwicklung erreicht haben und deren Prozeß der Industrialisierung auf ein recht frühes Datum zurückgeht: In all diesen Ländern existierte schon vor dem Ersten Weltkrieg eine erwähnenswerte Industrie.

2. Länder, wie *Peru und Venezuela*, die in den fünfziger und sechziger Jahren einen beachtlichen Anstieg ihrer Rohstoffexporte erlebt haben und zugleich einen Prozeß der Industrialisierung zur Importsubstitution in Gang brachten. Die Entwicklung des externen Sektors fällt mit einem wesentlichen Anstieg der internen Produktionskapazitäten zusammen. Diese Länder unterscheiden sich von der ersten Gruppe einmal dadurch, daß ihre Industrialisierung erst wesentlich später begann, als auch dadurch, daß die Importsubstitution von Anfang an von ausländischen Firmen übernommen wurde, die sich den neuen protektionistischen Bedingungen anpassen mußten.

3. Einer dritten Gruppe gehören die kleinen *mittelamerikanischen und andinen Republiken* an. Das Industrialisierungsniveau der Länder dieser Gruppe entspricht kaum dem der Länder der ersten Gruppe vor dem Ersten Weltkrieg. In ihnen entfallen fast 50% der industriellen Produktion auf die Textil- und Lebensmittelbranche. Die Möglichkeiten der industriellen Expansion sind sehr gering, da zu den allgemeinen Schwierigkeiten der sehr eingeschränkte innere Markt kommt.

Für die Länder der zweiten Gruppe kann man eine industrielle Entwicklung prognostizieren — die protektionistische Politik und die Aufnahme ausländischen Kapitals wird die Importsubstitution erweitern.

Wenn sich die Politik der ökonomischen Integration konsolidiert — im Gemeinsamen Markt Mittelamerikas und im Andenpakt —, mag es zu einer Annäherung der dritten an die zweite Ländergruppe kommen. In dem Maße, wie sich die internen Märkte ausbreiten, werden die Konsumgüterindustrien anwachsen. Einige lateinamerikanische Länder der 2. Gruppe werden sich dem heute in Mexiko, Brasilien und Argentinien bestehenden Niveau annähern. Jedoch hängt das Problem der Industrialisierung Lateinamerikas fundamental vom Fortgang der industriellen Entwicklung dieser Schlüsselländer ab. Wenn die augenblicklichen Tendenzen anhalten, wird sich in Zukunft der gesamte Kontinent mit deren gegenwärtigen Schwierigkeiten auseinandersetzen müssen.

In den sechziger Jahren beobachtete man in den Ländern der ersten Gruppe Symptome einer Stagnation, welche in Argentinien, wo auch die Reaktion auf den staatlichen Interventionismus am schärfsten war, die schwerwiegendsten Ausmaße annahm. Nachdem der Prozeß der Importsubstitution erst einmal abgeschlossen war, verfügten diese Länder über Industrieunternehmen, die zwar den nationalen Markt mit Konsumgütern versorgten, aber hinsichtlich der Technik und der Lieferungen völlig vom Ausland abhängig blieben. Statt der Konsumgüter mußte man nun, in Verrechnung mit den Rohstoffexporten, schwere Maschinen und Halbfabrikate einführen, für Patente zahlen etc. und damit die Zahlungsbilanz noch mehr belasten.

Bei der Konsolidierung einer Schwerindustrie, die fähig sein sollte, ihre eigene Dynamik auf die übrigen Sektoren zu übertragen, häuften sich die Schwierigkeiten. Die nationale Entwicklung einer Schwerindustrie stieß 1. auf den Kapitalmangel: weder privates noch ausländisches Kapital hat Interesse daran, in einem Sektor zu investieren, dessen Gewinne noch nicht abzusehen und dessen Kosten sehr hoch sind; 2. auf das Fehlen einer eigenen Technologie, wodurch man gezwungen ist, auf ausländische Hilfe zurückzugreifen, die sich als sehr teuer erweist; 3. auf das Fehlen eines zureichenden Marktes. Auf dem heutigen Stand der Technologie kann sich eine Schwerindustrie nur dann rentabel entwickeln, wenn sie für multinationale oder internationale Märkte produziert. Sogar die größeren ökonomischen Einheiten Lateinamerikas, Brasilien, Mexiko und Argentinien, sind zu klein, um Grundstoffindustrien, die auf das eigene Land beschränkt bleiben zu entwickeln. Auf der anderen Seite erschwert die internationale Konkurrenz die Entwicklung dieser Länder zu Exporteuren von Kapitalgütern.

So ist es verständlich, daß die bestehenden Industrien, ehe sie sich von einer nationalen Schwerindustrie, die teuer und erst im Entstehen ist, abhängig machen, vorziehen, sich mit mächtigen ausländischen Unternehmen zu verbinden, die aufgrund ihrer technischen und finanziellen Möglichkeiten einen sicheren Gewinn anbieten. Statt durch ihre

Nachfrage eine Schwerindustrie zu fördern, bindet sich die Konsumgüterindustrie an ausländisches Kapital und wird somit zum Hindernis für jene.

Als Haupthindernis der industriellen Entwicklung Lateinamerikas wird immer mehr die industrielle und allgemeine wirtschaftliche Überlegenheit der »Ersten Welt« angesehen. Für eine embryonale Industrie ist es somit fast unmöglich, auf dem Weltmarkt Fuß zu fassen. Zudem verschlechtert die Kontrolle der lateinamerikanischen Industrie durch ausländisches Kapital die Exportchancen, da man nicht daran interessiert ist, sich durch überseeische Filialen, die lediglich organisiert und geplant sind für die Belieferung des Binnenmarktes, neue Konkurrenten zu schaffen. Die finanzielle Abhängigkeit impliziert einen ständigen Kapitalabfluß, sowohl durch die Retransferierung der Profite in das Ursprungsland, als auch durch den Kauf der Technik und die Lieferungen der Muttergesellschaften. Beides wirkt sich negativ auf die Zahlungsbilanz aus.

Die Verwendung von fremden Technologien, die auf einer anderen Entwicklungsstufe und unter anderen Bedingungen entstanden sind, verursacht ein Schrumpfen des Arbeitsmarktes — die moderne Technik erfordert immer weniger, wenngleich höher qualifizierte Arbeitskraft — und wirft einen immer größeren Teil der Bevölkerung an den Rand des ökonomischen Prozesses, was wiederum den inneren Markt einschränkt.

Schließlich trägt die ungerechte Einkommensverteilung entscheidend zur Einfrierung des Marktes bei. Die Hälfte der lateinamerikanischen Bevölkerung ist zu 20% am Konsum beteiligt, während 5% der Bevölkerung fast 30% des Gesamtaufkommens verbraucht. Der Markt erweitert sich also grundsätzlich durch die immer anspruchsvollere und differenziertere Nachfrage dieser 5%, wobei die Vorteile einer Massenproduktion verlorengehen.

Die lateinamerikanische Wirtschaft befindet sich heute in einer Situation der »internen und externen Drosselung«[18], die unüberwindbar erscheint, solange man nicht Maßnahmen ergreift, die den Mechanismen der »internen und externen« Domination widersprechen. Gerade der Abgrund zwischen Notwendigem und Realisierbarem definiert eine revolutionäre Situation. Für eine Industrialisierung Lateinamerikas, die im Einklang mit dem Wachstum und den steigenden Erwartungen der Bevölkerung steht, ist folgendes dringend erforderlich:

1. eine radikale Veränderung der inneren Strukturen, die eine bessere Einkommensverteilung und entsprechende Erweiterung der inneren Märkte erlaubt;

2. die staatliche Kontrolle der internationalen Handelsbeziehungen und des ausländischen Kapitals;

3. eine eigene Technologie, die imstande wäre, Teile der überschüssigen Arbeitskraft zu absorbieren.

Es braucht nicht erwähnt zu werden, daß diese Maßnahmen in einem abhängigen kapitalistischem System undenkbar sind.

5.4. Soziologische Betrachtungen über die Industrialisierung

In den fünfziger Jahren war eines der verbreitetsten Themen der soziologischen Forschung das Studium der Unternehmer als spezifischer Gruppe mit eigenen sozialpsychologischen Merkmalen. Die rasche Industrialisierung Lateinamerikas führte man auf die Tätigkeit des innovatorischen und risikofreundlichen Unternehmers zurück, ganz entsprechend den Mustern, die der Frühkapitalismus geschaffen hatte. Historisch-soziale Gründe erklärten dessen Schwäche und verspätete Erscheinung, aber das auf den Zweiten Weltkrieg folgende Wachstum, so meinte man, zeuge von der Existenz einer neuen »Unternehmerelite«. Die Probleme der Industrialisierung galten zum großen Teil als Probleme dieser sozialen Gruppe. Diese zu verstehen und zu analysieren sollte die Konsolidierung und Entfaltung der Industrie vorantreiben.

1954 unterstrich Sanford A. Mosk in einem vielgelesenen Buch über die ›Industrielle Revolution‹ in Mexiko[19] die führende Rolle des »neuen Typs des Industriellen«, der »kraftvoll, aktiv und aggressiv« agiere. Diese Untersuchungen hoben hervor, daß Unternehmer häufig Ausländer oder Einwanderer in der zweiten Generation und in verschiedener Weise mit dem Export /Importsektor verbunden waren. Dies schien die Vermutung zu bestätigen, daß dem Einheimischen die »ökonomische Mentalität« und die leistungsorientierten Werte abgingen, die der modernen Industriegesellschaft eigen seien. Die Unterentwicklung Lateinamerikas wurde letztlich auf das ererbte und immer noch vorherrschende Wertsystem der Kolonie zurückgeführt.[20]

In den sechziger Jahren vollzog sich ein bedeutender Wechsel in der Form dieser Fragestellung: Man hörte auf, sich mit bestimmten sozialpsychologischen Merkmalen zu beschäftigen und ging dazu über, die konkreten Möglichkeiten zu analysieren, die die historische Konstellation für eine unternehmerische Tätigkeit bot. Das unterschiedliche Verhalten eines nordamerikanischen und eines lateinamerikanischen Unternehmers erklärte man nicht mehr aus ihren sozialpsychologischen Strukturen oder Wertsystemen, sondern aus den jeweiligen sozioökonomischen Bedingungen.

Fernando Henrique Cardoso hat diese Unterschiede auf drei Ebenen herausgearbeitet: a) auf der ökonomischen: insofern, als die grundlegenden Parameter der Produktion und Vermarktung durch die entwickelten Volkswirtschaften von vornherein bestimmt sind (Technologie, Organisationsform eines Unternehmens etc.); b) auf der sozialen: die Unternehmer treffen auf sehr starke vorindustrielle Interessengruppen, die ihre Handlungsfreiheit beschränken; c) auf der politischen: Eine Ausdehnung des Marktes und die Verwirklichung einer Politik der industriellen Entwicklung erfordert die Durchführung einschneidender innerer Reformen, vor allem im ländlichen Bereich, und erfolgreichen Widerstand gegen den Druck der internationalen Konsortien.[21]

Verständlich, daß die lateinamerikanische Unternehmerschaft auf eine derart kolossale Aufgabe verzichtet und die Position einnimmt, die am besten ihre Partikularinteressen vertritt. Eine soziale Klasse oder Gruppe hat nur dann eine historische Mission zu erfüllen, wenn ihre eigenen Interessen mit denen der Allgemeinheit zusammenfallen. In diesem Sinne ist die lateinamerikanische Unternehmerschaft eine Klasse, die zum Untergang verurteilt ist, noch bevor sie sich zu voller Blüte entfalten könnte.

Die Strukturen Lateinamerikas verbieten die Festigung eines unabhängigen Unternehmertums als dynamisierende soziale Kraft. Die traditionellen Industrien sind weiterhin in den Händen einiger weniger Familien, die sich im allgemeinen zu Beginn dieses Jahrhunderts in Lateinamerika niederließen, aber wenn sie nicht im Konkurrenzkampf kapitulieren wollen, bleibt ihnen nichts übrig, als sich mit dem Kapital und dem »know-how« der multinationalen Konzerne zu verbinden. Die dynamischsten Sektoren der Wirtschaft bleiben vor allem ausländischen Firmen zugänglich.

»Die großen ausländischen Konzerne, die als eine Art Stoßtrupp an der Spitze des privaten Unternehmertums stehen, werden von Geschäftsführern geleitet, die sich mit dem Land, in dem sie leben, nicht identifizieren.«[22]

Sie sind reine Ausführungsorgane der Entscheidungen, die in den Zentralen getroffen werden, und sie haben weder Kenntnis noch Interesse für die besonderen Probleme des Landes, das sie für kurze Zeit beherbergt. Hatten sie in Guayaquil oder Bogotá Erfolg, so können sie mit einer Beförderung nach Buenos Aires rechnen. Trotz ihres gesellschaftlichen Prestiges und hohen Einkommens ist ihr Mangel an sozialer Integration geradezu auffallend. Beziehungen unterhalten sie nur zu Landsleuten des gleichen Status, und sie reduzieren ihre Aktivitäten auf solche rein unternehmerischer Art.

Ein Studium der nationalen Unternehmer in weniger bedeutenden Branchen oder der ausländischen und inländischen Führungskräfte im Dienst fremder Interessen erhellt die industrielle Problematik Lateinamerikas kaum. Verständlicherweise ist man so von der bloßen Beschreibung der Unternehmergruppe (Erziehung, Herkunft, Tätigkeit) zum Studium der Strukturen übergegangen, die die Industrialisierung als sozioökonomisches Phänomen bedingen. Denn das Überwiegen der Unternehmer spekulativen, puritanischen oder desarrollistischen Typs hängt von eben diesen wirtschaftlichen Gegebenheiten ab.

Der einzig denkbare Träger einer industriellen Entwicklung in Lateinamerika ist heute der Staat. Die Schwäche und Korruption des Staatsapparates sind Symptome der Unterentwicklung.[23] Die Schaffung eines starken Staates angesichts der oligarchischen Interessen im Innern und den hegemonialen des Auslands wird zum vorrangigen Ziel. Die Erforschung der historischen, sozialen und ökonomischen Eigenarten der lateinamerikanischen Staaten unter besonderer Berücksichtigung der sozialen Gruppen, denen es gelingen könnte, die Kontrolle des Staates im Dienste einer autonomen Entwicklung an sich zu reißen, ist das zentrale Thema der lateinamerikanischen Soziologie der siebziger Jahre.[24]

6. Marginalität und Abhängigkeit

Bei der Beschreibung der Grundstrukturen Lateinamerikas wurde in den drei letzten Kapiteln verschiedentlich das »Phänomen« der ländlichen und städtischen »Marginalität« wie auch im Zusammenhang mit dem Prozeß der Verstädterung und der Industrialisierung das der »externen Abhängigkeit« erwähnt. Diese beiden Konzepte, Schlüsselbegriffe der lateinamerikanischen »neuen Soziologie« zur Erhellung der sozio-ökonomischen Problematik, erfordern besondere Beachtung insofern, als sie die zentralen Kategorien bilden, auf deren Grundlage die theoretische Konstruktion basiert.

6.1. Erste Definition der Marginalität

Nach dem Zweiten Weltkrieg übernahm man in Lateinamerika den Begriff der »marginalen Bevölkerung«, um damit die Bewohner der Elendsgürtel zu bezeichnen, die die großen Städte des Subkontinents immer mehr einkreisten. Ebenso benutzte man ihn für die eingeborene oder Landbevölkerung, die nicht in das nationale Leben einbezogen war. »Marginal« ist von einem Zentrum her zu verstehen — das städtische Leben, die nationale Kultur — in bezug auf welches das umschriebene Phänomen am Rande bleibt. Später begann man mit dem Begriff der Marginalität die sozialen und kulturellen Merkmale der »marginalen Bevölkerung« zu beschreiben. In diesem Sinn, als Instrument für die »Diagnose der sozialen Situation« Lateinamerikas, wurde er in den Arbeiten des DESAL zu einer ersten theoretischen Entfaltung gebracht.[1]

Die marginale Gruppe wird unter Bezugnahme auf das herrschende »soziale System« als nicht in dieses eingegliedert definiert. Aus dieser Sicht impliziert der Begriff der Marginalität per se eine Dichotomie zwischen Integrierten und Marginalen innerhalb der Gesellschaft. Teilnahme oder nicht an den Mitteln, Werten, Aktivitäten und Gütern der Gesellschaft bestimmt die Position als Eingegliederter oder Marginaler. Die marginierten Gruppen sind folglich diejenigen, die »am geringsten an der sozialen Sicherheit partizipieren, die die Arbeitslosenreserven darstellen und die die niedrigste Stufe in der Alphabetisierung, der Wohnsituation und der medizinischen und sanitären

Versorgung einnehmen«. Man stellt eine Serie von Indikatoren auf, vom Typ der Ernährung und Wohnung bis zu den familiären Beziehungen und dem Wertsystem, um die abzuheben, die in geringerem Maß an den gesellschaftlichen Gütern und Lebensformen teilhaben. Marginalität wird also durch das Fehlen an »Partizipation« an den Gütern und Verhaltensweisen, Aktivitäten und Mustern der gemeinten Gesellschaft definiert.

Aber warum partizipiert ein wachsender Bevölkerungsanteil nicht an den Gütern und Mitteln, über die eine Gesellschaft verfügt? DESAL führt das Fehlen der »passiven Partizipation« auf das Fehlen der »aktiven oder beitragenden Partizipation« zurück: Die marginalen Gruppen partizipieren nicht »passiv« an den Gütern der Gesellschaft, weil sie nicht »aktiv« an sozialen Entscheidungen mitwirken, und zwar solchen, die sich auf die Gesellschaft als ganzes oder zumindest auf die eigene Gruppe beziehen. Diesen Mangel an »aktiver Teilnahme« erklärt man wiederum durch die atomisierende Zerstückelung der marginalen Sektoren, die keine Solidarität zuläßt. Der tiefste und letzte Grund für die vereinzelnde kulturelle Desintegration, die die marginalen Gruppen kennzeichnet und sie unfähig macht für eine »aktive und passive Partizipation«, sei die europäische Eroberung. Die heutige Dichotomie zwischen der eingegliederten Bevölkerung — mit einem jährlichen Prokopfeinkommen von 800 Dollar im Durchschnitt, ähnlich wie im südlichen Europa — und der städtischen und ländlichen marginalen Bevölkerung, die nicht einmal 80 Dollar erreicht, spiegele die anfängliche »Überlagerung« der eingeborenen Bevölkerung von der europäischen Minderheit wider.[2]

Die Analyse von DESAL gründet sich auf zwei Annahmen: 1. Die Schwierigkeiten, die marginale Bevölkerung zu assimilieren, liege nicht in der »modernen Gesellschaft«, sondern in der marginalen Bevölkerung selbst, in ihrer kulturellen Desintegration. 2. Die Atomisierung und das Fehlen einer kulturellen Identität der marginalen Gruppen, die sie dazu verurteile, passiv dahinzuvegetieren, sei das Resultat der iberischen Konquista. Sich in die »moderne Gesellschaft« zu integrieren, setze die definitive Überwindung des kolonialen Traumas mit allen seinen Konsequenzen voraus. Hierbei lebt die alte Idee des 19. Jahrhunderts fort, auch wenn sie mit einem neuen Begriff belegt wurde, die Idee, daß das Problem Lateinamerikas in der Beseitigung der kolonialen Restbestände läge. Man müsse sich vollständig in die »moderne«, d. h. angelsächsische und kapitalistische Welt integrieren. Diese »progressiven« Kräfte der Kirche, wie DESAL sie verkörpern, haben sich den neuen Zeiten angepaßt und von der Apologie des Hispanischen zu einem exaltierten Lob der nordamerikanischen »Modernität« gewechselt.

Die beiden Begriffe von Partizipation, die man zur Erklärung der Marginalität heranzieht, sind so verschwommen, daß man sich schwerlich des Eindrucks erwehren kann, sie hätten keine andere Funktion als die der Auffrischung und Stützung der »dualistischen« Theorie der Modernisierung. In der Tat stellt die »passive Partizipation« eine statistische Größe dar, ohne daß es möglich wäre, festzustellen, von welchem Grad der Nichtpartizipation am sozialen Wohlstand an man von Marginalität reden kann. Wenn man als marginal schlicht die sozialen Schichten mit den niedrigsten Einkommen versteht, so ist es ein überflüssiger Begriff, den man sehr wohl durch den herkömmlichen der Armut ersetzen kann: Die Armen sind per definitionem diejenigen, die am Wohlstand, den eine bestimmte Gesellschaft anbietet, nicht teilhaben.

Oskar Lewis hat marginale Gruppen in der Stadt und auf dem Land untersucht und ihre psycho-sozialen Charakteristiken im Begriff der »Kultur der Armut« zusammengefaßt. Die Kennzeichen, die Lewis erwähnt, um diesen Begriff deutlich zu machen – Unterbeschäftigung oder Beschäftigungslosigkeit, niedriger Alphabetisierungsgrad, schlechte Wohnbedingungen, Besonderheit von Werten und Verhaltensmustern – sind die gleichen, die DESAL anführt, um die passive Partizipation zu definieren.

Wesentlich problematischer ist der Begriff der »aktiven Partizipation«, der schwer operationalisierbar und kaum durch eine empirische Untersuchung erfaßbar ist. Man muß sich erst fragen, bis zu welchem Punkt ein sozial gut eingegliedertes Individuum tatsächlich an den Entscheidungen teilnimmt, die das Geschick seines Landes bestimmen, einschließlich der bescheidensten, die der Firma, in der er arbeitet, oder der Stadt, in der er lebt. Wenn das Fehlen von aktiver Partizipation das »Marginale« von der »Armut« unterschiede, so müßte man über 90% der Bevölkerung, die tatsächlich nicht aktiv partizipieren, als marginal ansehen; damit verlöre der Begriff im obigen Sinne jede Bedeutung.

Wenn auch das extremste Elend eine extreme »Passivität« mit sich bringt, so liegt die Problematik der Vorstädte doch auch in der Neigung zur Gewalttätigkeit — Landinvasionen, Widerstand gegen polizeiliche Vertreibungsmaßnahmen[3] — und ebenso im hohen Grad an Solidarität und Organisation der Bewohner der Slums bei der Aufrechterhaltung einer wesentlichen Forderung: nämlich der, sich in der Stadt niederzulassen, und sei es auch in einer provisorischen Hütte. Die mögliche politische Mobilisierung der marginalen Gruppen ist eine der großen Unbekannten für die Zukunft Lateinamerikas. Eines ist jedoch klar: Die Organisationsformen, die diese Gruppen annehmen, unterscheiden sich von denen, die uns bisher durch die Praxis des Industrieproletariates in der ersten Etappe der europäischen Industrialisierung bekannt sind. Das erlaubt uns allerdings nicht, von der Unfähigkeit zur Organisation oder der konstitutiven Passivität dieser Gruppen zu sprechen.

Nicht weniger seltsam ist der Hauptgrund der Marginalität, der der kulturellen Überlagerung. Die unterdrückten kolonialen »Kasten« — die Eingeborenenbevölkerung und die Farbigen — tendieren, insofern sie Mitglieder der untersten Schichten sind, zu den marginalen

Gruppen. Rassenzugehörigkeit bestimmt nicht die Grenze, die die marginalen Gruppen von den eingegliederten trennt. Farbige oder Individuen direkter indianischer Herkunft können als industrielle Arbeitskraft vollkommen integriert sein und sogar in die Mittelschichten und ausnahmsweise bis in die Oberschicht aufgestiegen sein. Andererseits entspricht das rapide Wachstum der marginalen Bevölkerung — einschließlich in Ländern wie Argentinien, die eine geringe Eingeborenenbevölkerung haben — bei weitem nicht den von der Konquista festgelegten kulturellen Grenzen. Man könnte vielleicht auf sie zurückgreifen, wenn marginal lediglich die nicht assimilierte Eingeborenenbevölkerung, die mehr oder weniger isoliert in einem Selbstversorgungssystem lebt, bezeichnete. Aber die von DESAL angegebene Zahl von 30 Millionen Menschen, das sind 15% der Gesamtbevölkerung, die in den »marginalen« Zonen der großen lateinamerikanischen Städte wohnen, stellen keine ethisch homogene Gruppe dar, die man ohne weiteres mit den unterworfenen Völkern identifizieren könnte.

Auch wenn man nicht die rassische und kulturelle Überlagerung als hinreichende Erklärung für die augenblickliche Expansion der marginalen Gruppen akzeptieren kann, so ist in den Ländern mit einer hohen Bevölkerung indianischen oder afrikanischen Ursprungs das Rassenproblem durchaus existent. Pablo Gonzalez Casanova hat in Mexiko trotz des offiziellen Proindigenismus auf einen Rassismus hingewiesen, den er in den Begriff des »internen Kolonialismus« faßte.[4] Der interne Kolonialismus, bei dem sich die Ausbeutung zwischen kulturell heterogenen Gruppen vollzieht, geht über die bloßen Klassenverhältnisse hinaus. Die Klassenbeziehungen innerhalb einer interethnischen Relation vollziehen sich so, daß ein Stamm in seiner Gesamtheit von jedem einzelnen der herrschenden Kultur unterworfen wird.[5] Florestan Fernandes[6] und Octavio Ianni[7] haben in Brasilien eine latente Rassendiskriminierung festgestellt, die die Strukturen der herrschenden Klasse stützt. Wie dem auch sei, die Probleme, die der Rassismus als strukturelles Überbleibsel der Kolonie aufwirft, dürfen nicht mit der Frage der Marginalität vermischt werden, auch wenn die Interdependenz zwischen beiden Thematiken evident ist.

6.2. Der strukturelle Begriff von Marginalität

Die dargestellte Theorie der Marginalität dient einer Sozialpolitik, die die sozialpsychologische Förderung der marginalen Gruppen in den Vordergrund stellt, um diese in die modernen Sektoren der Gesellschaft einzugliedern, anstatt Wandlungen in deren Grundstrukturen zu verfechten, was konsequent wäre, wenn sich herausgestellt hat, daß gerade der moderne Sektor die Marginalität verursacht. Trotz der Anstrengungen — »kommunale Entwicklung« *(desarrollo comunal)* in Venezuela, »kommunale Aktion« *(acción comunal)* in Kolumbien, »Volksförderung« *(promoción popular)* in Chile und »Volkskooperation« *cooperación popular)* in Peru — vergrößern sich mit steigender Beschäftigungslosigkeit die marginalen Gruppen.

Nach den Schätzungen der Internationalen Arbeitsorganisation (ILO) stieg die Arbeitslosigkeit in Lateinamerika von 5,6% im Jahr 1950 auf 9,1% 1965 an. Im gleichen Jahr betrug die Unterbeschäftigung je nach Zone zwischen 20 und 30%.[8] Wenn man offene Arbeitslosigkeit und Unterbeschäftigung addiert, kommt man in einigen Ländern auf 40%.

Der Grundzug der marginalen Bevölkerung ist ihre fehlende Integration in den Produktionsprozeß (Beschäftigungslosigkeit): Daraus läßt sich ihre geringe Teilnahme am Konsum und ihre Besonderheit der Lebensweise und Mentalität ableiten. Wenn man von marginaler Bevölkerung spricht, so versteht man darunter in erster Linie die nichtbeschäftigte Bevölkerung, die sehr verschiedene Tätigkeiten legaler Art (Subsistenzlandwirtschaft, Straßenhandel), halblegaler Art (Prostitution, Bettelei) oder krimineller Art ausübt.

Muß man den Begriff der Marginalität einführen, wenn das Phänomen bereits hinreichend beschrieben wurde in der klassischen Ökonomie als »nichtbeschäftigte Arbeitskraft« oder bei Marx als »industrielle Reservearmee«? Nur wenn gegenüber diesen beiden Konzepten sich der Begriff der Marginalität herausschält, erhält er eine eigene analytische Bedeutung.[9]

Die historisch-strukturelle Annäherung an den Begriff der Marginalität überwindet zunächst die implizierte Dichotomie der ersten Definition, — marginale versus integrierte Bevölkerung —, um auf die strukturelle Interdependenz dieser beiden Aspekte aufmerksam zu machen. Die marginale Bevölkerung bleibt nicht wegen des Fehlens der notwendigen sozialpsychologischen Charakteristiken außerlalb des Systems, sondern es ist eine Bevölkerung, die vom »System« selbst produziert und auf besondere Weise integriert wird, nämlich marginal. Die marginale Bevölkerung geht dem »System« nicht historisch voraus — als unterworfene Eingeborenenbevölkerung, die es noch nicht erreicht hat, sich zu integrieren —, sondern vielmehr bewirkt die »Modernisierung« des Agrarsektors, wenn er einmal an den nationalen und internationalen Markt angeschlossen ist, das Entstehen der marginalen Bevölkerung: Die neuen kapitalistischen Produktionsverhältnisse zerstören das traditionelle Gleichgewicht zwischen Arbeitskraft und Produktivkräften, ohne daß es ihnen gelingt, die überschüssige Bevölkerung zu absorbieren. Die moderne Transport- und Kommunikationstechnik (Straßen, Eisenbahnen, Radio) beenden die Isolierung der ländlichen Bevölkerung, welche vom städtischen Leben geblendet, seiner Anziehungskraft nicht widerstehen kann. Die moderne Medizin verringert die Sterblichkeit ganz erheblich, ohne die »natürliche« Bevölkerungswachstumsrate in dem Maße zu verändern. Mit einem Wort, die kapitalistische Eingliederung des Agrarsektors vertreibt überschüssige Bevölkerung. Das Phänomen ist weder neu noch überraschend: »Der Übergang der vorindustriellen Gesellschaften zum Kapitalismus implizierte den Wechsel des größten Teils der Bevölkerung des Agrarsektors vom Land in die Stadt, von der Kontrolle über Produktionsmittel zur Lohnabhängigkeit.«[10] Neu wäre die strukturelle Unmöglichkeit, diese überschüssige Bevölkerung in den modernisierten Sektor aufzunehmen.

Zu Beginn des 19. Jahrhunderts existierte in den europäischen Ländern, die sich zu industrialisieren begannen, eine zunehmende marginale Bevölkerung, die ebenfalls nicht anpaßbar erschien, eine verelendete Bauernschaft, die sich in die Städte flüchtete oder herumvagabundierte. In den ersten Jahrzehnten der Industrialisierung schuf der Kapitalismus ebensowenig genügend Arbeitsplätze in der Geschwindigkeit, mit der sich die Produktivkraft vermehrte: Bis 1840 vertrieb jede Maschine eine hohe Zahl von Arbeitern von ihrem Broterwerb. Zu Beginn unseres Jahrhunderts hatten die industrialisierten Länder das Problem der »Marginalität« gelöst und kannten mit Ausnahme der Krisen, die sich immer besser kontrollieren ließen, nur eine *konjunkturelle Arbeitslosigkeit,* die gewöhnlich 5% der Arbeitskraft nicht übersteigt. In den letzten Jahren hat man jedoch auch in dem Land mit der größten industriellen Kapazität der Welt, den Vereinigten Staaten, ein Anwachsen der *strukturellen Arbeitslosigkeit* beobachtet, das vor allem die rassisch diskriminierten Gruppen erfaßt und auch den Charakter der Marginalisierung annimmt. Die marginale Bevölkerung ist demnach mehr als beschäftigungslose Bevölkerung: Diese Arbeitslosigkeit ist strukturell bedingt, d. h. innerhalb der herrschenden Strukturen ist sie nicht modifizierbar, da sie von diesen hervorgerufen wurde, und sie erreicht eine konstant hohe Zahl mit steigender Tendenz.

Der spezifische Unterschied zwischen »marginaler Masse« und »industrieller Reservearmee« liegt darin, daß die letztere eine Funktion innerhalb des Systems erfüllt, während jene ihm gegenüber *afunktional* oder *disfunktional* ist. Tatsächlich hat die »industrielle Reservearmee« eine doppelte Funktion:

1. hält sie durch die ständige Drohung, die beschäftigte Arbeitskraft durch die in der Reserve verharrende zu ersetzen, die Löhne auf dem niedrigsten Niveau;

2. stellt sie eine disponible Arbeitskraft dar, die zur Verfügung steht, um die neuen Arbeitsplätze, die man in einer späteren industriellen Entwicklung schaffen wird, auszufüllen.

Die beschäftigungslose oder unterbeschäftigte Bevölkerung Lateinamerikas, die, wie bereits gesagt wurde, in einigen Ländern die Hälfte der wirtschaftlich aktiven Bevölkerung ausmacht, kann man nicht als eine riesige »industrielle Reservearmee« betrachten, da sie keine dieser beiden Funktionen erfüllt:

1. Die Löhne des Industriesektors, vor allem in den Industrien mit der höchsten Produktivität, übersteigen bei weitem das durchschnittliche Einkommen, ohne daß die Masse der Arbeitslosen auf seine Festsetzung einen Einfluß hätte. In den dynamischen Industrien hängt der Lohn ebenso von dem ab, was für die gleiche Tätigkeit in den industrialisierten Ländern gezahlt wird — das unerreichbare Maximum — wie vom Grad der gewerkschaftlichen Organisation und Kampfbereitschaft. Der gewerkschaftliche Druck, die Arbeitsgesetzgebung und die Qualifikation, die ein Industriearbeiter haben muß, verhindern, daß die fest beschäftigte Arbeitskraft durch die marginale Masse ersetzt werden kann.

2. Die industrielle Entwicklung auf dem technologischen Niveau unserer Zeit ermöglicht eine Expansion der produktiven Kapazität, ohne die beschäftigte Arbeitskraft signifikant zu erhöhen.

1925 absorbierte die verarbeitende lateinamerikanische Industrie 13,6% der wirtschaftlich aktiven Bevölkerung, 1965 waren es 14,2%. Von dieser Gesamtzahl arbeiteten 7,7% in der Industrie, während 6,5% im handwerklichen Bereich blieben.

Seit 1945, als die industrielle Expansion am größten war, beobachtet man eine Stagnation in der Kapazität der Industrie, Arbeitskräfte zu absorbieren. Unter diesen Bedingungen kann man die »marginale Masse« schwerlich als eine »industrielle Reservearmee« begreifen, da sie weder unmittelbar noch künftig die Möglichkeit hat, sich in den produktiven Sektor zu integrieren oder auf ihn irgendeinen Einfluß auszuüben.

Europa hat, nachdem die Industrialisierung angefangen hatte, fast ein Jahrhundert gebraucht, um die »marginale Masse« zu absorbieren. In ferner Zukunft wäre es gemäß dem Fortschritt der wirtschaftlichen Entwicklung dieser Region denkbar, daß es der marginalen Masse gelänge, sich zu integrieren. Heute jedoch wäre es entscheidend, nicht eine Politik der Vollbeschäftigung zu verfechten, was illusorisch und auf lange Sicht schädlich wäre, sondern weiterhin die äußerst produktiven Investitionen zu verfolgen: Ist einmal das Entwicklungsniveau der industrialisierten Länder erreicht, so wird die marginale Bevölkerung von selbst assimiliert.

Dem widerspricht, daß der Kern des Marginalitätsbegriffes — und das unterscheidet ihn vom Begriff der »arbeitslosen Bevölkerung« und dem der »industriellen Reservearmee« — die Annahme ist, daß die augenblicklichen Strukturen erhalten bleiben und daß sich die Erfahrungen der ersten Industrieländer unter keinen Umständen wiederholen könnten. In den unterentwickelten Ländern von heute fehlen drei wesentliche Bedingungen, die es den industrialisierten Ländern der ersten Stunde ermöglichten, fast ein Jahrhundert später eine Vollbeschäftigung zu erreichen:

1. Europa konnte während des gesamten 19. Jahrhunderts einen großen Teil seiner überschüssigen Bevölkerung aussiedeln:

Die Vereinigten Staaten, Australien, Südafrika, Argentinien akzeptierten die Emigranten praktisch ohne Vorbehalte. Zwischen 1812 und 1914 emigrierten von den britischen Inseln mehr als 20 Millionen Personen, Allein in der Zeit von 1870 bis 1900 emigrierten ungefähr 2,3 Millionen Deutsche und 3,5 Millionen Italiener.

2. Die ersten Industrieländer konnten ihre industrielle Kapazität schnell erweitern, da sie auf einen größeren als den nationalen Markt zurückgreifen konnten:

Die englischen Manufakturen produzierten in einem beachtlichen Anteil für den Export. Die Aufteilung der Welt, die den frühen Imperialismus charakterisierte und dazu dienen sollte, sich Rohstoffe zu billigen Preisen zu reservieren und sich fremde Märkte für eigene Manufakturprodukte zu sichern, stellte einen entscheidenden Faktor bei der fortschreitenden Absorbierung von Arbeitskraft dar.

3. Der Frühkapitalismus hat eine eigene Technologie entwickelt, ausgehend von einem archaischen Niveau, das eine Fülle von nicht-qualifizierter Arbeitskraft absorbierte.

So baute man beispielsweise Kohle, die Energiequelle par excellence in einer technisch äußerst primitiven Form ab: Auf diese Weise erweiterte das schnelle Anwachsen der Nachfrage nach Kohle die Anzahl der in dieser Branche beschäftigten Arbeitskräfte in beachtlichem Umfang. So beschäftigten die Kohlenbergwerke in Großbritannien bis zu 1,2 Millionen Menschen, größtenteils ohne jede Ausbildung, was 10% der wirtschaftlich aktiven männlichen Bevölkerung ausmachte. Andererseits erlaubt eine hohe produktive Kapazität die Expansion eines tertiären Sektors, der auf dieser Ebene nicht mehr parasitär genannt werden kann, sondern unbedingt erforderlich ist, um die Geschwindigkeit des industriellen Wachstums aufrechtzuerhalten. Dienstleistungen im Erziehungsbereich, auf sanitärem und kulturellem Gebiet, die Kommunikations- und Informationsmittel etc., absorbieren einen steigenden Anteil an hochqualifizierten Arbeitskräften.

Diese drei Bedingungen, die erklären, warum es den frühen Industrieländern gelang, die marginale Bevölkerung zu absorbieren, sind in den unterentwickelten Ländern nicht gegeben. Im Gegenteil sieht man sich mit einer Situation konfrontiert, die charakterisiert ist durch die Unmöglichkeit, die überschüssige Arbeitskraft im Ausland unterzubringen, durch die Stagnation des inneren Marktes, ohne Zugang zum Weltmarkt für Industrieprodukte und ohne eine eigene Technologie, die sich den spezifischen Bedingungen dieser Länder in ihrem augenblicklichen Stand der Entwicklung anpaßt.

Auch wenn eine Wiederholung der Bedingungen, die den ersten Industrialisierungsprozeß ermöglichten, sich als undenkbar herausstellt — die Geschichte wiederholt sich nicht! —, darf man dennoch nicht neue Bedingungen außer acht lassen, die in gewisser Weise den Wegfall der oben erwähnten kompensieren können. Sicherlich, eine massive Emigration aus den unterentwickelten Ländern zur Erleichterung der strukturellen Arbeitslosigkeit stellt sich als heute nicht durchführbar heraus; ohne Zweifel hat im Mittelmeerraum die Emigration von Italienern, Jugoslawen, Spaniern, Griechen und Türken in die industrialisierten Zentren des Nordens Europas einigen dieser Länder eine gewisse Erleichterung und eine Beschleunigung ihrer Entwicklung gebracht. Eine solche Atempause — in Mexiko ist etwas ähnliches bereits im Gange — hat in Lateinamerika insgesamt wenig Wahrscheinlichkeit, da der industrielle Norden mit einer beschäftigungslosen, nichtqualifizierten Bevölkerung selbst zu schaffen hat. Die Vereinigten Staaten absorbieren eine kleine Zahl von Lateinamerikanern, aber ausgerechnet die mit höchster Qualifikation — Flucht der Akademiker[11] —, was für den Subkontinent einen schweren Verlust bedeutet.

Die zeitgenössische Alternative zur massiven Emigration ist die Geburtenkontrolle. Dem widersetzen sich in Lateinamerika die herrschenden kulturellen und religiösen Werte. Auch fehlt aus ideologischen und politischen Gründen — es handelt sich um unpopuläre Maßnahmen — wie aus finanziellen — effektive Programme sind sehr teuer — eine diesbezügliche staatliche Politik. Auf lange Sicht ist die Kontrolle der Geburtenziffern ein unabweisbarer Imperativ; aber mehr denn Ausgangspunkt einer ökonomischen Entwicklung ist die Geburtenkontrolle das Resultat eines bestimmten Niveaus.[12]

Die Umwandlung der großen Korporationen in multinationale ökonomische Einheiten, mit Interessen, die bei weitem die des Ursprunglandes überschreiten, macht es zweifelhaft, daß das Prinzip des 19. Jahrhunderts, um jeden Preis eine ausländische Konkurrenz zu vermeiden, noch Gültigkeit hat. Die multinationalen Gesellschaften produzieren dort, wo für sie die Bedingungen am günstigsten sind, und messen Betrachtungen von nationalem Charakter nur eine zweitrangige Bedeutung bei. Sicher, das Fehlen einer ausreichenden Infrastruktur und die Entfernung von den Märkten machen es nicht sehr plausibel, in Lateinamerika große und moderne Fabriken zu bauen. Mit der neuen internationalen Arbeitsteilung reservieren sich zudem jene Länder der »Dritten Welt« mit höherem ökonomischem Potential den Export von den Manufakturprodukten, die am ehesten an den handwerklichen Sektor gebunden sind: Schuhe, Textilien, Bekleidung, Konserven usw. Eine mittlere Technologie könnte von selbst an Boden gewinnen, wenn sie Waren und Maschinen auf den Markt brächte, die mit den eigenen Bedürfnissen eher übereinstimmten.

Diese rein hypothetische Betrachtungen versuchen lediglich, die Aufmerksamkeit auf die Tatsache zu lenken, daß, wenn schon die Bedingungen, die den ersten Industrialisierungsprozeß hervorbrachten, sich nicht reproduzieren lassen, man daraus noch lange nicht auf eine unüberwindliche Stagnation schließen darf. Wenn man eine Tür schließt, öffnet sich eine andere, solange ein allgemeines Hindernis noch nicht alle Wege versperrt. Der Begriff der Marginalität hat nur dann einen Sinn, wenn er das fundamentale Hindernis offenlegt: die Abhängigkeit.

6.3. Marginalität und Abhängigkeit

Die Marginalität definiert sich als ein disfunktionales Nebenprodukt des »Systems«. Daß das »System« eine »marginale Masse« produziert, liegt am abhängigen Charakter desselben. Es geht also darum, das Verhältnis zwischen Abhängigkeit und Marginalität deutlich zu machen.

Die Marginalität entsteht auf dem Lande durch Anpassung der alten traditionellen Struktur an die Exportinteressen. Die Kombination von alten Landbesitz- und Arbeitsformen für den Export hat die Landwirtschaft in einen modernisierten und marginalen Bereich aufgeteilt. Die Bezeichnung »Subsistenzökonomie« erweist sich als adäquat, um die Minderheitsgruppen, die völlig von der Marktwirtschaft abgetrennt sind, zu erfassen. Marginalität heißt nicht Kontaktlosigkeit zum herrschenden ökonomischen System, sondern vom herrschenden Sektor der Wirtschaft kontrollierte Randbeziehung. Ihr Handlungsspielraum und ihre Wachstumsmöglichkeiten sind vom Monopolsektor begrenzt, der den Boden wie die internationalen Märkte innehat.

Unbestreitbar existiert zwischen beiden Polen eine mittlere Landwirtschaft, die bei dem Überfluß an Arbeitskräften dazu tendiert, ähnliche Herrschaftsformen zu reproduzieren; faktisch integriert sie sich in den führenden Sektor. Eine solche Agrarstruktur läßt einen wachsenden Überschuß von nicht-beschäftigter Arbeitskraft in die Stadt fliehen: »Landflucht« ist letzten Endes die Übertragung ländlicher Marginalität auf die Stadt. Die städtischen Zentren, die ebenfalls ihre eigene »marginale Masse« abwerfen, müssen dazu Teile der ländlichen aufnehmen. Das Zusammenfließen der überzähligen städtischen und ländlichen Bevölkerung in den suburbanen Elendsgürteln führte anfangs dazu, daß das Problem der Marginalität mit dem der »barriadas« gleichgesetzt wurde.

Vom sekundären Sektor zurückgelassen, verbleibt die »marginale Masse« in den *barriadas*. Die Begrenzung der Beschäftigungsmöglichkeit der lateinamerikanischen Industrie wird auf ihren von den führenden Zentren »abhängigen« Charakter zurückgeführt. Bis zur Depression der dreißiger Jahre floß ausländisches Kapital 1. In den extraktiven Primärsektor; 2. In die Infrastruktur von Dienstleistungen, vor allem von Transportmitteln, die direkt mit dem Exportsektor zusammenhingen; 3. In die öffentliche Verschuldung. Die Auslandsinvestitionen verändern ihre Politik in dem Moment, in dem die importsubstitutive Industrialisierung eine protektionistische Politik zugunsten der nationalen Industrie erzwingt, mit der allein es möglich ist, die traditionellen Märkte zu erhalten. Die großen Konsortien passen sich der neuen Situation an, indem sie Filialen errichten und konkurrierende Industrien aufkaufen. Um sich den Absatz nicht entgehen zu lassen, wird die Einfuhr von Fertigprodukten durch die von Kapital und Produktionsgütern ersetzt. Die nationale Konsumgüterindustrie, der es an Kapital, technischem Wissen und organisatorischer Fähigkeit mangelt, assoziiert sich bereitwillig mit den internationalen Firmen, die ihnen wenigstens einige sichere und wachsende Einkünfte garantiert. Die dynamischen Industrien, die größere Kapitalmengen und höhere technische Kenntnisse erfordern, wie die Autoindustrie, Petrochemie etc. liegen, wenn sie nicht direkt vom Staat finanziert wurden — und das ist die Ausnahme — vollständig in ausländischen Händen.

Dafür sprechen folgende Zahlen: 1939 fielen 4% des in Mexiko investierten Kapitals auf den Industriesektor; 1960 waren es 56%. Bis 1959 erreichten die ausländischen Investitionen in Brasilien ungefähr 3,5 Milliarden Dollar, von denen mehr als ein Drittel in die weiterverarbeitende Industrie ging, vor allem in die Metallindustrie. In Argentinien wurden 1964 56,3% der nordamerikanischen Investitionen in den Industriesektor gesteckt. 1966 hatten die nordamerikanischen Investitionen in Lateinamerika einen Gesamtwert von 9,853 Milliarden Dollar; der größte Teil davon, 3,077 Milliarden, fiel auf den Industriesektor, dicht gefolgt von den Investitionen in der Erdölgewinnung mit 2,902 Milliarden.[13]

Die ausländische Kontrolle scheint die Ursache für die strukturelle Stagnation der lateinamerikanischen Industrie zu sein, welche wiederum als Ursache der Marginalität angesehen wird. Nachdem der Konsumgütermarkt für die Ober- und Mittelklassen erst einmal abgesättigt war, wurde die Industrialisierung verzögert. Nun verschwendet man einen großen Teil der ausländischen Investitionen in den Dienstleistungen, ganz besonders im Handel: 1966 hatten die Vereinigten Staaten 1,158 Milliarden Dollar in dieser Sparte investiert. Im Gegensatz dazu fehlen Infrastrukturinvestitionen, die niedrige Erträge und das nur auf lange Sicht bringen, aber die für die ökonomische Entwicklung der Region unabdingbar wären. Die ausländischen Investitionen bedingen andererseits einen ständigen Kapitalabfluß.[14] Vom soziologischen Standpunkt ist die Absorption der nationalen Unternehmer, die zu schlichten Vertretern ausländischer Interessen umgewandelt werden, die härteste Konsequenz der ausländischen Investitionen. Eine unabhängige kapitalistische Entwicklung ist praktisch unmöglich geworden, da ein selbständiger Unternehmer fehlt.

Die importierte Technologie trägt das ihre zum Kapitalabfluß bei, da für die Kapitalgüter und die Nutzung der Patente sehr hohe Preise gezahlt werden müssen; zudem verschärft sie die Mechanismen, die die Marginalität hervorbringen: Die produktive Kapazität wird erhöht, ohne die Zahl der Beschäftigten zu vermehren. Der dynamische Sektor der Industrie beschäftigt sehr wenige, aber relativ hochqualifizierte Arbeitskräfte, deren Einkommensniveau den nationalen Durchschnitt bei weitem übersteigt. Gegenüber diesem führenden Monopolsektor kann man den größten Teil der Bevölkerung als marginal betrachten. Damit verliert sie natürlich nicht ihre Eigenschaft als »industrielle Reservearmee« gegenüber anderen Bereichen der Produktion. Marginale hinsichtlich der petrochemischen Industrie können in bezug auf das Bauwesen eine Reservearmee darstellen. Die Disfunktionalität gegenüber dem zentralen Sektor kann funktional gegenüber zweitrangigen und untergeordneten Sektoren sein.

Der Begriff der Marginalität impliziert, wenn er eine spezifische Bedeutung haben soll, die ihn nicht mit Armut oder Arbeitslosigkeit gleichstellt, eine *Abhängigkeit* von einem externen hegemonischen Zentrum, das nur einen beschränkten Rahmen von Möglichkeiten zuläßt. Die Abhängigkeit müßte letzten Endes die Besonderheit des lateinamerikanischen Kapitalismus erklären, der unfähig ist, seine eigenen Widersprüche zu überwinden, um eine kontinuierliche und autonome Entwicklung einzugehen. Gerade diese Besonderheit soll der Begriff der Marginalität, der sicher nicht sehr glücklich gewählt ist, und dessen Wert mit dem Schlüsselbegriff der *Abhängigkeit* steht und fällt, ausdrücken.

6.4. Mehrdeutigkeit des Begriffes der Abhängigkeit

6.4.1. Popularität des Begriffes

Bis zur Mitte der sechziger Jahre schenkte man der externen Abhängigkeit kaum Aufmerksamkeit. Das gesamte Interesse galt den internen Hindernissen, die von der nordamerikanischen Soziologie letzten Endes auf eine psycho-soziale Fragestellung nach »Mentalität« und »Werten« reduziert wurde. In den letzten Jahren ging man aus verständlicher Reaktion dazu über, die Abhängigkeit von außen als hauptsächliche Ursache der Unterentwicklung zu betrachten. Abgesehen vom analytischen Wert, den dieser Begriff haben mag, und der Art der Beziehungen, die er beinhaltet, erklärt sich dieser Einstellungswandel aus dem Scheitern der »populistischen« Reformversuche. Die politische Unfähigkeit der Mittelschichten, Reformen durchzuführen, wie z. B. Agrarreform und Steuerreform, die für die interne Entwicklung der Region unabweisbar sind, wurde schließlich gerechtfertigt, als man darauf verfiel, die herrschenden Strukturen für unüberwindbar zu halten, da sie mit der allgegenwärtigen Macht der hegemonischen Länder verbunden seien. Lateinamerika sei an den »Imperialismus« gebunden; seine eigenen Strukturen seien nicht mehr als ein Abbild und eine untergeordnete Wiederholung.

Damit warf man ein sehr reales Problem auf — die Abhängigkeitsbeziehungen —, aber in einem ideologischen Kontext, der die Diskussion über das Thema sehr schwierig und konfus gestaltet. Auf der einen Seite muß die etablierte Soziologie die Problematik der Abhängigkeit, die ihrer grundlegenden Hypothese widerspricht, leugnen: Unterentwicklung entspringe einem Mangel an Angleichung bezüglich »Mentalität«, »Lebensformen« und »Typs der sozio-ökonomischen Beziehungen« an die Industrieländer und nicht, wie man jetzt annimmt, deren allzu ausgeprägter Präsenz. Andererseits fanden die frustrierten Mittelschichten in dem neuen Begriff der Abhängigkeit eine zufriedenstellende Erklärung für ihre eigene Ohnmacht: Was könnte man gegen den Yankee-Koloß tun, der die gesamte lateinamerikanische Wirtschaft zu seinem Nutzen kontrolliert.

Die politische Ohnmächtigkeit ließ keinen anderen Ausweg als irrationalen und gewalttätigen Protest. Die anarchische Gewalttätigkeit von elitären Gruppen ist Ausdruck der politischen Frustration der Mittelklassen, die sich erheblich von der revolutionären Gewalt, der Gewalt der Massen, unterscheidet. Nicht ohne Grund hat man die augenblickliche Antiimperialismuswelle in Lateinamerika mit dem Antiklerikalismus der Liberalen des 19. Jahrhunderts verglichen. Beide greifen ein reales Problem auf, aber übersteigern es maßlos, um die eigene Ohnmächtigkeit zu verschleiern.

Diese Bemerkungen wollen nichts anderes, als auf die Geschwindigkeit aufmerksam machen, mit der sich auf dem Subkontinent die antiimperialistische Rethorik verbreitet, wobei politisch und sozial höchst entgegengesetzte Gruppen einer Meinung sind. Die Wirksamkeit eines solchen Konsensus wäre, wenn sie zur Verwirklichung einer Politik interner Reformen führte und nicht dazu, das Fehlen von Reformen zu rechtfertigen, nicht zu unterschätzen. Der Antiimperialismus als Banner eines lateinamerikanischen Nationalismus, der einen Anstoß für eine von den augenblicklichen Oligarchien nicht kontrollierte Integration gäbe, könnte eine historische Bedeutung ersten Ranges haben. Voraussetzung wäre, das Problem der Abhängigkeit in seinen eigentlichen Kontext zu stellen.

Zunächst zwei Bemerkungen, die nicht so selbstverständlich sind, wie man vielleicht meint, wenn man die geringe Aufmerksamkeit, die man ihnen gewidmet hat, in Rechnung stellt:

1. Die Interdependenz sozialer Phänomene ist die fundamentale Erkenntnis der Sozialwissenschaften. Damit leugnet man implizit das, was man im 19. Jahrhundert als Ziel der Soziologie definiert hat: »das Soziale durch das

Soziale zu erklären«, wie eine der Regeln der soziologischen Methode von Durkheim lautet. Der analytische Verstand trennt und objektiviert verschiedene Erkenntnisbereiche; die dialektische Vernunft dagegen zeigt die konstitutive Interdependenz dieser Bereiche innerhalb einer Totalität. Aus jener Sicht hängen die sozialen, ökonomischen und politischen Strukturen voneinander ab und beeinflussen sich gegenseitig. Die Unabhängigkeit jeder Realitätsebene ist für die analytische Vernunft bestimmend wie die Abhängigkeit für die dialektische. Mit dem Wandel der methodologischen Perspektive haben sich ebenfalls die Probleme gewandelt: Das der Dependenz der Strukturen wird somit entscheidend.

2. Die Abhängigkeit, so wie sie hier aufgefaßt wurde, geht davon aus, daß die Nationen in einer wechselseitigen Beziehung zueinander stehen; bei unterschiedlicher ökonomischer Macht impliziert dies eine hierarchische Skala größerer oder geringerer Unterwerfung. Diese eigentlich selbstverständliche Feststellung muß gegenüber der Fiktion von der Gleichheit und souveränen Unabhängigkeit der Staaten hervorgehoben werden. Entgegen juristischen Prinzipien erweisen sich die internationalen Beziehungen als solche von Abhängigkeits- und Herrschaftsverhältnissen. Je größer das Ungleichgewicht der militärischen und ökonomischen Macht, um so größer der Grad der Subordination. Das internationale Leben hat gezeigt, daß diese allgemeine Aussage durch das politisch-soziale System der Staaten nicht wesentlich modifiziert wird.

6.4.2. Abhängigkeit als Außenfaktor

Die Abhängigkeit verweist in erster Linie auf die Tatsache, daß die lateinamerikanischen Länder sich in einer stark hierarchischen Welt behaupten müssen, in der ein hegemonisches Zentrum einen ökonomischen, technologischen und militärischen Stand erreicht hat, der dem des Subkontinents entscheidend überlegen ist. Dies kann man sehr wohl für einen »dynamisierenden Faktor« halten, der einen Horizont von Möglichkeiten eröffnet und, zumindest potentiell, technische und finanzielle Mittel anbietet, ebenso kann man ihn als »Hindernis« aufdecken, das Unterordnung auferlegt, von der sich spezifische Formen der Ausbeutung ableiten. So entsteht eine unendliche ideologische Diskussion über Vorzüge und Nachteile des externen Faktors.

Entsprechend der Position, die man einnimmt, lassen sich einseitig die Vorzüge — Teilnahme an Wissenschaft und Technologie der entwickelsten Länder, die Möglichkeit, aus ihren positiven und negativen Erfahrungen zu lernen etc. — oder die Nachteile herausstellen — politische und militärische Unterordnung, Ausnutzung der eigenen Reichtümer zugunsten fremder Interessen, ausländische Unterstützung der nationalen Oligarchien. Eine bloße Apologie oder Verdammung hat ohne Zweifel keinen anderen Sinn, als den, die politischen Gruppen für den ideologischen Kampf mit Argumenten und Pseudoargumenten zu versorgen. Trotz der Häufigkeit, mit der man über die Übel der Abhängigkeit spricht oder schreibt, fehlen empirische Studien zu diesem Thema. In der Regel gibt es keine anderen als die von den führenden Ländern in sehr allgemeiner Form, was eine konkrete Analyse erschwert. Das Hauptanliegen bleibt — positive oder negative Aspekte der internationalen Handelsbeziehungen für eine Strategie der Umformung der schädlichsten Momente der augenblicklichen Situation herauszufinden.[15]

Die Verringerung der äußeren Unterordnung kann lediglich eine Konsequenz der Stärkung der Position nach innen sein, die es möglich macht, die unvermeidbaren Beziehungen mit dem Ausland zu besseren Bedingungen zu erreichen. Das heißt, auf eine Formel gebracht: *Stärkung der Macht des Staates,* aber eines Staates, der fähig ist, eine Agrarreform durchzuführen, die den internen Markt für Fertigprodukte erweitert und die mit einer gestiegenen landwirtschaftlichen Produktivität die wachsenden Bedürfnisse nach Nahrungsmitteln zu erschwinglichen Preisen befriedigt; ein Staat, der fähig ist, eine Kontrolle über den Außenhandel auszuüben dergestalt, daß man zu einer optimalen Verwendung der erlangten Devisen kommt, ohne daß, wie es bisher der Fall ist, sie durch den Luxuskonsum oder ausländische Konten verschleudert werden; ein Staat, der eine Umverteilung des nationalen Einkommens durchführt und damit die internen Ersparnisse fördert, und schließlich ein Staat, der die ausländischen Kapitalien direkt verwaltet und sie für Infrastrukturmaßnahmen verwendet, gemäß den Prioritäten eines Entwicklungsplans.

Die augenblickliche Situation ist demgegenüber charakterisiert durch die *Schwäche des Staates,* der unfähig ist, die zwingenden Reformen durchzuführen und dessen Liquidität letzten Endes auf einem unverhältnismäßigen Anwachsen der öffentlichen Verschuldung basiert. Während in den Jahren von 1956-1966 das Bruttosozialprodukt um 60% stieg, wuchs die ausländische Verschuldung um 125%. Sie erreichte mit 15 Milliarden Dollar Mitte der sechziger Jahre den kritischen Punkt, an dem die Kosten für Amortisation und Zinsen — ungefähr 2 Milliarden Dollar jährlich — die als Kredite und Darlehen neu zufließenden Gelder überstiegen.[16] Wenn die anspruchsberechtigten Länder die Zahlung in den vorgesehenen Raten forderten, müßte Lateinamerika sich als zahlungsunfähig erklären, und es würde sich eine Krise entfesseln ähnlich der der dreißiger Jahre. Die finanzielle Abhängigkeit der lateinamerikanischen Regierungen ist nahezu total, und zwar nicht so sehr, weil man termingemäße Schuldrückzahlung befürchtet — das ist wenig wahrscheinlich, wenn man die Spielregeln beachtet —, sondern weil neue Kredite zum Überleben notwendig werden. Der größte Teil der Kredite wird nicht produktiv angelegt, sondern dient vor allem zur Erhaltung des bürokratischen und repressiven Staatsapparates. Ohne äußere Hilfe wäre es längst nicht mehr möglich, den Status quo zu verteidigen. Ohne grundsätzliche Veränderungen werden manche lateinamerikanischen Länder eines Tages eine ökonomische Belastung für die Vereinigten Staaten. Hier liegt die Grenze der Abhängigkeit.

Verbunden mit dem Mangel an Reformen ist die relative Abnahme ausländischer Privatinvestitionen. Nordamerikanische Investitionen in Westeuropa, Kanada und Australien nehmen rascher zu als in Lateinamerika, dessen ökonomische Stagnation die Investitionsmöglichkeiten erheblich verringert; zudem erlaubt die Transferenz der Investitionen aus dem extraktiven Primärsektor und aus dem Dienstleistungssektor in die Industrie, die Vorzüge in diesem Sektor auszunutzen, ohne neues Kapital aufzubringen. Um den langsamen Investitionsrhythmus einer praktisch stagnierenden Wirtschaft aufrechtzuerhalten, genügen die Profite, die dank des Protektionismus und des faktischen Monopols in der Industrie erzielt werden. Dieses Bild zeigt, daß das ausländische Kapital die internen Strukturen nicht verändert, sondern sich ihnen anpaßt und sie zu seinen eigenen Gunsten ausnutzt. Ist einmal die Grenze von rentablen Investitionen erreicht, so zieht das ausländische Kapital sich zurück und trägt auf diese Weise zur Stagnation bei. Die ausländischen Investitionen ersetzen keinesfalls die Notwendigkeit, interne Reformen durchzuführen, wie es illusorischerweise einige Kreise meinen. Es gibt also keine »externe« Lösung für Lateinamerika.

6.4.3. Strukturelle Abhängigkeit

Die unverhältnismäßige Erhöhung der öffentlichen Verschuldung und die Verminderung der privaten Investitionen machen das Ausmaß der Krise deutlich: einer Krise, die zum großen Teil darauf zurückzuführen ist, daß Lateinamerika als Rohstoffexporteur eine ständig sinkende Bedeutung für die industriellen Länder hat. Daher die Schwierigkeiten bei der Anpassung an die neuen Bedingungen des internationalen Handels, der sich von dem des 19. Jahrhunderts — Austausch von Manufakturprodukten gegen Rohstoffe — gewandelt hat zu einem vorwiegenden Austausch von Industrieprodukten zwischen den Industrieländern. Wenn sich nicht massive strukturelle Wandlungsprozesse vollziehen, wird Lateinamerika eine parasitäre Region sein, deren absolute Beherrschung auf lange Sicht zu einer beachtlichen politischen, militärischen und ökonomischen Last wird. Augenblicklich ist die Konvergenz und die gegenseitige Anpassung der internen oligarchischen Strukturen und des ausländischen Kapitals nicht zu leugnen. Aber wird sich diese Konvergenz nicht zugunsten einer wachsenden Divergenz zwischen den Interessen der lateinamerikanischen Oligarchie und denen der monopolistischen und multinationalen Zentren der ökonomischen Macht verschieben? Diese Hypothese verpflichtet uns, den struktrellen Begriff der Abhängigkeit zu überprüfen.

Unter der neuen Generation lateinamerikanischer Soziologen

herrscht überwiegend die Meinung, daß die analytische Unterscheidung zwischen externen und internen Faktoren die *strukturelle Einheit* zwischen beiden verdecke: Von einer historisch-strukturellen Dimension aus kommen sie zu einem neuen Begriff von Abhängigkeit.[17] So wie der Begriff der Marginalität die Dichotomie zwischen integriertem und marginalem Sektor überwindet, indem er auf die strukturelle Einheit zwischen beiden aufmerksam macht, so überwindet der neue Begriff von Abhängigkeit die Dichotomie intern-extern, entwickelte und unterentwickelte Welt, indem er beide zu einer einheitlichen Struktur verbindet: das kapitalistische Weltsystem. Der offensichtliche Gegensatz zwischen entwickelter und unterentwickelter Welt stellt nichts anderes dar als reziproke und komplementäre Aspekte ein und desselben Vorgangs: die weltweite Entfaltung des Kapitalismus, die gleichzeitig Entwicklung und Unterentwicklung hervorbringt. In den Metropolen schuf die Auseinandersetzung mit dem Kapitalismus die Theorie vom Kolonialismus und Imperialismus, in den Randländern eine Theorie der Abhängigkeit. Imperialismus und Abhängigkeit sind also sich ergänzende Begriffe, die die gleiche Realität aus entgegengesetzten Perspektiven beschreiben.

Die Abhängigkeit ist somit der *bestimmende Rahmen* für die spezifische Entwicklung der Länder, die sich von außen angetrieben in das kapitalistische System integriert haben. Die Wirtschaft der Peripherie wird durch die Entwicklung und Expansion der führenden Wirtschaft bestimmt. Die technologische und organisatorische Überlegenheit der Metropolen erlaubt den Ländern, die diese Entwicklungsstufen nicht erreicht haben, die »Bedingungen der Ausbeutung« zu diktieren. Die Abhängigkeit der vorkapitalistischen Ökonomien stellt wiederum innere Beziehungen her, die zugunsten der Perpetuierung der Ausbeutungsbeziehungen gehen: Es verbinden sich die herrschenden Interessen in den abhängigen Gesellschaften mit den herrschenden Interessen in den Metropolen.

Das unbestreitbare Verdienst dieses strukturellen Begriffes der Abhängigkeit liegt darin, die dialektische Dimension wiedergewonnen zu haben, die Entwicklung und Unterentwicklung in ein und denselben historischen Prozeß stellt. Die lateinamerikanische Geschichte läßt sich nur von ihrer Abhängigkeit zur europäischen und nordamerikanischen Welt her verstehen. Bedenklich ist jedoch, diese dialektische Perspektive vorschnell zu einem dogmatisch-mechanistischen Modell erstarren zu lassen und die Abhängigkeit als dialektische Totalität, innerhalb derer sich die Geschichte vollzieht, einseitig zur treibenden und hemmenden Kraft zu reduzieren. Die lateinamerikanische Geschichte wäre dann seit dem ersten Tag der Konquista das *passive Resultat* der beherrschenden und ausbeutenden Aktionen fremder Interessen. Bei dieser Konzeption geht die Dialektik zwischen »Herrn und Knecht« verloren; Konkrete Formen der Herrschaft in einem dialektischen Prozeß, abgelöst von konkreten Formen der Rebellion, die ihrerseits neue Formen der Herrschaft hervorbringen, die durch neue Formen des Protestes überwunden werden.

Lassen wir die zentrale philosophische Frage beiseite, ob dieser Prozeß von Unterdrückung und Rebellion ein Ende finden kann, um schlicht und einfach festzustellen, daß die bis heute gelebte Geschichte sich in einem solchen dialektischen Schema abgespielt hat. Worauf es vor allem ankommt, ist nicht, abstrakt Abhängigkeit als einzige Ursache der Unterentwicklung aufzuzeigen, sondern in jedem historischen Moment die Dialektik der Herrschaft mit allen ihren konkreten Möglichkeiten der Überwindung zu begreifen. Im Nachhinein darauf hinzuweisen, daß man befreit vom »feudalen« Joch Spaniens in den »kapitalistischen« Ketten der Engländer gefangengehalten wird, hat keine allzu große Bedeutung, wenn man nicht gleichzeitig die neue Qualität der Herrschaft offenlegt und die neuen Formen des Kampfes, die von unterschiedlichen sozialen Gruppen getragen werden: Die kreolischen Landbesitzer, die sich gegen Spanien erhoben, waren diejenigen, die den Engländern die Türen öffneten.

Der Kampf gegen die kapitalistische Abhängigkeit bildet neue emanzipatorische Gruppen wie auch neue Formen der Unterdrückung und der Abhängigkeit. Hier wird nicht die konservative These verteidigt, daß sich in der Geschichte nichts Neues ereignet: Eine Wiederholung ist der Kampf zwischen Herrscher und Beherrschten nur auf der Ebene der formalen Abstraktion. Historisch ist die Abhängigkeit des Sklaven von seinem Besitzer nicht zu vergleichen mit der eines Arbeiters von seinem Arbeitgeber. Es handelt sich um qualitativ unterschiedliche Situationen, die lediglich ein abstrakter und deswegen inhaltsloser Begriff der Abhängigkeit vereinheitlicht.

Wenn man von der Abhängigkeit in abstracto oder als determinierende Ursache der Geschichte redet, so wischt man alle Möglichkeiten, die dieser Begriff dialektisch verstanden in sich birgt, vom Tisch. In der augenblicklichen Situation kommt es für Lateinamerika darauf an, die verschiedenen Formen der Abhängigkeit aufzudecken,[18] um konkret die Möglichkeiten ihrer Umwandlung, die für die Interessen des Subkontinentes zuträglicher sind, zu erforschen. Von der abstrakten Gegenüberstellung Abhängigkeit-Freiheit auszugehen, bedeutet — abgesehen von dem emotionalen und propagandistischen Wert, den diese Gegenüberstellung zum Predigen der Revolution hat — auf eine rationale Politik des Nächstliegenden zu verzichten. Verständlich, daß die neuen aufsteigenden Klassen auf einem abstrakten und universellen Begriff der Emanzipation beharren, um die Unterdrückung und Abhängigkeit, die ihre eigene Herrschaft mit sich bringt, zu verbergen. Politisch und ideologisch ist diese Verhaltensweise erklärlich: Eine aufsteigende Klasse legitimiert sich einzig durch die Universalität ihres Vorhabens: ein für alle Male Unterdrückung und Abhängigkeit zu besiegen. Problematisch bei dieser Ideologisierung ist, daß sie die Zukunft in eine einzige Alternative preßt: entweder Erstarrung der augenblicklichen Formen von Herrschaft und Abhängigkeit oder befreiende revolutionäre Explosion.

Dagegen müssen die revolutionären Regierungen sich den spezifischen Problemen der Abhängigkeit realistisch stellen, ohne Kompromisse und Verhandlungen zu verkennen. Von daher ergibt sich die Notwendigkeit zu Prioritäten darüber, welche Sektoren zur staatlichen Kontrolle übergehen müssen, und in welchen — unter für beide Seiten annehmbaren Bedingungen — es notwendig ist, mit ausländischen Firmen zusammenzuarbeiten. Keine lateinamerikanische Regierung kann an der konkreten Frage, die »Abhängigkeit neu zu gestalten« vorbeigehen.[19]

Der Begriff der Marginalität, und das ist seine theoretische Schwäche, basiert auf einem abstrakten und nicht dialektischen Begriff der Abhängigkeit, die als unüberwindliches Hindernis der ökonomischen Entwicklung angesehen wird: Unter den augenblicklichen Bedingungen eines abhängigen Kapitalismus gäbe es keine Möglichkeit, die marginale Masse zu assimilieren. Zweifellos ist diese Auffassung korrekt und der Begriff der Marginalität brauchbar, wenn man dabei »augenblicklich« unterstreicht und dialektisch wahrnimmt, wie dieser abhängige Kapitalismus die objektiven Bedingungen seiner Überwindung in einen Staatskapitalismus schafft. Bei der Festigung des Staates als primäre ökonomische und soziale Kraft kann die »marginale Masse« eine bedeutende Rolle spielen, einmal weil die Marginalen noch mehr als andere Gruppen der staatlichen Aktion Vertrauen schenken, von der sie sich die Lösung ihrer Probleme erhoffen; zum anderen, weil sie sich als mobilisierbare Truppe zur Einschüchterung der Oligarchie eignen und vielleicht sogar, um jene zu vertreiben. Dann wird es sich zeigen, daß das ausländische Kapital, obgleich heute an die Oligarchie gebunden, sich nicht mit ihr identifizieren läßt, eine falsche Identifikation, die letzten Endes aus der Aufhebung der Dichotomie durch bloße Negation des endogenen und exogenen Faktors stammt.

Der neue Staat, der sich »sozialistisch«, revolutionär« oder »von nationaler Einheit« nennen mag, ist notwendigerweise darauf aus, die Ökonomie des Landes zu kontrollieren, wofür er über neue Bedingungen der Abhängigkeit verhandeln muß, eine Abhängigkeit von qualitativ unterschiedlichem Charakter und zumindest anfangs günstiger für *beide* Seiten. Die ökonomische Zusammenarbeit der großen multinationalen Konsortien mit den neuen staatlichen Bürokratien ist heute, auch wenn sie über nicht wenige künstliche oder mißverstandene Interessen stolpert, eine in den internationalen Beziehungen nicht wegzudiskutierende Realität; sie weitet sich schnell zwischen den Ländern des östlichen und westlichen Blocks aus, dessen Beziehungen als Modell für Lateinamerika dienen können.

7. Ländliches und städtisches Proletariat

7.1. Schichtung und soziale Klassen

»Spezifische Studien und Untersuchungen über die soziale Schichtung in Lateinamerika sind selten, obgleich man allgemein den Eindruck hat, sie seien in Fülle vorhanden.«[1] Auch nach jenen Zeilen von 1965, hat sich die Situation wenig verbessert. Es gibt kaum ein Buch in der umfangreichen Literatur, die sich mit Lateinamerika im allgemeinen oder unter einem besonderen Aspekt befaßt, in dem nicht von »sozialen Klassen« die Rede wäre. Natürlich, ohne den Begriff des »Klassenkampfes« kann man Konflikte und Spannungen des Subkontinents nicht anpacken. Die Suche nach dem »revolutionären Subjekt«, dem Industrieproletariat, wie die orthodoxen Marxisten meinen, oder der Bauernschaft, »der größten und am meisten ausgebeuteten Klasse«, worauf die Anhänger Guevaras pochen, hat ganze Bibliotheken gefüllt. Jedoch ist die Sozialstruktur des Subkontinents, immer noch ein weißer Fleck auf der Landkarte, einer unkontrollierten Spekulation ausgesetzt, und dies deswegen, weil die »Fakten« unbekannt sind — das statistische Material ist für eine genaue Analyse unzureichend, es fehlen spezielle Untersuchungen, die sich auf einem theoretisch akzeptablen Niveau bewegen — und weil sich die theoretischen Ansätze als unbrauchbar erwiesen: Die Schichtungsstudien sind von der nordamerikanischen Soziologie inspiriert und beschäftigen sich mit nichts anderem als der »sozialen Mobilität« und der »dynamischen« und »stabilisierenden« Rolle der Mittelschichten; die marxistisch orientierte Literatur, wesentlich fruchtbarer, sofern sie sich von engen dogmatischen Bahnen freimacht, steckt in den Kinderschuhen und ist voller Furcht, sich allzusehr vom etablierten Kanon zu entfernen. Alles in allem hat man in den letzten Jahren Fortschritte beim Studium der Klassenstruktur der Landbevölkerung und des städtischen Proletariats gemacht.

Das Fehlen von Homogenität innerhalb der jeweiligen »Klassen« — der ländlichen, proletarischen oder Mittelklasse — empfiehlt bei der augenblicklichen Konstellation, den Begriff »Schichten« zu verwenden, weil er — und genau deswegen — keine Voranalyse impliziert. Der pyramidale Schichtungsbegriff ist ein Modell, das nicht imstande ist, Beziehungen, Spannungen und Konflikte zwischen den verschiedenen sozialen Ebenen im Innern einer globalen Gesellschaft zu erfassen. Aber wenn man diese dialektische Dimension zunächst einmal zurückstellt, erlaubt der Begriff »Schicht« eine größere Elastizität als der Begriff der Klasse, der in seiner konkreten Bedeutung dem Kapitalismus des vergangenen Jahrhunderts allzusehr verhaftet ist. Von einer abstrakten Analyse der Klassenwidersprüche, wie sie zum »Wesen« des Kapitalismus gehören, ausgehend, besteht die Gefahr, ein revolutionäres Subjekt abzuleiten, das als solches in der historischen Situation keine Chance hat. Die Verwendung des Begriffes »Schicht« intendiert bei weitem nicht, das Problem der lateinamerikanischen Sozialstruktur zu lösen, sondern nur, nichts zu präjudizieren. Wenn man von Schichten spricht, ist man sich des provisorischen Charakters dieses Unterfangens bewußt.

Der Begriff »Unterschichten« verweist auf die Masse der städtischen und ländlichen Bevölkerung, die nicht in die produktiven Sektoren integriert sind — in diesem Sinne fällt er mit dem Begriff der marginalen Masse zusammen — ferner auf die Lohnabhängigen im verarbeitendem Sektor, d. h. das Industrieproletariat. Zwei fundamentale Unterscheidungen teilen die »Unterschichten« auf:

1. der städtische oder ländliche Charakter, ein idealtypischer Gegensatz, der, wie wir im fünften Kapitel gesehen haben, zu einer neuen Synthese der »ländlichen Verstädterung« tendiert, in dem Sinn, daß die ländliche Marginalität zu parasitären »tertiären« Aktivitäten übergeht, ohne in das produktive System eingegliedert zu werden;

2. der Integrationsgrad: Da sich Marginalität nach einem Bezugsrahmen richtet, muß man in den unteren städtischen Schichten zumindest drei Gruppen unterscheiden: marginale Masse in bezug auf alle Produktionsformen oder Subproletariat; marginale Masse im Hinblick auf das Monopol nicht aber den Konkurrenzsektor; und die im Monopolsektor integrierte Arbeiterklasse.

7.2. Die Bauernschaft

7.2.1. Spezifische Charakteristiken

Eric Wolf geht in seinem ersten, schon klassischen Versuch einer Typologie der lateinamerikanischen Bauernschaft von der Unterscheidung *peasant (»campesino«)* und *farmer* aus.[2]

Der *peasant*, gleich ob er Besitzer des Landes ist oder nicht, widmet seine hauptsächlichen Aktivitäten der Landwirtschaft mit dem Ziel zu überleben und unterscheidet sich dadurch von dem Rest der auf dem Lande wohnenden Bevölkerung (Handwerker, Fischer, Minenarbeiter oder Kautschuksammler etc.). Dagegen betrachtet der *farmer* sein Land als Produktionsmittel und betreibt Landwirtschaft mit der Mentalität eines kapitalistischen Unternehmers: Das Geld, das er aus dem Verkauf seiner Ernte zieht, gibt er nicht nur für den alltäglichen Bedarf aus, sondern er behält Rücklagen zur Amortisation vorgestreckten Kapitals und zu Neuinvestitionen in das Unternehmen.

Wolf bewegt sich auf einer rein deskriptiven Ebene, ohne den sozioökonomischen Kontext zu erhellen, der letzten Endes diese Unterscheidung stützt. Der *peasant* ist nicht durch angeborene Passivität dazu verurteilt, vor sich hinzuvegetieren — wie es eine sehr verbreitete Literatur weismachen will[3] —, sondern es ist die herrschende Agrarstruktur, die ihm nichts anderes erlaubt. Auf jeden Fall stellt das Leben am Rande der Subsistenz den spezifischen Charakter der lateinamerikanischen campesinos dar.

Nach den Zahlen der FAO gibt es in Lateinamerika 14 Millionen Campesino-Familien, die entweder kein Land besitzen (8,7 Millionen) oder eine unbedeutende Parzelle, die sie normalerweise gepachtet haben (5,3 Millionen); diese Parzellen betragen zusammen 4% der Nutzfläche.

Der Besitz von Boden — viel, wenig oder keinen, als Eigentum oder in Pacht — ist das zentrale Kriterium für eine Klassendifferenzierung. Wenn wir die großen und mittleren Besitzer weglassen, die die »Oligarchie« und die Agrar-»Bourgeoisie« bilden, so teilt sich die übrige Landbevölkerung in zwei große Untergruppen: den landlosen Arbeiter und den Minifundisten, in der Regel nur Pächter. Hinsichtlich des Lebensstandards, des Grads der Abhängigkeit und des politisch-sozialen Bewußtseins kann man den Besitzer einer kleinen Parzelle, einen Pächter und einen Saison-Arbeiter nur schwer voneinander unterscheiden, da häufig ein und dieselbe Person alle diese Positionen inne hat.

Typisch für den *campesino* sind seine vielfältigen Beziehungen und Aktivitäten. Unterbeschäftigung und Bedürftigkeit erklären diese »Vielfältigkeit der ländlichen Arbeit«. Der *campesino* muß seine Arbeitszeit aufteilen zwischen der Bebauung seiner eigenen Parzelle, deren Besitzer oder Pächter er sein kann, der Arbeit in der Hacienda, zu der er wegen eines Pachtvertrages oder als Gegenleistung für die Benutzung von Wasser und Wegen verpflichtet ist, oder der er nachgeht, um sich einen geringen Lohn zu verdienen. Einen großen Teil der Produkte und Utensilien, die er braucht, stellt er selbst her und er nimmt irgendeine Arbeit an, die man ihm ausnahmsweise anbietet; daneben muß er noch die Aufgaben erfüllen, die ihm die *comunidad*, deren Mitglied er ist, auferlegt. Der *campesino* der Kolonisationszone in Santo Domingo de los Colorados bearbeitet seine am Hang gelegene Parzelle, für die er bestenfalls eine provisorische Besitzurkunde in Händen hat; er arbeitet als *peón* in den Bananenhaciendas und in den Packanlagen, wenn ein Schiff nach Guayaquil beladen werden muß. Nach dem CIDA-Bericht muß der größte Teil der Erwachsenen in den Gemeinden der Sierra drei oder vier Aktivitäten gleichzeitig ausüben.[4]

Die vielen Tätigkeiten, die man zur Erhaltung der nackten Existenz übernehmen muß, verlangen einen häufigen Wohnungswechsel. Der ländliche Arbeitsmarkt hängt von der Saison oder der ausländischen Nachfrage ab. Die Regel ist, daß man in seinem Wohnort keine Beschäftigung findet, und es bleibt einem nichts anderes übrig, als sich auf den Weg zu machen. Das Vagabundieren ist einer der Indikatoren der marginalen Bevölkerung.[5] Wie die Anzahl der Tätigkeiten überrascht die der Orte, in denen der *campesino* sich für kurze Zeit aufhält. Vor allem der Gelegenheitsarbeiter ist gezwungen, seinen Arbeitsplatz häufig zu wechseln, da es schwierig ist, einen ständigen Arbeitsplatz in einer Hacienda zu finden, wenn man nicht zu der den Verwalter umgebenden priveligierten Gruppe gehört. Diese enorme Fluktuation begünstigt in einer Situation mit großer Beschäftigungslosigkeit und dem Bedarf an nicht ausgebildeter Arbeitskraft die Landbesitzer: Der Gelegenheitsarbeiter vermag nicht die Leistungen der Sozialgesetzgebung in Anspruch zu nehmen — die auf dem Lande sowieso selten eingehalten werden[6] —, und es festigen sich keine persönlichen Beziehungen zwischen Arbeitern, aus denen kollektive Protestaktionen entstehen könnten.

Diese drei Charakteristiken des *campesino* — Lebensniveau am Rande des Existenzminimums, Vielfältigkeit und mangelnde Spezialisierung der Aktivitäten sowie geographische Mobilität — bringen ein hohes Maß an Vereinzelung und sozialer Desintegration mit sich. Der *campesino*, der nicht weiß, ob er morgen etwas zu essen haben wird, entdeckt in einer Situation steigender Beschäftigungslosigkeit im anderen *campesino* einen gefürchteten Konkurrenten: Ihm nimmt er in der Abwesenheit die Parzelle weg; er ist sein Konkurrent auf dem winzigen Arbeitsmarkt; Verwandte können zu einer furchtbaren Last werden. (Familienbeziehungen sind die letzte Zuflucht, und auf diese Bindungen muß man stets bedacht sein.) Furcht, seine Situation — so schlimm sie auch sei — könne sich noch verschlechtern, Unsolidarität und Mißtrauen den Leidensgenossen gegenüber, Beschränkung auf einen »Familienegoismus«[7], alles dies sind die sozialpsychologischen Muster, die sein Verhalten bestimmen. Von daher ist es verständlich, von der »politischen Unfähigkeit« des campesino[8] zu reden.

7.2.2. Passivität und Revolte

»Wenn es einen Punkt gibt, in dem die Reaktionäre, Reformisten und Revolutionäre einer Meinung sind, ist es der, daß die *campesinos* passive Menschen sind, die man davon überzeugen muß, zu ihrem eigenen Nutzen zu handeln.«[9] Während die Konservativen diese Passivität als eine psychosoziale Gegebenheit betrachten — man hat sich sogar dazu verstiegen, von einem »Syndrom der Eingeschüchterten« zu sprechen, um den *campesino* zu charakterisieren[10] — so ist sich der Revolutionär bewußt, daß diese Passivität, sogar die »vegetierende«, wie Francisco Julião sie genannt hat, ihre Ursache »in der grausamen Last des Latifundismus mit allen seinen feudalen Überresten, von denen es lebt«[11], hat. Die Passivität, das Mißtrauen, die Servilität, der familiäre Egoismus, die Aversion gegenüber Veränderungen etc. sind übereinstimmende Aspekte einer »Kultur der Underdrückung«. Die Jahrhunderte der Unterwerfung haben aus dem *campesino* das gemacht, was er heute ist, und er wird so bleiben, solange repressive Faktoren nicht aufhören tätig zu sein.

Ernest Feder hat in dem bereits zitierten Artikel die Mechanismen der Herrschaft im einzelnen untersucht, die die Passivität und Abhängigkeit der *campesinos* verstärken: von der typischen Verschuldung bis zur Unsicherheit der Pachtverträge, die immer mündlich abgeschlossen werden, sehr unpräzise und völlig der Willkür des Landbesitzers unterworfen sind; von der Gewohnheit, die Unterwürfigsten zu begünstigen, bis zu den körperlichen Strafen, die bis heute praktisch üblich waren. Alle beschriebenen objektiven Bedingungen — wachsender Überfluß von Arbeitskräften auf dem Land, Löhne und Einkommen am Rande des Existenzminimums, das Klima der Unsicherheit in den Arbeits- und Vertragsbeziehungen die Vielzahl der Beschäftigungen, die hohe geographische Mobilität und die ungeheure Fluktuation der Beschäftigten etc. —, all dies macht an sich schon eine Organisation der *campesinos* ungemein schwierig; wenn es aber trotz allem dazu kommt, daß einige Versuche des Protests und der gegenseitigen Solidarität entstehen, so reagiert der Landbesitzer mit äußerster Schärfe. In den Zuckerplantagen des brasilianischen Nordostens wird z. B. häufig ein privater Sicherheitsdienst im Stil der *capangas* unterhalten, um Störenfriede sofort — manchmal sogar physisch — zu beseitigen. Gewerkschaftsvertreter sind auf den Haciendas mit Schüssen empfangen worden.

Die erste *liga camponesa* des brasilianischen Nordostens, die 1955 in der Zuckerplantage Galiléia, nicht weit von Recife, gegründet wurde, verfolgte keinen anderen Zweck, als eine Grundschule zu organisieren, wie es auch das Gesetz für Plantagen mit mehr als hundert Arbeitern vorsah. Dieses Ansinnen erschien den Hacendados jedoch so subversiv, daß sie sich ihm mit aller Macht widersetzten: »Wo werden wir enden, wenn die *campesinos* keine Analphabeten mehr sind?«[12]

Auch ist es Brauch, daß die Rechts- und Polizeigewalt des Ortes dem Landbesitzer zu Diensten ist und Arbeitsstreitfragen zugunsten jener entschieden werden. Der Schrecken war nicht gering als die Polizei während der kurzen Amtszeit von Goulart, sich in Konflikten zwischen *campesinos* und *hacendados* neutral zu verhalten begann. Ein

Staat, der nicht auf jeden Fall die Interessen der letzteren verteidigt, ist per se ein feindlicher Staat, den es mit allen Mitteln zu zerstören gilt.

Ein klares Beispiel der Unterwürfigkeit der legislativen Gewalt unter die Interessen des Latifundiums ist das chilenische Gesetz Nr. 8811, das 1946, in einem Moment, in dem die Gewerkschaftsbewegung auf dem Land sich zu verbreiten schien, verabschiedet wurde. Dies Gesetz begrenzte das Recht der Gewerkschaftsorganisation auf das jeweilige Landgut und unter folgenden Voraussetzungen: 1. daß dort mehr als 20 erwachsene Arbeiter beschäftigt wären, 2. die alle mindestens schon ein Jahr fest angestellt wären, und daß 3. von ihnen die Hälfte des Lesens und Schreibens kundig sein müßten. Durch gesetzliche Regelung zur Konstituierung einer Landgewerkschaft verbot man diese faktisch. Dieses Gesetz wurde 1967 aufgehoben, was eine rasche Verbreitung von kämpferischen ländlichen Gewerkschaften zur Folge hatte.[13]

Die angeführten objektiven Faktoren, die Repressionsmechanismen seitens der Landbesitzer und die begleitenden Maßnahmen der zentralen und lokalen Behörden machen die politische Organisierung der *campesinos* schwierig. Ihre absolute Machtlosigkeit kann, sobald der internalisierte Terror sich in einen ungezügelten Haß wandelt, hemmungslose Gewaltexplosionen hervorrufen — und in der Tat geschieht dies mit relativer Häufigkeit.

In Einzelfällen geht es soweit, daß eine Gruppe von *campesinos*, die lange gequält und ausgebeutet wurden, das Haciendahaus ausraubt und den Patron mit seiner Familie und seinen nächsten Mitarbeitern umbringt.

Öfter geschehen Landinvasionen, wobei das neue Land mit Waffengewalt verteidigt wird. So sprichwörtlich wie seine »vor sich hinvegetierende« Passivität ist die zerstörerische »Raserei« des *campesino*. Seine Unterwürfigkeit, die den nordamerikanischen Anthropologen erstaunt, ist nichts anderes als die Kehrseite der Medaille einer langen Geschichte von Revolten und Aufständen, die stets mit äußerster Brutalität niedergeschlagen wurden.

Die *violencia* in Kolumbien von 1948-1958[14] ist ein jüngeres Beispiel der explosiven Gewalt der politischen Kämpfe auf dem Lande. Zwischen 1861 und 1944 gab es in Bolivien mehr als 2000 Bauernaufstände.[15] Ähnliche Zahlen kann man für andere lateinamerikanische Länder anführen.

Die Lektüre der Zeitungen aus diesem Raum genügt trotz der freiwilligen Zensur, mit der man dieses Thema behandelt, um sich ein ungefähres Bild über die Gewalt zu verschaffen, die auf dem Lande herrscht, sogar in solchen Ländern wie Mexiko, die bereits eine Agrarrevolution hinter sich haben; nicht selten findet man auf den inneren Seiten eine Notiz über die Intervention der Armee, um irgendeinen ländlichen »Konflikt zu lösen«.

Die Lage der *campesinos* in Lateinamerika entfaltet eine Dialektik, die von der absoluten Unterwerfung zur gewaltsamen, spontanen Explosion übergeht, welche von den Streitkräften brutal unterdrückt wird. Nur selten entsteht eine Bewegung, die eine langfristige Politik anstrebt.

7.2.3. Bauernbewegungen

Die erwähnte Dialektik zwischen Unterwerfung und Rebellion ist typisch für die vom Latifundium beherrschte traditionelle Gesellschaft, und solange jene Herrschaftsform andauert, ist ihre Aktualität unvermindert. Ohne Zweifel befindet sich das Latifundium-Minifundium-System, auch wenn es in Lateinamerika noch fest verwurzelt ist, seit mehr als einem halben Jahrhundert in einer tiefen Krise. Erfolgreiche Agrarrevolutionen haben schon in einigen Ländern zu weitreichenden Reformen geführt; *campesinos,* gewisse Sektoren der Mittelschichten und die Öffentlichkeit betrachten das Elend und die Unterwerfung weiter ländlicher Kreise nicht mehr so tatenlos. Die lateinamerikanische Bauernbewegung blickt zudem auf eine fast einhundertjährige Geschichte von Kämpfen und Organisationen zurück, die über isolierte und spontane Rebellion hinausgeht. Daß die Bauernschaft kollektiv handeln und sich für den Kampf organisieren kann, ist empirisch weitgehend nachgewiesen. Es geht nun darum, herauszufinden, unter welchen Bedingungen, welche sozialen Gruppen, mit welchen Führern in der Vorhut dieses Kampfes stehen; welches die Ziele, die tatsächlichen Chancen und die Arten der Reintegration in die Gesamtgesell schaft sind.

7.2.3.1. Gemeinsame Merkmale

Eine vergleichende Studie der wichtigsten Agrarbewegungen dieses Jahrhunderts — der Revolution unter Zapata (1910-1919)[16]; die Gewerkschaftsorganisation im Cochabamba-Tal (1936-1953)[17]; die *ligas camponesas* im brasilianischen Nordosten (1955 1964)[18]; die Bauerngewerkschaften im Peru der sechziger Jahre[19] — läßt nach Gerrit Huizer[20] einige allgemeine Schlüsse zu:

1. *Campesino*-Bewegungen, die Wirkung und Effizienz gehabt haben, so daß sie Faktoren von entscheidendem Gewicht in der nationalen Politik wurden, sind nicht in den abgelegensten Gebieten entstanden, sondern in reichen, sich rasch verändernden Regionen mit einem weit über dem größten Teil der Landbevölkerung liegenden Lebensstandard.

Der Staat von Morelos, Wiege der Zapata-Bewegung, ungefähr hundert Kilometer von der Hauptstadt entfernt, besaß 1910 eine Zuckerproduktion von wachsender Bedeutung. Am 2. August 1953 wurde das bolivianische Agrarreformgesetz in der Hacienda von Ucureña unterzeichnet, ein symbolischer Akt, der den Ort, wo 1936 die erste bolivianische Bauerngewerkschaft gegründet wurde, hervorheben sollte. Ucureña liegt in der Provinz von Jordán, in einem der drei Täler von Cochabamba, einer der reichsten landwirtschaftlichen Regionen Boliviens. Die erste brasilianische *liga camponesa* (»Sociedade Agricola de Plantadores e Pecuaristas de Pernambuco«, SAPP)

— früher hatten schon *campesino*-Organisationen unter starkem Einfluß der Kommunistischen Partei bestanden, die aufgelöst wurden, als diese 1947 illegal wurde — gründete man 1955 in der Zuckerhacienda »Galiléia«, in der Nähe von Recife. Das Valle de la Convención, im Departement von Cuzco, ist mit der gleichnamigen Stadt durch eine Eisenbahn verbunden, die nahe an das bedeutendste städtische Zentrum des Tales, Quillabamba, heranführt. Es ist eine Zone der subtropischen östlichen Andenhänge, die praktisch erst in den letzten vierzig Jahren kolonisiert wurde, die ein rasches Bevölkerungswachstum und eine schnelle ökonomische Entwicklung aufweist; letztere ist vor allem auf die wachsende Nachfrage nach Koka, Tee und Kaffee zurückzuführen. Die Situation der Pächter des Tales war in sozialer und ökonomischer Hinsicht wesentlich besser als die der *feudatarios* in der Sierra.

2. Bauernbewegungen entstehen in Gebieten, in denen stark wirksame, »modernisierende« Faktoren das traditionelle Gleichgewicht zerstört haben und die etablierten Herrschaftsbeziehungen in Frage stellten.

Die Politik der »Modernisierung« der Landwirtschaft, die die Regierung von Porfirio Díaz durchgeführt hatte, ging der Revolution unmittelbar voraus. Für die *científicos*, die Theoretiker der kapitalistischen Expansion, gab es nur die Möglichkeit, das Land »von oben« her zu verändern, um die Masse der »dekadenten Indios«, die als hauptsächliche Ursache der verbreiteten Rückständigkeit betrachtet wurden, als Arbeitskraft zu integrieren: Eine hochproduktive Landwirtschaft schien nur möglich, wenn das kleine und kommunale Besitztum mit seiner geringen Rentabilität in große, für die moderne Technik zugängige Produktionseinheiten umgewandelt würde. Diese Politik implizierte die Proletarisierung desjenigen Teils der Landbevölkerung, die sich bis dahin in einer gewissen Unabhängigkeit gehalten hatte, da er kleine Parzellen besaß oder das Gemeinschaftsland nutzen konnte. 1910 befanden sich praktisch die einhundert Dörfer des Staates Morelos in Grenzstreitigkeiten mit den Haciendabesitzern. Am 12. September 1909 wählten die Bewohner von Anenecuilco Emiliano Zapata (1877-1919), den Sohn eines kleinen Bauern, welcher sein Land verloren hatte, zum Vorsitzenden eines Komitees, das mit der Wiedergewinnung der Ländereien beauftragt war.

Eine ähnliche »Modernisierungs«-Funktion kam in Bolivien dem Chaco-Krieg (1932–1935) zu. Die Niederlage im Kampf mit Paraguay machte den mittleren und unteren Schichten bewußt, daß sich die Nation ohne entscheidende Reformen wegen ihrer strukturellen Schwächen auflösen werde. Die Reaktion war der Aufstand junger Offiziere unter Führung des Generals David Toro und des Oberstleutnants Germán Busch (1936-1939), die zum ersten Mal die Oligarchie einschüchterten. Unter den Reformmaßnahmen — man schuf ein Ministerium für Arbeit und Soziales — war die Verabschiedung eines Gesetzes im Jahre 1936, das Universitätsabsolventen, Industrie- und Minenarbeiter verpflichtete, Mitglieder einer Gewerkschaft zu werden, von besonderer Bedeutung für die künftigen Ereignisse. Wenn das Gesetz auch korporativistischen Charakter hatte, so erlaube es doch die Bildung von Arbeitergewerkschaften und wurde zum Anlaß für die erste Bauerngewerkschaft in Ucureña.[21]

Mit den Erfahrungen des Krieges hatten die *campesinos* ihren Horizont beachtlich erweitert; auf dem Schlachtfeld verminderte sich die soziale Distanz zwischen *indios,* »Leuten aus dem Volk« und »ehrbaren Bügern«. Für die *campesinos* gab es ein böses Erwachen, als sie trotz der für das Vaterland geleisteten Dienste in den Haciendas wieder als Rechtlose behandelt wurden. Ihre Frustration war schon das erste Stadium der Revolte. Darüber hinaus hatten sie etwas gelernt: Der Zusammenschluß ist der einzige Weg zur Befreiung. Ein *campesino*-Führer, Pedro Delgadillo Castellón, faßt seine Erfahrung als Kriegsgefangener mit folgenden Worten zusammen: »Vereint würden wir respektiert.«[22]

Die Hacienda Ucureña, wo die erste Gewerkschaft entstand, gehörte zu einem Nonnenkloster in Cochabamba; d. h. die Nonnen verpachteten sie für jeweils fünf Jahre an Landeigentümer der Umgegend. 1935, als der Vertrag erneuert werden mußte, versuchte jeder der *colonos,* das Stück Land, das er bebaute, direkt zu pachten, doch ohne Erfolg. Deshalb organisierten sie sich unter dem Einfluß der aus dem Krieg zurückgekehrten, um eine kollektive Pacht durchzusetzen mit dem Ziel, später das Land, das sie seit Generationen bearbeiteten, zu kaufen. Mit dieser Gewerkschaft begann in Bolivien der organisierte Kampf um den Boden.

3. Subjekt dieses Kampfes sind nicht die ausgebeutetsten Gruppen der *peones acasillados* des vorrevolutionären Mexiko, nicht die Minifundiumbesitzer am Rande der Subsistenz, die Saisontagelöhner der Plantagen und auch nicht die *colonos* der isoliertesten und rückständigsten Haciendas der peruanischen Sierra oder des bolivianischen Altiplano. Die soziale Schicht, der eine Organisation gelungen ist, und die den Kampf um den Bodenbesitz ausgetragen hat, ist die der kleinen Landbesitzer, die sich von ihrem Land vertrieben sah, wie im Staat von Morelos, oder es sind die *colonos,* die einen gewissen Status erreicht haben, aber immer noch gezwungen waren, das Recht auf die Parzelle mit ihrer Arbeit zu zahlen, wie in Bolivien, Brasilien und Peru.

4. Der Erfolg des Kampfes hängt großenteils von den politischen und moralischen Qualitäten der Führer ab. In der Regel sind es Bauern aus der Gegend, die über Erfahrungen in der Stadt verfügen.

Emiliano Zapata hat in Mexico-City in einem Strafregiment Wehrdienst geleistet; José Rojas, geboren 1917 in Ucureña, Präsident der Gewerkschaft dieses Ortes und später, nach dem Sieg der Revolution, zweimal Minister für Anlegenheiten der *campesinos,* hat als politischer Emigrant zwischen 1949 und 1952 in Argentinien gelebt; José dos Prazeres, einer der ersten Organisatoren der *ligas componesas,* hatte eine lange politische Vergangenheit; er war bis 1924 Anarchist und bis 1947 Mitglied der Kommunistischen Partei. Die »charismatische« und zentrale Rolle des Führers erklärt sich dadurch, daß er Treue und Abhängigkeit erweckte, die bisher dem traditionellen System des Patrons galten.

Benno Galjart hat versucht, mit Hilfe des Begriffes »Gefolgschaft« nachzuweisen, daß innerhalb der Bauernbewegungen die gleichen Herr-Knecht-Beziehungen auftreten, die das politische Leben und die Machtmechanismen Lateinamerikas charakterisieren.[23] Huizer, der sehr wohl erkennt, daß ein *campesino*-Führer sich wie ein traditioneller Patron verhalten kann, indem er Treue und Disziplin von seinen Leuten verlangt, und Vorteile und Gunst nach Gutdünken verteilt, macht darauf aufmerksam, daß man nicht schon deswegen beide miteinander verwechseln darf.

»Man muß eine klare Unterscheidung treffen zwischen Gruppen, in denen vertikale Kräfte dominieren, die Abhängigkeit der Knechte von ihrem Herrn, und solchen, in denen horizontale Kräfte überwiegen, die Solidarität der Untergebenen, um die Führer der Organisation zu stärken. Während das erste ein traditioneller Typ ist, nicht-rational und autoritär, ist die zweite Form rational, mit der Teilnahme aller und demokratisch.«[24]

Die Beziehungen zwischen dem Caudillo und seiner Truppe kennzeichnen sich durch das Moment des Kampfes um die Macht zur Errichtung neuer sozioökonomischer Verhältnisse oder durch das der Konsolidierung und Verstärkung des Erreichten. Horizontale Solidarität und demokratische Beteiligung überwiegen in der ersten Periode, während Autoritarismus und vertikale Verfestigung in der zweiten vorherrschen.

Das Entstehen von Bauernführern ist symptomatisch für Agrarbewegungen, die ihren Impuls »von innen« erhalten haben. Dagegen haben die »von außen« initiierten und organisierten Bewegungen, wie die venezolanische, die ein Wahlanhängsel der Partei der Demokratischen Aktion war,[25] oder die kubanische, die durch eine Gruppe von revolutionären Intellektuellen in Gang gesetzt wurde, keinen Führer ländlicher Herkunft mit nationalem Prestige hervorgebracht. Ein Ausnahmefall ist ohne Zweifel der des Valle de la Convención in Peru.

Es handelt sich um eine autonome Bauernbewegung, in der ein Agronom aus Cuzco, der Trotzkist Hugo Blanco, der Anführer wurde: also kein Intellektueller oder Politiker aus der Stadt, der sich — ohne dabei seine Stellung als Rechtsanwalt, Abgeordneter oder Professor aufzugeben — in den Dienst der *campesinos* stellt. Hugo Blanco war vielmehr ein Intellektueller, der sich voll in die Gruppe der *campesinos* integrierte, der die Bewegung von innen leitete und die Ziele, die vom Willen der Mehrheit bestimmt waren, akzeptierte.

5. Von einem bestimmten Reifegrad der Bauernbewegungen ab erscheint die Hilfe gewisser städtischer Politiker oder Intellektueller unvermeidbar.

Zapata wurde von Otilio Montaño unterstützt, einem Lehrer seines Dorfes, der den Plan von Ayala verfaßte und der einige Zeit als Sekretär des Rechtsanwaltes Antonio Díaz Soto y Gama tätig war, der seinerseits die Ideologie der Bewegung durch Beiträge anarcho-syndikalistischer Herkunft beeinflußt hatte.

Die Abgeordneten Francisco Julião und Clodomir Moraes, um nur einige von vielen Politikern und Akademikern zu nennen, haben sich in ihrer Unterstützung der *ligas componesas* so weit hervorgetan, daß sie sich in ihre unbestreitbaren Führer verwandelten.

Ein marxistischer Soziologe, Eduardo Arze Loureiro, arbeitete ständig mit der Gewerkschaft von Ucureña zusammen.

Belanglos ist die sehr häufig erörterte Frage, ob die städtischen Intellektuellen sich moralisch mit dem Schicksal der *campesinos* identifizieren und sie altruistisch in ihrem Befreiungskampf unterstützen oder ob sie die Bauernorganisationen als Hebel verwenden, um auf die Ebene der nationalen Politik aufzusteigen: Beides kommt vor, beeinflußt aber das Anfangsstadium des Kampfes nicht wesentlich. Von entscheidender Bedeutung ist dagegen die Frage, ob der Impuls aus den städtischen politischen und intellektuellen Gruppen kommt, oder diese äußere Unterstützung nur zusätzlich und sekundär wirkt, und die Befreiung der Bauern ihr eigenes Werk ist.

Man hat im Zusammenhang mit der bolivianischen Agrarreform diskutiert, ob der erstrangige Faktor die Bauernschaft oder bestimmte Mittelklassen gewesen seien. Für Richard W. Patch war die Beseitigung des Latifundiums eine Konsequenz des Drucks der Bauern: Der revolutionären Regierung blieb nichts anderes übrig, als durch Gesetz das zu legitimieren, was die *compesinos* durchgeführt hatten.[26] Dagegen führt Dwight D. Heath dies auf die Anstrengungen der »Nationalistischen Revolutionären Bewegung« (MNR) zurück, die die Idee einer Agrarreform auf dem Lande verbreitete und ihr zu Popularität verhalf, indem sie hauptsächlich Universitätsstudenten der Mittelschicht die Arbeit der Agitatoren übertrug.[27] Faktisch handelt es sich dabei nicht um eine Alternative. Der Erfolg resultierte aus der Konvergenz beider Faktoren.

Eine Bauernbewegung ohne städtische Hilfe bleibt der brutalen Repression der Großgrundbesitzer schutzlos überlassen; sie dringt nicht ins öffentliche Bewußtsein und wird schwerlich auf die weitere Umgebung übergreifen: Die Wahrscheinlichkeit, daß sie unter diesen Bedingungen, wenn es nottut, auch durch ein Massaker beseitigt wird, ist sehr hoch. Revolutionären städtischen Gruppen allein gelingt es selten, Fuß auf dem Lande zu fassen: Furcht und Mißtrauen der ländlichen Bevölkerung und die soziale Distanz sind zu groß. Lediglich wenn sich Bauernführer herausgebildet haben, die konkrete Forderungen vortragen und Unterstützung in der Stadt suchen, entstehen Bindungen von gegenseitigem Vertrauen. *Campesinos* organisieren *campesinos*, und städtische Gruppen leisten juristische, ideologische und organisatorische Hilfe.

Die mexikanische Revolution resultierte aus der Konvergenz einer eindeutigen Bauernbewegung mit Zapata an der Spitze und der Auflehnung von bestimmten mittleren und industriellen Schichten unter der Führung von Madero. Die Revolution in Bolivien verdankt ihren Erfolg der Interaktion der Bauerngewerkschaften mit der MNR.

In Lateinamerika wurden die Agrarrevolutionen immer in Zusammenarbeit mit den städtischen Schichten durchgeführt, deren Primärinteressen ebenfalls denen der Landoligarchie widersprachen. Die Konvergenz der Bauerninteressen und der Interessen der Mittelschicht garantiert zwar unter bestimmten Umständen den Erfolg der Revolution, aber enthält ebenfalls ihre Grenzen. Wenn die *campesinos* oder zumindest die dynamischsten Teile der Bauernschaft ihr vorrangiges Ziel, den Zugang zum Boden, erreicht haben, stellen sich die nationalen Bauernorganisationen bedingungslos in den Dienst des neuen Regimes.

7.2.3.2. Dynamik der ländlichen Aktionen

Aus der historischen Erfahrung der Bauernbewegungen läßt sich ein allgemeines Schema über die Dynamik von Agrarrevolutionen erstellen:

1. Wenn alle oben erwähnten Bedingungen zutreffen, beginnen die Bauern auf *legale* Weise mit einer Forderung, die innerhalb des juristischen Rahmens der Gesellschaft liegt.

Das Komitee von Anenecuilco, dem Zapata vorstand, richtete einen Fonds ein, um einen Rechtsanwalt beauftragen zu können, die Streitigkeiten mit den Großgrundbesitzern zu führen. Die *liga camponesa* der Zuckerplantage Galiléia, die sogar den Besitzer Oscar Beltrão zum Ehrenvorsitzenden ernannte, hatte kein anderes Ziel, als gemäß gesetzlicher Bestimmungen eine Schule einzurichten. Die *colonos* von Ucureña kämpften für ein Recht, das das bürgerliche Gesetzbuch jedem Bürger zuspricht, nämlich das Land direkt vom Eigentümer zu pachten.

2. Die Starrheit der Großgrundbesitzer, die oft nicht zu den minimalsten Konzessionen bereit sind, vereint die Bauern zu einem einzigen Block. Gelegenheitsarbeiter und Minifundisten am Rande der Subsistenz schließen sich aus Haß gegen den Großgrundbesitzer den Kleinbauern und Colonos an. Die Repression des Patrons veranlaßt die Bauern, städtische Unterstützung zu suchen, was dem Kampf eine nationale Dimension verleiht. In dem Maß, in dem die Gewaltanwendung der Großgrundbesitzer steigt — Ermordung und Gefangennahme der Führer, Massenentlassungen etc. — radikalisiert sich die Protestbewegung. Dabei wird man sich immer bewußter, daß — was die Großgrundbesitzer von Anfang an behaupteten — die ursprünglichen Forderungen die ersten Schritte zur Beseitigung der die *campesinos* unterdrückenden Agrarstruktur darstellen. Angriffe und Verfolgungen der Großgrundbesitzer ertragen zu müssen und auch im rechten Augenblick zurückschlagen zu können, bewirkt einen schnellen Prozeß der »Bewußtseinsbildung«[28], bei dem die städtischen Gruppen eine beschleunigende Rolle spielen: Sie verteilen Flugblätter und Schriften, Studenten wirken als »Agitatoren«, man bildet »kulturelle Zirkel« etc. Gegen die nackte Gewalt des Systems gärt die revolutionäre.

Den Aufruf von Madero, zu den Waffen zu greifen, beantwortete Zapata mit einer Guerilla von 70 Männern, die innerhalb eines Monats auf tausend anwuchs. In Bolivien und Peru schlossen sich die Bauern Gewerkschaftsorganisationen an, organisierten Streiks, weigerten sich, Pacht für ihre Parzelle zu zahlen oder besetzten umstrittenes Land.

3. Der Erfolg der ländlichen Revolte hängt von ihrer Integration in eine nationale politische Bewegung der Mittelschichten ab und davon, ob diese die Macht erreicht. Nach Verteilung des Bodens passen sich die Bauernorganisationen der neuen Ordnung an und vertreten in erster Linie ihre Interessen als neue Landbesitzer; die ursprüngliche Solidarität zwischen den verschiedenen ländlichen Schichten geht dabei verloren: Tagelöhner und Minifundisten bleiben am Rande des Systems.

7.2.4. Revolutionäres Potential der Landbevölkerung

Mit einem solchen Schema, das sich aus der Erfahrung der letzten 70 Jahre ergibt, läßt sich allerdings nicht die Zukunft einfangen. Die beiden Agrarreformen, die im Augenblick stattfinden, die peruanische[29] und die chilenische[30], stimmen nur teilweise mit diesem Schema überein. In Peru führt eine nach ihrer Herkunft und ihren Zielen aus der Mittelschicht stammende Militärregierung eine Agrarreform als Antwort auf einen zehnjährigen Bauernkampf durch. In Chile ist die Organisation der Landbevölkerung als politische Interessengruppe Resultat der Infiltration der von staatlicher Bevormundung unabhängigen Arbeiterbewegung.

Die »Modernisierung« der lateinamerikanischen Landwirtschaft bewirkt innerhalb der augenblicklichen Strukturen eine beachtliche Erhöhung der Frustration der Bauernschaft, zu der die »Modellversuche«, die *»Community development«* und andere modernisierende Projekte der internationalen Organisationen und der nationalen und ausländischen Institutionen der Entwicklungshilfe nicht wenig beitragen. Wiederum begünstigt die höhere Integration der Bauern in das nationale Leben — Kommunikationsmittel haben sich verbessert, die Landflucht steigt, entwicklungsfördernde Institutionen sind auf dem Land tätig — das Auftauchen von Bauernführern. Da all diese Umstände zusammenkommen, ist es nicht schwierig, ein ständiges Anwachsen der Spannungen auf dem Lande vorherzusagen.

Andererseits muß man eine Verschiebung des revolutionären Subjekts feststellen: In der mexikanischen Revolution organisierten die kleinen Landbesitzer, die von ihrem Land vertrieben waren, den Aufstand. In Bolivien, Brasilien und Peru trugen die *colonos* die eigentliche Last des Kampfes. Heute tendieren die kleinen Landbesitzer, die von der Expansion des Latifundiums nicht mehr bedroht sind, d. h., Nutznießer von Entwicklungsprogrammen und einer wachsenden Nachfrage sind, dazu, konservative Positionen einzunehmen. Die *colonos* werden in dem Maß, in dem die offiziellen Agrarreformen vorangehen, langsam die Besitzer der von ihnen bearbeiteten Parzelle. Sobald Konflikte mit den Landbesitzern ausbrechen, interveniert der Staat, um die neuen Gesetze unmittelbar in Kraft treten zu lassen.

Die soziale Gruppe, die in Zukunft eine Rebellion anführen könnte, sind die Tagelöhner. Bis jetzt hat sich ihre Organisation als sehr schwierig erwiesen, da sie sozial sehr atomisiert sind, ihre Beschäftigungen häufig wechseln und sich den »Arbeitsvermittlern«[31] unterwerfen müssen; aber die Modernisierung, die sich auf dem Lande vollzieht, verbessert die Möglichkeiten der Organisation dieser Gruppe. Als revolutionäres Subjekt scheint sich ein Landproletariat herauszubilden. Wenn man zusätzlich in Rechnung stellt, daß sich die städtischen Mittelschichten schnell radikalisieren, so ist es nicht schwierig den »sozialistischen« Charakter der kommenden Agrarrevolutionen vorauszusagen.

Aber diese Augenfälligkeit verhindert sicher die Konsolidierung des Prozesses. Agrarsozialismus nach asiatischem Vorbild scheint für Lateinamerika ausgeschlossen, wo der städtische Sektor eindeutig der Dominierende ist. Die ökonomischen, sozialen und politischen Probleme der Landbevölkerung können nicht auf dem Land selbst gelöst werden. Die Bauernbewegung wird bestenfalls der Unterstützung eines revolutionären Prozesses dienen, der in der Stadt seinen Anfang nimmt. Sobald das politische System in der Stadt ins Wanken gerät, braucht man auf einen Bauernstand nicht zu warten. Umgekehrt überträgt sich die Krise des Agrarsektors, so groß sie auch sein mag, nicht ohne weiteres auf die Stadt. Die Zukunft Lateinamerikas hängt mehr und mehr von der revolutionären Dynamik der städtischen Schichten ab.

7.3. Das städtische Proletariat

Zwei im Kapitel 4 herausgestellte Tendenzen müssen wir uns vor Augen halten: a) Der Prozeß der Verstädterung geht dem der Industrialisierung voraus und hängt nicht von ihm ab. b) Die ländliche Abwanderung, deren Auswirkungen sich in den marginalen städtischen Randsiedlungen zeigen, bringt eine Verländlichung der Stadt im Hinblick auf Lebensformen und Mentalität mit sich. Beide Symptome sind Ausdruck der vereinzelten und schwachen Industrialisierung des Subkontinents mit ihrer geringen Beschäftigungsmöglichkeit im weiterverarbeitenden Sektor (ungefähr 14%, wovon etwas mehr als 7,5% in eigentlichen Fabriken arbeitet). Die zumindest zahlenmäßige Schwäche des Industrieproletariats ist ein Faktor von höchster Bedeutung. Seine Position innerhalb der Unterschichten ist die einer privilegierten Gruppe, was sich nicht nur in dieser Gruppe in Bewußtsein und Verhaltensweise niederschlägt. Bei der Analyse der städtischen Unterschichten empfiehlt es sich, vom Industrieproletariat auszugehen, das, wenn auch zahlenmäßig sehr gering, den übrigen städtischen Unterschichten als Modell dient.

7.3.1. Das Industrieproletariat

Wir haben drei Etappen der Industrialisierung unterschieden: die, die auf bestimmte Produkte — Lebensmittel, Textilien, Baumaterial — des unmittelbaren Konsums beschränkt ist und weder eine große Technologie noch viel Kapital erfordert —; die Etappe, in der der nationale Bedarf nach Fertigprodukten gedeckt wird — »Importsubstitution« —; und zuletzt die, die durch eine gewisse Autonomie und eine hohe Produktivität charakterisiert ist: Man verfügt über eine Schwerindustrie und Kapitalgüterindustrie, die genügend entwickelt sind, um die Nachfrage nach Produktionsgütern zu befriedigen.

Kein Land des Subkontinentes hat diese letzte Etappe erreicht, d. h., keines kann als voll industrialisiert betrachtet werden. Die führenden Länder — Argentinien, Brasilien, Mexiko und Chile — haben die zweite Etappe durchschritten, ohne daß es ihnen gelungen wäre, strukturelle Hindernisse auf dem Wege zur industriellen Unabhängigkeit zu beseitigen. Die rückständigsten Länder — Paraguay, Ekuador, Mittelamerika — befinden sich noch in der ersten Etappe. Die übrigen — Peru, Kolumbien, Venezuela — verfolgen weiterhin den Prozeß der Industrialisierung zur Importsubstitution —, aber sie ahnen bereits die Schwierigkeiten, unter denen die führenden Ländern der Region leiden.

Diese Klassifikation erlaubt zunächst, grob zwei Typen von Ländern zu unterscheiden: diejenigen, die vorwiegend agrarisch orientiert sind, mit wenigen städtischen Zentren, einer sehr geringen Industriearbeiterbevölkerung, die auf kleine Produktionseinheiten verstreut ist — häufig handelt es sich dabei um Handwerksbetriebe —; und die, die ein beachtliches Industrieproletariat aufweisen. Bei den nachfolgenden Überlegungen haben wir die Länder unberücksichtigt gelassen, die über eine geringe industrielle Kapazität verfügen und in denen entsprechend ein embryonales Proletariat mit nur geringer Gewerkschaftstradition und wenig Kampfgeist existiert, das nicht als Träger des gesellschaftlichen Wandels betrachtet werden kann. Die augenblicklichen Konflikte finden dort auf dem Land und in den Mittelschichten statt.

Man sollte jedoch eine Ausnahme erwähnen, nämlich Bolivien, das zu anderen interessanten Beobachtungen Anlaß gibt. In einem vorwiegend agrarischen Land ohne nennenswerte Industrie befinden sich in entlegenen Zonen beachtliche Arbeiteransammlungen, die in den Minen beschäftigt sind. Der Minenarbeiter, in der Regel ohne spezielle Qualifikation, aber Mitglied einer sehr homogenen Gesellschaft, entwickelte in seiner Isolierung das Bewußtsein einer mächtigen und kampfbereiten Klasse. Die Minenarbeiter stellen ein besonderes Proletariat dar, das in der Radikalisierung der lateinamerikanischen Arbeiterbewegung eine erstrangige Rolle gespielt hat. In Chile bestätigt sich eine solche Aussage: Die Kampfbereitschaft und das Bewußtsein der chilenischen Arbeiterklasse hat ihren Ursprung bei den Minenarbeitern.[32] In Peru ist die Gewerkschaftsbewegung ebenfalls unter den »isolierten Massen« der Zuckerplantagen an der Nordküste und in den Minenzentren der Zentralsierra entstanden.[33]

Wenn sie auch unbedingt notwendig ist, so reicht zweifellos eine strukturelle Analyse des Prozesses der Industrialisierung nicht aus, um die dem Proletariat in jedem Land eigenen Charakteristiken abzuleiten. Die besonderen historischen Bedingungen haben trotz des gleichen Industrialisierungsgrades ein sehr unterschiedliches Proletariat hervorgebracht. Nimmt man die Erfahrungen von Mexiko, Brasilien, Argentinien und Chile als Grundlage — in diesen Ländern ballt sich der größte Teil des industriellen Proletariats Lateinamerikas —, so ergeben sich einige allgemeine Züge und gewisse spezifische Eigenarten.

7.3.1.1. Das frühe Proletariat

Vor dem ersten Weltkrieg kann man kaum von einem industriellen Proletariat in Lateinamerika reden. Abgesehen von den Konzentrationen in den Minen von Mexiko und Chile gab es wenige industrielle Einheiten, die mehr als hundert Arbeiter beschäftigten.

Der argentinische Zensus von 1895 erwähnt 23 000 Einrichtungen, die 170 000 Arbeiter beschäftigen, das heißt im Durchschnitt 7 Arbeiter pro Einheit, und es handelt sich um das industrialisierteste Land des Subkontinents.

Diese Arbeiterklasse der kleinen Werkstätten mit handwerklichem Klima war ganz besonders für die Aufnahme anarchistischer Ideen geeignet.

In Mexiko gab es Mitte des 19. Jahrhunderts wiederholte Versuche zur Organisation von Handwerkern mit Arbeitern der Textilindustrie — der Industrie, die die größte Zahl von Arbeitskräften beschäftigte — und zu Ende des Jahrhunderts solche mit Eisenbahnarbeitern. Die Diktatur von Porfirio Díaz unterdrückte eine autonome Entwicklung der Gewerkschaftsbewegung und rief damit 1906-1908 eine Serie von gewaltigen Streiks hervor, die die Krise des Regimes ernsthaft verschärften.[34] Die Revolution beendete diesen Prozeß und kanalisierte die Arbeiterbewegung auf neue Weise.

Unter ähnlichen Bedingungen der Vorherrschaft des kleinen Betriebes entstand ebenfalls in Argentinien zu Ende des Jahrhunderts eine Arbeiterbewegung, vollständig unter ausländischem Einfluß, da der größte Teil des Proletariates sich aus gerade angekommenen Immigranten zusammensetzte, und weil man europäische Modelle nachahmte, die die Realität des Landes ignorierten.

Die Konsumgüterindustrie, die sich gerade konsolidierte, war das Werk von Immigranten — 1914 waren 66% der Industriellen Ausländer —, die aus einem Vorurteil gegenüber Kreolen europäische Arbeitskräfte bevorzugten:

Die Eisenbahnen, die sich in britischem Besitz befanden, beschäftigten in der Tat nur Italiener und Spanier,[35] und dies schien die Regel zu sein für den größten Teil der Unternehmen.

So erklärt sich die angeborene Schwäche der argentinischen Arbeiterbewegung: Sie reproduzierte die Ideologien der Immigranten, ohne sie im geringsten der Realität des Landes anzupassen. Deutsche und Franzosen tendierten zur Sozialdemokratie; Italiener und Spanier zum Anarchosyndikalismus. Das Überwiegen des letzteren hängt jedoch nicht nur von der höheren Zahl der Einwanderer aus dem Mittelmeerraum ab, sondern vor allem von der Radikalisierung, zu der eine isolierte Bewegung ohne Massenbasis neigt. Der Terrorismus als Höhepunkt der revolutionären Tat rief seinerseits eine starke Reaktion der Regierung hervor, von der ebenfalls die gemäßigteren sozialistischen Gruppen betroffen wurden.[36] Während sich Anarchisten und Sozialisten gegenseitig bekämpften und gemeinsam unter der starken polizeilichen Repression litten, brachten die Massen 1916 Hipólito Yrigoyen, den Führer der radikalen Partei, an die Macht, der eine »populistische« Politik kreolischen Ursprungs verfolgte.

7.3.1.2. Ein »neues Proletariat«

Die Krise der dreißiger Jahre brachte mit der Entstehung der »Industrialisierung zur Importsubstitution« das erste zahlenmäßig bedeutende Industrieproletariat zum Vorschein. Dieses »Neue Proletariat«[37], das bereits einen gewissen Massencharakter hatte und das in industriellen Einheiten von durchaus beachtlicher Größe arbeitete, bildete sich nicht aus gerade eingewanderten Europäern, wie es in Argentinien und in geringerem Ausmaß in Brasilien der Fall gewesen war, sondern aus der ländlichen Bevölkerung, die aus dem Inneren des Landes in die Stadt zog. Ohne Klassenbewußtsein und ohne gewerkschaftliche Erfahrungen wollten diese Leute zunächst nichts anderes, als sich in das städtische Leben integrieren. Im Vergleich zum Lebensstandard ihrer Herkunftsorte boten der Lohn und die Möglichkeiten der Stadt einen so enormen Aufstieg, daß man sich damit zufriedengestellt fühlte. Im Grunde betrachtete man die Stelle in der Fabrik als einen provisorischen Zustand, um sich anschließend selbständig machen zu können oder ins Dorf zurückzukehren und sich dort ein Haus oder ein kleines Stück Land zu kaufen.

Die Distanz zum alten Proletariat war groß, und es gab zwischen beiden enorme Mißverständnisse; denn jene waren mit den revolutionären europäischen Ideologien aufgewachsen und bekämpften gewaltsam das soziale System, mit dem sich die gerade Angekommenen voll identifizierten. So wundert man sich nicht, daß sie die bestehenden minderheitlichen und kämpferischen Arbeiterorganisationen ablehnten und den staatlichen Schutz suchten, waren sie doch ein System der Patronage und der persönlichen Beziehungen gewohnt.

Die Proletarisierung weiter ländlicher Schichten, die in Mexiko in den vierziger und fünfziger Jahren mit besonderer Intensität vor sich ging, fiel zusammen mit der »Institutionalisierung« des revolutionären Prozesses.

Mit dem Sturz Porfirio Díaz und den nachfolgenden sozialen Wirren bildete sich eine autonome Arbeiterbewegung: 1912 gründete man in Mexiko City das »Haus des internationalen Arbeiters«, das, obwohl anarchistisch inspiriert, sich mit Venustiano Carranza verbündete, um den Versuch der Restauration unter General Huerta zu bekämpfen. Dieser Pakt brachte es sogar zur Aufstellung von »roten Bataillonen«, die Bestandteile des regulären Heeres wurden, um mit jenen die revolutionäre Agrarbewegung von Zapata zu zerschlagen.[38] Als Carranza seine Macht gefestigt hatte, verfolgte er durch den Erlaß von repressiven Arbeitsgesetzen seine alten Bundesgenossen. Nach einigen Fehlschlägen zeigte es sich, daß sich bei der Schwäche des Industrieproletariats eine Arbeiterbewegung ohne offizielle Unterstützung oder zumindest Toleranz nicht organisieren konnte. 1918 gelang die Gründung einer Gewerkschaftsorganisation, der »Confederación Regional Obrera Mexicana« (CROM), die allerdings ökonomisch und politisch stark von der Regierung abhängig war. Mit der Präsidentschaft von Cárdenas erreichte die Revolution ihren Höhepunkt. Am 21. Februar 1936 konstituierte sich die »Confederación de Trabajadores Mexicanos« (CTM), die offen ein revolutionäres Programm vertrat, doch von der Regierung gesteuert wurde. Die linke Politik Cárdenas stellte durch die Begünstigung einer verbal kämpferischen Arbeiterbewegung die Weichen für deren spätere Unterdrückung in der Praxis. Die Unterschichten indentifizierten sich mit einem bürokratischen Apparat, den sie von der Basis her gar nicht kontrollieren konnten, womit sie sich langfristig dessen Interessen auslieferten.[39] In den folgenden Jahrzehnten entwickelte sich die CTM zu einer voll in das Regime integrierten halbstaatlichen Organisation, deren Politik sich nach der des jeweiligen Präsidenten ausrichtete. Lediglich wenn es um die Kandidatenwahl für die nächste Präsidentschaft ging, vertraten die Gewerkschaftsführer eigene Interessen, was nicht notwendigerweise hieß, daß sie auf eine radikale Alternative abzielten.

Das »Neue Proletariat« unterwarf sich dankbar einem System, das eine fortschrittliche Sozialgesetzgebung schuf und ein mächtiges Gewerkschaftswesen unterstützte. Leute, die vom Lande kommen, die nie die geringste Sicherheit kennengelernt hatten und deren Rechte niemals geachtet wurden, gaben sich damit zufrieden, in einer modernen Fabrik mit gewissen Sozialleistungen arbeiten zu können.[40] Mit der Absorbierung des »Neuen Proletariats« ging man von einer Gewerkschaftsbewegung einer militanten Minderheit zu einer der Massen über, die bürokratisiert und vom Staat abhängig ist.

Aus der Perspektive der Gewerkschaft und des Industrieproletariats unterscheidet sich die mexikanische Erfahrung nicht grundsätzlich von der Brasiliens unter Vargas und der Argentiniens unter Peron. Das Arbeitsministerium erließ eine progressive Arbeits- und Sozialgesetzgebung und schuf eine vom Staat kontrollierte Massengewerkschaft. Sobald Leader und Organisationen des alten Proletariates beseitigt waren, diente diese bürokratische Massengewerkschaft, die gleichzeitig die Neuankommenden ländlicher Herkunft integrierte, zur Legitimation der persönlichen Macht des »charismatischen Führers« und im gegebenen Falle dazu, die Oligarchie einzuschüchtern. Man darf nicht vergessen, daß das Entstehen dieses Proletariats eine Konsequenz der Krise der auf Export ausgerichteten Wirtschaft der dreißiger Jahre war, an der die traditionelle Machtstruktur zerbrach. Es waren die Mittelschichten mit einer weitgehenden Beteiligung der Armee, die dieses Proletariat eigentlich organisierten und unter ihrer Kontrolle hielten, um es als Stoßtruppe gegen die Agraroligarchie einsetzen zu können. Das städtische Proletariat akzeptierte diese Rolle, durch das dieses sich sozial und politisch bis zu einem bestimmten Punkt integrierte, voller Begeisterung, denn die Vorteile, die sich aus dieser Koalition ergaben, waren greifbar: höhere Löhne, Schutz gegen Entlassung, soziale Sicherheit und eine Demagogie, die das Gefühl vermittelte, die Macht ginge von der Straße, von dem »kleinen Mann« aus, solange er dem »Führer« die Treue hielte.

Die Kontrolle des Proletariats durch eine vom Staat gelenkte Massengewerkschaft ist ein lateinamerikanisches Phänomen, das durch Präsenz oder Auswirkungen noch heute relevant ist. Lediglich in Mexiko hat es in seiner ursprünglichen Form überlebt. Das Scheitern dieses Populismus in Brasilien (1930-1964) und Argentinien (1943-1955) ist neben den Widersprüchen, die eine solche Politik »alles für das Volk« mit sich bringt,[41] auf deren Provokation für die traditionelle Oligarchie zurückzuführen; ferner muß man es dem Fortbestand der traditionellen Armee anlasten, als einer Institution, die glaubte, über dem Staat stehend, die Nation zu verkörpern. Der Populismus verfolgte eine fortschrittliche Sozialpolitik, doch ohne die strukturellen Wandlungen, die notwendig gewesen wären, um eine ökonomische Entwicklung anzukurbeln, die ihr als Basis gereicht hatte. Er verschärfte die Widersprüche, ohne sich für die Rechte oder Linke entscheiden zu können. Die Massen auf der Straße drohten; der Staat maskierte das Fehlen eines revolutionären Impetus mit einer immer plumperen Demagogie, doch da die ökonomische Macht der Oligarchie unberührt blieb, erneuerte sie die alte Allianz mit der Armee: Ein Militärputsch beendete das populistische Experiment, während die Massen frustriert und passiv zuschauten. Die Leichtigkeit, mit der die brasilianische Armee 1964 an die Macht kam, gibt noch heute zu denken.

Dagegen ist die verblüffende Stabilität Mexikos ein Ergebnis der Revolution. Der mexikanische Populismus konsolidierte sich nach einem langen Prozeß der Gewalt, in dem die traditionellen Eliten ersetzt wurden: Die alten Oligarchien verschwanden, die Agrarstruktur wurde völlig erneuert und die Armee neutralisiert. So wurzelt die politische Stabilität des mexikanischen Systems darin, daß sich keine vom Regime unabhängige Macht erhalten konnte und ein sehr flexibles Gleichgewicht zwischen einander widersprechenden Kräften, die alle am Fortbestehen der neuen Ordnung interessiert waren, gefunden wurde. Der einzige Populismus, dem es gelingt, sich zu stabilisieren, ist der, der aus einer einschneidenden sozialen Revolution hervorgeht.

Mit dem Zusammenbruch des Populismus war ein zunehmendes Erlahmen der Entwicklung der »Industrie durch Importsubstitution« verbunden. Die Landflucht stieg an — der Populismus hatte die Stadt noch attraktiver gemacht — aber die Industrie erwies sich bei einem praktisch stagnierenden Markt als unfähig, die Masse der Neuankömmlinge zu absorbieren. Das »neue« industrielle Proletariat hatte bereits fast eine Generation lang städtische Erfahrung und unterschied sich sehr deutlich von den ländlichen Zuwanderern. Der Mangel an Arbeitsplätzen zerstörte die Solidarität zwischen dem in der Stadt wohnenden Proletariat und den neuen Immigranten vom Lande. Die städtischen Unterschichten hörten auf, eine undifferenzierte und euphorische Masse zu sein, die alles von der Regierung erwartete. Es öffnete sich so zwischen den eingegliederten Unterschichten und den Marginalen eine Kluft, die sich noch vergrößern wird.

7.3.1.3. Proletariat im Monopolsektor

Andererseits gründete man mit staatlicher Initiative einige Schwerindustrien von beachtlichem technischem Niveau, die durch Methoden moderner Geschäftsführung geleitet wurden. Die ausländischen Gesellschaften errichteten Filialen, die hoch technisiert und auf ähnliche Weise verwaltet wurden. Die Spitze des Industrieproletariates ist die in diesem »Monopolsektor« beschäftigte Arbeitskraft. Eine der seltenen vergleichenden Studien dieses Proletariates mit dem traditionellen Bergbauproletariat, die 1956-1957 durchgeführt wurde, ist besonders interessant, weil sie sich auf Chile, ein Land mit einer der ältesten und kämpferischsten Arbeiterbewegungen, bezieht.

Die chilenische Gewerkschaftsbewegung entstand im Norden unter der »isolierten Masse« der Salpeterarbeiter. Im Hafen von Iquique gründete der Drucker Luis Recabarren, bis heute die berühmteste Persönlichkeit der chilenischen Arbeiterbewegung, im Jahre 1912 eine »Sozialistische Arbeiterpartei«, die die erste Gewerkschaftszentrale des Landes, die »Federación Obrera de Chile« (FOCH), ins Leben rief. Eine politische Partei ging der Gewerkschaftsorganisation voraus und verlieh dieser ein starkes Klassenbewußtsein und einen revolutionären Horizont. 1919 trat die FOCH der Internationale der Gewerkschaften mit Sitz in Moskau bei.

Die Politisierung der chilenischen Arbeiterklasse verhinderte das Aufkommen einer populistischen Bewegung, die wie in Argentinien oder Brasilien militante Gewerkschaften abschafften. Die Industrialisierung durch Importsubstitution, die aus der Krise der dreißiger Jahre hervorging, beschäftigte vorwiegend Minenarbeiter, die ihren Arbeitsplatz verloren hatten. Den populistischen Versuchen des Generals Ibáñez 1927 und 1952 — das erste Mal vielleicht zu früh und das zweite Mal sicherlich zu spät — gelang es nicht, weite Teile der Arbeiterklasse an sich zu reißen. Im Jahre 1953 gründete man die »Central Unica de Trabajadores des Chile« (CUT), die heute noch existiert und die man als Ausdruck einer politisierten und klassenorientierten Gewerkschaftsbewegung betrachten kann. Die frühere Zentrale — die Arbeiterkonföderation von Chile — hatte schon die Volksfront unterstützt, die den Radikalen Pedro Aguirre Cerda im Jahr 1938 an die Macht brachte. Die Volksfrontpolitik ist in der chilenischen Gewerkschaftsbewegung konstant geblieben.

Zusammen mit ihrer politischen Militanz und ihrem Klassenbewußtsein charakterisieren sich die chilenischen Gewerkschaften durch das Fehlen einer von der Basis abgelösten Bürokratie, und zwar deswegen, weil die Gesetzgebung des Landes die Bezahlung der Gewerkschaftsfunktionäre aus den Mitgliedsbeiträgen verbot: Und obwohl diese Gesetze geschaffen wurden, um die Gewerkschaften innerhalb der engen Grenzen zu halten, die eine freiwillige Arbeit erlaubt, garantierten sie andererseits höchste Kampfbereitschaft und innere Demokratie.

In diesem Kontext muß man die Resultate der angeführten Untersuchung interpretieren. Sie wurde in der Eisengießerei von Huachipato und im Kohlenbergwerk von Lota durchgeführt, die beide in der Nähe von Concepción liegen. Mit dem Bau der ersten Firma, einer der größten Eisengießereien Südamerikas, begann man 1947; es ist ein Mischunternehmen mit staatlicher Mehrheitsbeteiligung, hochtechnifiziert nach modernen Grundsätzen der Verwaltung geführt, das die höchsten Löhne des Landes zahlt. Dagegen ist das Kohlenbergwerk von Lota ein privates Unternehmen, das schon mehrere Jahrzehnte in Betrieb ist, geringere Löhne zahlt und hauptsächlich nichtqualifizierte Arbeitskräfte beschäftigt. »In Huachipato ist das Schlüsselwort des Unternehmens die Rationalität, in Lota ist es die Ordnung.«[42] Diesen beiden Industriemodellen, die in allgemeinen Zügen den Konkurrenzsektor in Händen der nationalen Unternehmerschaft und den Monopolsektor, der vom Staat oder dem ausländischen Kapital kontrolliert wird, repräsentieren, entsprechen auch zwei unterschiedliche Typen der Arbeiterschaft.

In der Industrie des Monopolsektors trifft man eine Arbeiterschaft mit einer relativ hohen Ausbildung an: 35% haben vier bis sechs Jahre die Grundschule besucht; 18% sogar die ersten Jahre der Sekundar- oder einer technischen Schule; lediglich 4% haben keine Schule besucht. In Lota sind 20% ohne Schulbildung. 57,5% der Arbeiter von Huachipato gehören zur Kategorie der qualifizierten Arbeiter und kommen meist aus anderen Industriezweigen, lediglich 7% sind ländlicher Herkunft. Der Grad der Zufriedenheit ist hoch. Auf die Frage, ob man »mit dem, was man verdient, ein normales Leben führen kann«, antworteten 31% zustimmend und 51% mehr oder weniger zustimmend, lediglich 14% verneinend. Nur 3% sind mit ihrer Arbeit unzufrieden. In Lota waren 67% der Auffassung, für ein normales Leben nicht genug zu verdienen. Da Huachipato eine gewisse Mobilität erlaubt, ist der zentrale Wunsch, aufzusteigen. In Lota, mit einer sehr rigiden Hierarchie, will man sich vor allem unabhängig machen. Dort beobachtet man einen Antagonismus zwischen dem Streben aufzusteigen und der Orientierung auf gewerkschaftliche und politische Aktivitäten: Je stärker jenes ist, um so geringer ist die Mitarbeit in Klassenorganisationen, In Huachipato gibt es eine positive Korrelation zwischen dem Aufstiegswillen und der Politisierung und gewerkschaftlichen Organisierung, diese Aktivitäten sind jedoch von einem abgestuften und auf Lohnforderungen abzielenden Reformismus gefärbt. Diejenigen, die wünschen und glauben, aufsteigen zu können, tendieren dazu, sich eher der Mittelschicht zuzuordnen und die bestehenden sozialen Strukturen weniger abzulehnen. Worauf es ankommt, ist nicht, das System mit der Wurzel auszurotten, sondern individuell und als soziale Gruppe aufzusteigen. Die Solidarität bei politischen Forderungen fällt mit dem Streben nach persönlichem Fortschritt zusammen.

Die Merkmale der Arbeiterschaft von Huachipato können für die obere Schicht des Proletariats, die in Unternehmen des Monopolsektors arbeitet, verallgemeinert werden. Ihr Grad der Organisation ist hoch, aber auch ihre positive Integration in das System; sie haben Ambitionen und den Horizont der Mittelschicht, in die sich schließlich ein großer Teil ihrer Kinder integrieren wird. Da diese Gruppe verschwindend klein ist — sie übersteigt kaum 1% der wirtschaftlich aktiven Bevölkerung — ist ihre politische Bedeutung sehr gering, aber dennoch stellt sie ein nicht zu unterschätzendes stabilisierendes Element dar, vor allem, wenn der Aufstieg gelingt. Dies bestätigt die europäische und nordamerikanische Erfahrung. Eine revolutionäre Militanz entspricht einem noch fast handwerklichen Proletariat unter den Ausbeutungsbedingungen des Frühkapitalismus.

7.3.1.4. Proletariat im Konkurrenzsektor

Lota ist repräsentativ für die sehr spezifische Gruppe der Minenarbeiter. Außerhalb dieser Branche sind ähnliche Konzentrationen von unqualifizierten Arbeitern selten. Ihre radikale Politisierung ist die Konsequenz eines Zustands der ständigen Frustration innerhalb einer homogenen und solidarischen Gemeinschaft. Der Klassendualismus wird täglich in der enormen Distanz, die die wenigen Direktoren, Techniker und Angestellten von der Masse der Arbeiter trennt, wahrgenommen. Ohne eine Aufstiegsmöglichkeit oder Verbesserung der Arbeitsbedingungen bleibt als Alternative, diesem System auf revolutionärem Wege ein Ende zu machen. Das Bergwerk zu verlassen und vielleicht mit einem kleinen Laden unabhängig zu werden, ist so unwahrscheinlich, daß die revolutionäre Hoffnung vorgezogen wird.

Auch wenn die Tendenz zur Radikalisierung bei der Arbeiterschaft des Konkurenzsektors latent vorhanden ist, nimmt sie selten konkrete Formen an. Im allgemeinen handelt es sich um eine sehr verstreute Arbeiterschaft, die in kleinen Produktionseinheiten arbeitet, häufig sogar in Werkstätten, im Familieneigentum, das nach Art eines vorindustriellen Paternalismus geleitet wird. Der ländliche Ursprung dieses Proletariats verstärkt seinerseits diesen Typ von persönlichen Beziehungen, was eine gewerkschaftliche Organisation sehr schwierig macht, solange es keine aktive Unterstützung des Staates gibt. Über die Verstreutheit und den Typ der Arbeitsbeziehungen hinaus engt der Druck, den die beschäftigungslose »marginale Masse« ausübt, die Kampfbereitschaft dieses Proletariats ein; jene tatsächliche »industrielle Reservearmee« bewirkt, daß die Löhne oft unter das gesetzliche Mindestmaß gesenkt werden[43] und daß sich die allgemeine Unterwürfigkeit aus Angst vor Entlassung vergrößert.

Zusammenfassend läßt sich sagen, daß dieser Teil der Arbeiterschaft im Konkurrenzsektor, der in seiner ersten Epoche einen sehr militanten, aber importierten Syndikalismus hervorgebracht hat, sich seit der Absorbierung der ländlichen Zuwanderer in den dreißiger Jahren völlig veränderte und unfähig wurde, sich ohne Hilfe und Anleitung des Staates durchzusetzen. Die einzig wirksame gewerkschaftliche Organisation des Proletariats, doch mit eindeutig reformistischem Charakter, bleibt in Lateinamerika auf die Beschäftigten im Monopolsektor beschränkt: Um die verstreute und atomisierte Arbeiterschaft des Konkurrenzsektors mit einzubeziehen, ist sie auf die Gunst des Staates und seine Kontrolle angewiesen. Eine Ausnahme bildet Chile.

7.3.2. Die »marginale Masse«

Innerhalb der städtischen Unterschichten ist der nicht in die Produktion oder nicht-parasitären Dienstleistungen eingegliederte Teil der Bevölkerung am zahlreichsten und wächst rapide. Landflucht und Unfähigkeit der Industrie, Arbeitskraft in der Geschwindigkeit zu absorbieren, in der das Angebot wächst, schaffen »marginale Bevölkerung«. Die ländliche Kultur, die sie mitbringt, das soziale Milieu, in dem sie sich entwickelt, die unsicheren und gering bezahlten Beschäftigungen, zu denen sie Zugang hat, machen sie zu einem Subproletariat. Die gewerkschaftlichen Organisationen, auch die am ehesten politisierten, und die traditionellen Parteien der Linken haben Schwierigkeiten, bei ihr Fuß zu fassen, da sie den traditionellen Formen der Agitation sehr verschlossen gegenübersteht. Von daher stellt sich die Frage, welchen Weg die marginale Masse in Zukunft nehmen wird, die infolge ihres schnellen Wachstums zu einem immer explosiveren Konfliktpotential werden wird.

Das erste, was man feststellen muß, ist, daß sie sich bis heute nicht revolutionär betätigt hat, obwohl sie im Elend lebt. Den städtischen Guerillabewegungen ist es nicht gelungen, ihre Unterstützung zu erhalten, nicht einmal in Caracas, wo es zu Beginn der sechziger Jahre den Anschein hatte, als bestünde eine stärkere Beteiligung der Bewohner der Elendsviertel. Wenn man allerdings den direkten Kontakt mit dem ländlichen Milieu in Rechnung stellt, so kann jede Radikalisierung auf dem Lande auch in den *barriadas* Auswirkungen haben.

In einer Untersuchung der psychosozialen Charakteristiken der marginalen Einwohner von Santiago de Chile[44] ist dagegen, wenn man diese Gruppen politisch klassifiziert, von einem »Syndrom der nichtradikalen Linksbewegung« die Rede. Die Sozialarbeit der Kirche und Christlichen Demokratie unter Frei zeitigt ein wesentlich höheres Echo und genießt ein größeres Ansehen in diesem Milieu als die revolutionäre Ideologie der linken Parteien. Aus der Perspektive der besser gestellten Schichten glaubt man, wenn man die schwierigen Bedingungen bedenkt, unter denen diese Menschen leben, ein enormes revolutionäres Potential vor sich zu haben, doch überrascht es, daß man bei näherer Betrachtung Werte und Verhaltensmuster der Mittelschicht antrifft; letzten Endes kämpft man dort für sehr klar eingegrenzte Ziele: ein Haus zu bauen und eine feste Arbeit zu finden.

In dem Bestreben, sich in das städtische Leben zu integrieren, beweist die marginale Bevölkerung in der Art, wie sie ihre Probleme löst, ihre Beschwerden vorbringt und sich als Interessengruppe organisiert, eine gewisse Originalität, sind aber die unmittelbaren Ziele einmal erreicht — Legalisierung des Landbesitzes, öffentliche Einrichtungen wie Kanalisation, Wasser, Elektrizität —, so sinkt die Solidarität sehr schnell, ohne daß es zur Bildung von politischen Organisationen mit größeren Aussichten käme.[45]

Die sehr konkrete Art ihrer Erwartungen und die Notwendigkeit, auf die Unterstützung der Behörden bauen zu müssen, um überhaupt leben zu können, bewirkt eine sehr staatsfreundliche Einstellung. Die marginale Bevölkerung erwartet, daß ein starker Staat ihr bei der Lösung ihrer Probleme hilft, indem er öffentliche Arbeiten durchführen läßt, die über die Schaffung neuer Arbeitsplätze hinaus ihr auch sonst noch in einigem nützen: durch die Verbesserung der öffentlichen Einrichtungen, den Bau von billigen Wohnungen etc. Das erklärt die Unterstützung, die diese marginalen Gruppen den Verfechtern des »starken Staates« gewährt haben, so verschieden diese auch ihrer sozialen Grundlage nach und hinsichtlich des tatsächlichen Ausmaßes ihrer Reformen waren von Perón bis Pérez Jiménez und Rojas Pinilla, von Velasco Alvarado bis Velasco Ibarra. Eine linke Politik, die eine Stärkung der staatlichen Macht fordert, um sich gegen die nationale Oligarchie und die ausländischen Interessen zu wehren, muß die Unterstützung dieser marginalen Bevölkerungsteile suchen, wenn sie diese nicht der Reaktion als Stoßtrupp der Konterrevolution überlassen will. In der einen wie der anderen Funktion ist das politische Verhalten der marginalen Massen von fundamentaler Bedeutung für die Zukunft Lateinamerikas. Die entgegengesetzte Hypothese, daß der Status quo und die Apathie der Marginalen von endloser Dauer sei, ist so unwahrscheinlich, daß es nicht lohnt, sich damit auseinanderzusetzen.

8. Die Mittelschichten

In einem Punkt scheint Übereinstimmung zwischen den Vertretern der verschiedenen ideologischen Strömungen zu herrschen: Die Mittelschichten, notwendigerweise im Plural zu nennen, bilden ein ziemlich heterogenes Konglomerat, das letztlich aus seinem Gegensatz zu den Unter- und Oberschichten der Gesellschaft heraus definiert wird.[1] Die »Mittelstellung« ist das charakteristische Merkmal, das diesen Schichten gemeinsam ist, die im übrigen unterschiedlich, ja sogar antagonistisch sind. Obgleich man sich der Zweideutigkeit des Mittelschichtbegriffs bewußt ist, verfallen sowohl seine Apologeten als auch seine Kritiker dem Irrtum, diesen Schichten ein kohärentes und eindeutiges gesellschaftspolitisches Verhalten zuzuschreiben: Für die einen sind sie Motor des Fortschritts und der »Modernisierung«, für die anderen sind sie die mit den herrschenden Klassen Verbündeten und von diesen abhängigen radikalen Verteidiger des Status quo.

8.1. Die Mittelschichten als Träger der Modernisierung

Die nordamerikanische Soziologie war, besonders in den ersten zehn Jahren nach dem Zweiten Weltkrieg, eine Mittelschichtsoziologie, die dieser Schicht eine besondere Stellung zuwies. Selbst die Konfrontation mit anderen Gesellschaften brachte keine Abkehr von diesem Konzept, das die Mittelschichten als die wahren Träger des Wandels herausstellte. Dieser Lehrmeinung zufolge lag die Zukunft der unterentwickelten Gesellschaften darin, sich eines Tages zu einer Kopie der heutigen nordamerikanischen Gesellschaft zu entwickeln. Die dort entscheidende Rolle der Mittelschichten wurde einfach auf die sogenannten »traditionellen« Gesellschaften übertragen. Die ganze soziologische Weisheit schien sich auf folgende Formel zu reduzieren: Sag mir die Größe deiner Mittelschicht, und ich sage dir, welchen Grad der ökonomischen Entwicklung und politischen Stabilität du erreicht hast. Unter der großzügigen Hegemonie der Vereinigten Staaten hing die Stabilität der Hemisphäre sozusagen von der Herausbildung einer starken Mittelschicht südlich des Rio Grande ab. Es ist keineswegs verwunderlich, daß vor allem diese Frage die Soziologen beschäftigt hat, wenn man bedenkt, daß kostspielige sozialwissenschaftliche Untersuchungstechniken sie geradezu verpflichteten, empirisch die herrschende Meinung zu belegen.

Zu Beginn der fünfziger Jahre wurde auf Anregung der Panamerikanischen Union eine Reihe von Monographien von sehr unterschiedlicher Qualität über die lateinamerikanischen Mittelschichten veröffentlicht, aus denen jedoch hervorgeht, wie beträchtlich in einigen Ländern die Mittelschichten zunehmen.[2] Ralph Beals zieht aus diesen Unterlagen den Schluß, daß, wenn auch die Mehrzahl der Länder eine ganz deutliche Dreiklassengliederung aufweist, wobei jede dieser Klassen sich aus verschiedenen Schichten zusammensetzt, doch in bezug auf kulturelle Verhaltensweisen und Selbstidentifikation das »feudale« Zweiklassensystem fortbesteht: Die Mittelschichten identifizieren sich, nach ihren Werten und Verhaltensnormen zu urteilen, voll und ganz mit den Oberschichten. Nach Beals' Voraussage werden sich die Mittelschichten, in dem Maße wie der Industrialisierungsprozeß voranschreitet und das Proletariat zu festerer Geschlossenheit und Autonomie findet, aus Furcht, von den Volksmassen überrollt zu werden, noch fester an die herrschenden Klassen anschließen, mit denen sie sich im Grunde im gleichen Streben nach der Erhaltung immer fragwürdigerer Privilegien verbündet fühlen.[3]

Gegen Ende der fünfziger Jahre erschien zu einer Zeit, in der die auf Importsubstitution gestützte Industrialisierungspolitik noch mit günstigen Ergebnissen in den führenden Ländern aufwarten konnte und das schwindelerregende Wachstum der Städte zu einer Aufblähung der Mittelschichten führte, eine Literatur, die ausdrücklich deren neuen modernisierenden Charakter betonte. Diese Mittelschicht, angeführt und dynamisch gelenkt von Industriellen und Kaufleuten neuen Zuschnitts, Technikern und Managern, zeichnete sich dadurch aus, daß sie sich nicht im Schlepptau anderer gesellschaftlicher Kräfte — sei es der herrschenden Klassen oder des Proletariats — befand, sondern daß sie in den neuen, von ihr kontrollierten politischen Formationen die unbestrittene Führung inne hatte: so in der Acción Democrática in Venezuela, Liberación Nacional in Costa Rica, APRA in Peru, MNR in Bolivien und der PRI in Mexiko. Es war eine vornehmlich städtische Mittelschicht, die blind an die Industrialisierung als Allheilmittel zur Lösung der brennenden Probleme dieses Erdteils glaubte. Sie war nationalistisch, mit gewissen antiimperialistischen Verbrämungen; sie unterstützte eine fortschrittliche Sozialpolitik, wie auch die Entwicklung starker Gewerkschaften. Sie war nicht gegen die Nationalisierung der großen Unternehmen und befürwortete die staatliche Intervention, die ihr letzten Endes zum Nutzen gereichte. Sie war demokratisch und liberal eingestellt, und gegenüber dem Heer, dem Leibwächter der alten Oligarchie, empfand sie Mißtrauen und Abscheu.[4]

Ihrer Auffassung nach sollte eine beschleunigte Industrialisierung — so dachte man in den fünfziger Jahren — und ein rapider Verstädterungsprozeß, den man als Produkt der Industrialisierung betrachtete, tiefgreifende Auswirkungen auf die Gesellschaften haben, die man als »traditionelle« Gesellschaften oder zumindest als Gesellschaften »im Übergang« definiert hatte. Als Ergebnis dieses Strukturwandels — Industrialisierung und Urbanisierung Lateinamerikas — erwartete man ein rapides Wachstum der Mittelschichten und damit neue Impulse zur ökonomischen Entwicklung. Einstweilen konstatierte man deren beträchtlichen Umfang.

»Gegenwärtig beträgt der Anteil der Mittelschichten wahrscheinlich mindestens 35 Prozent der argentinischen Bevölkerung, 30 Prozent in Chile und Uruguay und 15 Prozent in Brasilien und Mexiko.«[5]

Die Entstehung der Mittelschichten zog politische Veränderungen beträchtlichen Ausmaßes nach sich. Obgleich sie es waren, die den Unabhängigkeitskampf vorangetrieben hatten, war es ihnen ihrer zahlenmäßigen Schwäche wegen im vergangenen Jahrhundert nicht gelungen, die Macht an sich zu reißen. »Nach 1850 begannen die Mittelschichten politischen Nutzen aus den ökonomischen Veränderungen zu ziehen, die durch Ideen und Investitionen, Techniker und Einwanderer bewirkt wurden.«[6] Den primären Impuls zur Modernisierung betrachtete man als exogen. Die Integration Lateinamerikas in das kapitalistische Weltsystem begünstigte die Entwicklung der Mittelschichten, die ihrerseits zu den ökonomischen Trägern der Expansion des Kapitalismus in ihren betreffenden Ländern sowie zu den politischen Trägern der »demokratischen« Regierungssysteme wurden. Das Bündnis mit der bäuerlichen Unterschicht (wie in Mexiko und Bolivien) oder mit der städtischen Unterschicht (wie in Argentinien, Chile und Brasilien) ermöglichte in der ersten Hälfte des 20. Jahrhunderts in diesen Ländern die Verdrängung der traditionellen Agraroligarchien. Der Machtzuwachs der aufstrebenden Mittelschichten förderte wiederum die politische und soziale Integration großer Teile der unteren Bevölkerungsschichten, indem das allgemeine Wahlrecht verkündet, eine fortschrittliche Sozialpolitik betrieben und die Gewerkschaftsbewegung gefördert wurde. Die Bedeutung, die die Mittelschichtideologen dem staatlichen und nichtkirchlichen Erziehungswesen beimaßen, trug entscheidend zur kulturellen Integration dieser Länder bei.

Das historische Schema, wie es J. J. Johnson darstellte, fußte völlig auf den Annahmen der »Soziologie der Modernisierung«, die in jenen Jahren in Mode war. Die Mittelschichten wurden als Träger der Wirtschaftsentwicklung und politischen Stabilität dargestellt, und das historische Material wurde anhand dieser These zusammengetragen. Auf diese Weise wollte man die historische Dynamik der »Modernisierung« beweisen: je effektiver die modernisierenden Faktoren — Industrialisierung, Verstädterung, leistungsorientierte Werte — desto rascher das Wachstum der Mittelschichten, die mit zunehmender Macht und steigendem Bewußtsein die institutionellen Hindernisse beseitigen, die diesen Prozeß hemmen oder verlangsamen. Die Mittelschichten entstanden unter dem Einfluß der von außen her eingebrachten, modernisierenden Faktoren der kapitalistischen Welt und entwickelten sich schließlich zum Hauptmotor der »Modernisierung«. Die in dieser Auffassung implizierte These ging von der grundsätzlichen und wesentlichen Harmonie zwischen endogenen und exogenen Faktoren der Entwicklung aus.

Der zeitlich dicht aufeinanderfolgende Sturz verschiedener Militärregimes — Perón (1955), Odría (1956), Rojas Pinillas (1957), Pérez Jiménez (1958), Batista (1959) — erhärtete den Eindruck, daß die Mittelschichten nun so stark geworden seien, daß eine Wiederauferstehung des Militärcaudillismus, echtes Überbleibsel aus dem neunzehnten Jahrhundert, kaum zu erwarten wäre. Lateinamerika, so meinte man, befinde sich nun auf dem rechten Weg und benötige nichts weiter als die Unterstützung und das Verständnis des Kolosses im Norden, um auf dem rechten Weg zu bleiben.[7] Der politische Aufstieg der Mittelschichten schien den Entwurf eines Schemas der politischen Evolution des Kontinents zuzulassen, der eine Entwicklung von der »repräsentativen Demokratie mit beschränkter Partizipation«, so wie sie typisch für die ersten Ansätze im vorigen Jahrhundert war, bis hin zur Demokratie mit totaler Partizipation« vorsah, die sich am Horizont abzuzeichnen begann.[8] Die ökonomischen und politischen Institutionen sowie die Mentalität und Konsumgewohnheiten des Kontinents sollten sich schrittweise dem westlichen Modell annähern. Argentinien, das sich stets in der Vorhut des Fortschritts sah, scheute sich nicht, sich die Bezeichnung »Massengesellschaft« zuzulegen.[9]

8.2. Die Mittelschichten als Anhängsel der herrschenden Klassen

Die Illusion war nur von kurzer Dauer. Schon zu Beginn der sechziger Jahre zeigte sich, wie brüchig das dem »demokratischen Desarrollismus« zugrundeliegende Entwicklungskonzept war. Die industriell höher entwickelten Länder sahen sich nun mit der Krise unausgenutzter Überkapazitäten — die Möglichkeiten, die die Importsubstitution geboten hatte, waren ausgenutzt, ohne daß die zur Erweiterung des Marktes notwendigen inneren Strukturreformen erfolgt wären — und der erdrückenden äußeren Abhängigkeit konfrontiert: Die Konsumgüterindustrie, die in den letzten dreißig Jahren entstanden war, hing in bezug auf ihre Produktionsgüter völlig von den entwickelten Ländern ab. Da der Exportwert, jedenfalls im Verhältnis zum Bruttosozialprodukt gesehen, ständig sank, was u. a. eine Folge der Verschlechterung der Handelsbedingungen war, kam es zu einer ungeheuren Devisenknappheit und, damit verbunden, zu einer »strukturellen Inflation«, über die sich vor allem die Mittelschichten beklagten, obwohl die Unterschichten weit stärker davon betroffen waren.

Obgleich die ökonomische Entwicklung stagnierte und die Industrie nicht fähig war, neue Arbeitsplätze zu schaffen, wuchsen die Städte weiter, und es kam zu einer Aufblähung der Mittelschichten und der marginalen Bevölkerung. Somit wurde eine Grundtatsache offenbar, die die Apologeten der Mittelschichten übersehen hatten: In Lateinamerika ist diese Schicht weder primär mit dem Produktionssektor verbunden, noch ist sie aus ihm entstanden. Der Verstädterungsprozeß hat seine eigene Dynamik. Er läuft nicht synchron mit der Industrialisierung oder der ökonomischen Entwicklung.

Im Hinblick auf den gegenwärtigen Grad der ökonomischen Entwicklung und die bereits festgestellte übermäßige Verstädterung, muß eine überhöhte Zunahme der Mittelschichten konstatiert werden. 1960 betrug in den Vereinigten Staaten der Anteil der Mittelschichten an der Gesamtbevölkerung 46,9%; in Argentinien waren es 1947 48,8%.[10] Dieses Anschwellen der Mittelschichten, das mit dem schon erwähnten Anschwellen der Städte und des »Tertiärsektors« zusammenfällt und weit davon entfernt ist, Entwicklungsindex zu sein (»je umfangreicher die Mittelschichten, desto höher die sozioökonomische Entwicklung und desto größer die politische Stabilität«), erweist sich als schwerwiegendes Hindernis im Sinne einer unproduktiven Ausweitung der Staatsbürokratie und der Gruppe der Angestellten und birgt einen hohen Grad politischer Instabilität in sich: Während die Erwartungen wachsen, schwinden gleichzeitig die Möglichkeiten, diese zu erfüllen. So ist, wie wir sehen werden, die plausibelste These diejenige, daß in der besonderen Zusammensetzung und der Geschwindigkeit des Wachstums der Mittelschichten die Hauptursachen für die politische Instabilität in Lateinamerika liegen.

Aus dem Verlauf der kubanischen Revolution zeigte sich später, daß das Bündnis zwischen Mittelschicht und Unterschicht, eingegangen mit dem Ziel, den Prozeß des Wandels zu beschleunigen — auch der Castrismus entwickelte sich auf der Grundlage dieses Populismus —, in ein Regime zu münden drohte, in dem derjenige Teil der Mittelschicht, der nicht zur winzigen Gruppe radikalisierter Intellektueller zählte, gemeinsam mit der Oligarchie verschwinden mußte: von innen her durch den Machtzuwachs der unteren Bevölkerungsschichten und von außen angesichts der Auseinandersetzung zwischen den beiden Machtblöcken, die ihre Einflußzone zu erweitern trachteten, bedroht. Die zunehmende Autonomie des Industrieproletariats, das seine Forderungen mit immer größerer Bestimmtheit vorbringt, und das Gefühl der Unsicherheit treiben die Mittelschicht, die den Anblick der Elendsgürtel als unmittelbare Bedrohung empfindet, in die Arme der Reaktion. Dabei spielt außerdem noch die Angst vor einer ungewissen Zukunft eine Rolle, da die Mittelschicht ihre immer stärkere Proletarisierung befürchtet. Der Militärputsch in Brasilien 1964 widerlegte die zu Ende der fünfziger Jahre weitverbreitete Hypothese, daß mit der Expansion der Mittelschichten — die als unbeugsam demokratisch galten — der Militarismus vom Kontinent verbannt worden sei.[11]

Angesichts dieser Erfahrung war es nur natürlich, daß man nun den Mittelschichten politische Autonomie absprach. Dies war eine durchaus verständliche Reaktion im Hinblick auf deren vorherige Idealisierung als Träger der Entwicklung und Demokratisierung. Rodolfo Stavenhagen greift in seinen berühmten ›Sieben falschen Thesen über Lateinamerika‹ den Mythos der Mittelschichten an: wo er sie nicht als einfachen Euphemismus für die Bezeichnung der herrschenden Klassen entlarvt, prangert er sie als deren einfaches Spiegelbild und Anhängsel an.

»Die sogenannten Mittelschichten sind eng mit der bestehenden ökonomischen und politischen Struktur verbunden, und ihnen selbst fehlt jede innere Dynamik, um zur treibenden Kraft einer unabhängigen ökonomischen Entwicklung zu werden.«[12]

Besonders im Hinblick auf die gegenwärtige Situation in Mexiko und Brasilien, läßt sich die These Stavenhagens bestätigen: In der Tat stellen die Mittelschichten die Grundpfeiler des Systems und enthusiastischen Helfer der herrschenden Klassen dar. Trotzdem könnte gerade an einem Mexikaner der Mangel an historischer Perspektive überraschen, da doch das moderne Mexiko das Ergebnis des, wenn auch erzwungenen und nur widerwillig eingegangenen, Bündnisses zwischen Mittelschichten und Bauern ist, das nicht deswegen weniger effektiv war, weil es nicht Ausdruck der sozialen Motivation der Mittelschichten in einer Zeit tiefer Krise war.

Es ist wichtig, auf einige Implikationen des Ausscheidens der Mittelschichten als politisch autonome Kraft hinzuweisen, die nicht immer deutlich werden. Zum einen wird damit wieder ein in zwei Hauptgruppen gegliedertes Modell sozialer Schichtung eingeführt, das sich in *herrschende Klassen*, in denen die Mittelschichten als Anhängsel erscheinen, und *unterdrückte Klassen* teilt und so eine bessere Einbringung in die marxistische Dialektik des Klassenkampfes ermöglicht, die auch auf einem zweigliedrigen Modell beruht, in dem Bourgeoisie gegen Feudalismus und Proletariat gegen Bourgeoisie stehen. So wird eine Radikalisierung der Fragestellung, zumindest auf rhetorischer Ebene, erreicht und die Notwendigkeit der Revolution gerechtfertigt. Indem man andererseits den Begriff »Nationalbourgeoisie« über Bord wirft, geht man auf gebührende Distanz zu den offiziellen kommunistischen Parteien, die diesen problematischen Begriff geprägt haben, um sich taktischen Spielraum für Kompromisse und Bündnisse zu schaffen.[13] Die Assimilierung der Mittelschicht in den herrschenden Klassen birgt implizit die Schlußfolgerung in sich, daß es kein anderes Instrument zur Veränderung als den Aufstand der Unterdrückten gibt. Und da es in den meisten Ländern keinen legalen Weg zum Handeln der unteren Bevölkerungsschichten gibt, oder da sie zumeist unterdrückt werden, sobald sie eine gewisse Wirksamkeit auszuüben beginnen, bleibt nichts weiter übrig, als entweder zu resignieren und in der erzwungenen Muße Wissenschaft zu betreiben — also die Realität zu analysieren, ohne sie verändern zu können — oder den bewaffneten Aufstand vorzubereiten.

In dem Maße, wie sich die Mittelschicht immer fester in das System integrierte, stürzten sich ihre moralisch sensibelste oder auch am stärksten neurotisierten, Söhne in die Guerilla. Das Scheitern der Guerilla[14] widerlegte in der Praxis das ihr zugrundegelegte zweigliedrige Modell von den herrschenden Klassen auf der einen Seite, die man als völlig homogene und harmonische Gruppe sah, entschlossen, jeglichen Ansatz zur Veränderung zu unterdrücken, und der breiten Masse der unterdrückten unteren Bevölkerungsschichten auf der anderen Seite, die sich in zunehmendem Maße ihrer Lage bewußt werden und auf nichts weiter warten als auf die Gelegenheit, sich dem nationalen Befreiungsheer anzuschließen, um, von den elendsten und entlegensten Gebieten her vordringend, schrittweise mit der revolutionären Masse der bäuerlichen Bevölkerung die Städte einzukreisen, die dort auf eine »fünfte Kolonne« von Marginalen und Arbeitern sowie auf bestimmte Gruppen von Intellektuellen zählen kann, die von entscheidender Bedeutung für den Sieg sind.[15]

8.3. Ambivalenz und Polyvalenz der Mittelschichten

Der diesen beiden Typen der Analyse innewohnende Irrtum liegt in ihrem jeweiligen Beharren auf einer Eindimensionalität. Für die erste Autorengruppe sind die Mittelschichten *im wesentlichen* innovationsorientiert und »demokratisch«, und es genügt ihnen, lediglich deren Wachstum nachzuweisen, um daraus ökonomisches Wachstum und politische Stabilität prognostizieren zu können. Um den innovatorischen Dynamismus der Mittelschichten zu belegen, tragen sie reichliches Material zusammen, um damit nachzuweisen, welch unzweifelhaft progressive Rolle diese unter bestimmten historischen Bedingungen gespielt haben. Dem Druck der Mittelschichten sind zu verdanken:

1. die Erweiterung des Wahlrechts, z. B. durch das Sáenz Peña-Gesetz in Argentinien (1911); oder durch die Einführung des allgemeinen Wahlrechts nach dem Sieg des MNR in Bolivien;

2. die gewerkschaftliche Organisation — und die damit verbundene soziale und politische Integration — breiter Sektoren des städtischen Proletariats unter Vargas und Perón;

3. die Schaffung einer staatlichen Industrialisierungspolitik — hier sei das Beispiel der Gründung der CORFO in Chile unter der von der Radikalen Partei angeführten Volksfrontregierung genannt;

4. die Universitätsreform und der Ausbau des Primarschulwesens.

Es scheint unbestreitbar, daß die mittleren Bevölkerungsschichten in der ersten Hälfte des 20. Jahrhunderts eine positive, innovationsorientierte und auf Dynamisierung einer kapitalistischen Wirtschaft ausgerichtete Rolle gespielt haben. Argentinien, Brasilien, Mexiko und Chile sind klare und überzeugende Beispiele dafür. Daß eine unabhängige kapitalistische Entwicklung sich als unmöglich erwiesen hat, steht auf einem ganz anderen Blatt. Das heißt nicht, daß nun der Mittelschicht ein für allemal politische Effektivität abzusprechen sei, sondern daran zeigt sich nur die Schwere der gegenwärtigen Krise sowie die Notwendigkeit einer Kursänderung.

Im Grunde beharrt auch der Neomarxismus auf einer »Wesentlichkeit«, wenn er in seiner Diagnose den reaktionären Charakter der Mittelschichten als deren wesensbestimmendes Merkmal feststellt und sie politisch, sozial und ökonomisch als reines Anhängsel der herrschenden Klassen betrachtet, mit denen sie sich durch dasselbe Wertsystem und denselben Erwartungshorizont identifizieren. Auch hier fehlt es nicht an empirischem Beweismaterial zur Unterstützung dieser These. Man kennt die konservativen Einstellungen einiger Mittelschichtgruppen, die Militärregimes unterstützen, die eine Politik der harten Hand betreiben und fähig sind, um jeden Preis die »Ordnung« aufrechtzuerhalten. Beispiele gibt es zur Genüge, sogar aus jüngster Vergangenheit. In Lateinamerika hält sich noch diese Art einer inzwischen heruntergekommenen Mittelschicht, aus der Persönlichkeiten wie der ekuatorianische Diktator García Moreno hervorgegangen sind (1821-1875), den Benjamín Carrión so meisterlich in seinem Milieu beschrieben hat.[16]

Aus dem Gesagten ist also zu schließen, daß die Mittelschichten ihrem Wesen nach *ambivalent* sind. Aufgrund ihrer Mittelstellung tendieren sie sowohl dahin, die unteren Bevölkerungsschichten in deren Kampf gegen die Oligarchie anzuführen, als auch dahin, sich mit der Oligarchie zu verbünden, um Privilegien und Lebensweisen zu verteidigen, die sie bei einer Machtübernahme des Volkes gefährdet sehen. Im Prinzip sind die Mittelschichten bereit, sowohl der Rechten als auch der Linken zu dienen, und in der Tat ist es so, daß sie beide mit Führern und Ideologien versorgen. Allerdings wird aus dieser häufig angeführten Ambivalenz im Grunde eine wirkliche *Polyvalenz*, wenn man bedenkt, worüber im übrigen auch umfassender Konsens herrscht, wie heterogen die sogenannten mittleren Schichten zusammengesetzt sind, denen höchst unterschiedliche und sogar antagonistische Gruppen und soziale Schichten angehören.

Schon 1960 stellte Bert Hoselitz fest, daß der entscheidende Faktor nicht die relative Größe der Mittelschicht ist, auf die sich Johnson und seine Anhänger in ihrer Argumentation stützen, sondern daß es auf die Art ihrer Zusammensetzung und die Rolle ankommt, die sie effektiv spielt.[17] Der schwerste Fehler, welcher der Argumentation der fünfziger Jahre unterläuft, ist in der Gleichsetzung der lateinamerikanischen Mittelschichten mit den europäischen oder nordamerikanischen Schichten gleicher Bezeichnung des vorigen Jahrhunderts zu suchen, indem beiden dieselben sozioökonomischen und politischen Funktionen zugeschrieben werden. Die lateinamerikanischen Mittelschichten sind jedoch nicht, oder jedenfalls in nur sehr geringem Umfang, durch eine industrielle Entwicklung entstanden, und ihnen gehört nur ein Bruchteil der unabhängigen Unternehmer an. Der hohe Konzentrationsgrad in der Industrie sowie die äußere Abhängigkeit hat die Konsolidierung eines kapitalistischen Mittelschichtunternehmertums, so wie es vom europäischen Modell des 19. Jahrhunderts bekannt ist, verhindert. In Lateinamerika gab und gibt es keine Mittelschicht industriellen oder merkantilen Ursprungs, die fähig gewesen wäre, einen kapitalistischen und demokratisch-parlamentarischen Entwicklungsprozeß voranzutreiben. Als es noch möglich gewesen wäre, befand sie sich gerade erst in ihrer Entstehungsphase, und heute ist es zu spät dazu: Der freie Wettbewerbskapitalismus, gestützt auf das Kleinunternehmertum, existiert praktisch nirgendwo auf der Welt. Den Lateinamerikanern hat man also ein Entwicklungsmodell angeboten — einen von der Mittelschicht getragenen Kapitalismus — das, abgesehen davon, daß es der Vergangenheit angehört, kaum unter den heutigen Bedingungen reproduziert werden kann. Das erklärt sowohl die Krise des demokratisch-parlamentarischen Systems, in Lateinamerika eine reine Kopie ausländischer Modelle ohne entsprechende soziale Basis,[18] als auch die Stagnation des »abhängigen Kapitalismus«.

Ihrem Ursprung nach sind die lateinamerikanischen Mittelschichten in zwei große Gruppen zu unterteilen: die »alten« oder »übriggebliebenen« und die »neuen« oder »aufstrebenden« Mittelschichten.[19]

Die erste Gruppe, deren Ursprünge auf die Kolonialzeit zurückgeht, wenn sie auch erst im 19. Jahrhundert Gestalt gewann, setzt sich überwiegend aus mittleren Grundbesitzern, die in der Stadt von ihrer Grundrente leben, sowie aus Kaufleuten, Akademikern — Ärzten und Rechtsanwälten — und höheren Beamten des öffentlichen Dienstes wie Richtern, Professoren etc. zusammen. Ihr Definitionsmerkmal ist die wirtschaftliche *Autonomie,* sie sind Eigentümer städtischen oder ländlichen Grundbesitzes, eine Tatsache, die auch auf die Akademiker und Beamten zutrifft. Eigentum an Grund und Boden ist für sie ein wesentliches Statussymbol. Was ihre Erwartungen, ihr Wertsystem und ihre Lebensformen betrifft, so unterscheiden sie sich darin kaum von den Oberschichten, mit denen sie sich vollauf identifizieren.

Die »aufstrebenden« Mittelschichten hingegen sind neueren Ursprungs: Sie entstanden in unserem Jahrhundert als Produkt des Modernisierungsprozesses der Wirtschaft und setzen sich aus Technikern, Managern, Bürokraten und Angestellten zusammen, die in Industrie, Handel und den dynamischsten Dienstleistungsbereichen — wie Versicherungsgesellschaften, Banken, Handelsvertretungen — tätig sind und überwiegend zur ständig wachsenden Staatsbürokratie zählen. Bert Hoselitz hat sie als bürokratisierte Mittelschicht bezeichnet, die mehr an der Umverteilung als der Produktion von Gütern interessiert ist. Ihr charakteristisches Merkmal ist ihr nichtselbständiges Beschäftigungsverhältnis. Sie rekrutieren sich größtenteils aus den unteren Bevölkerungsschichten, mit denen sie Kontakt halten und ähnliche Lebensformen gemeinsam haben, sie fühlen sich volksverbundener und sind stolz darauf, und sie haben keinen Zugang zu den Oberschichten und identifizieren sich auch nicht mit ihnen.

Diese Unterscheidung erlaubt es uns nun, den schon erwähnten doppelten Charakter der Mittelschichten herauszustellen, der sie in konservative und modernisierungsorientierte Gruppen teilt. Die alten oder »übriggebliebenen« Mittelschichten erfahren Mobilität im negativen Sinne — ihre Grundrente erweist sich als immer unzureichender, und häufig rekrutieren sie sich aus verarmten Mitgliedern der traditionellen Oberschicht. Daraus leitet sich ihr Pessimismus über den Menschen und sein Schicksal sowie ihre Opposition gegen den Wandel her: Jede Veränderung trägt doch nur dazu bei, ihre Lage zu verschlechtern. Sie unterstützen die konservativsten Regimes und neigen zu einer faschistoiden Ideologie. Doch ist es andererseits nicht ungewöhnlich, daß bisweilen ein Angehöriger dieser Mittelschichten oder der traditionellen Oberschichten mit seiner Klasse bricht und radikale linke Auffassungen vertritt. Der linke oder rechte Radikalismus hat seinen Nährboden in diesen Klassen. Sie sind der sozialen Realität am stärksten entfremdet und neigen dazu, zu kräftigen Mitteln zu greifen.

Dagegen haben die aufstrebenden Mittelschichten Wandel im positiven Sinne erfahren. Ihr Aufstieg liegt erst kurze Zeit zurück, und sie erwarten weitere Aufstiegsmöglichkeiten. Politisch gehörten sie zum Reservoir der Reformparteien, die, im Bündnis mit den unteren Bevölkerungsschichten, die Befürworter eines raschen Industrialisierungsprozesses wurden. Diese Bevölkerungsschichten sind die Träger des »Populismus« gewesen, der die lateinamerikanische politische Szene, an der Macht oder in der Opposition, von den dreißiger Jahren an — in Argentinien sogar schon zwei Jahrzehnte eher, unter Hipólito Yrigoyen — bis zum Beginn der sechziger Jahre prägte.[20]

Nach der Unterscheidung zwischen diesen beiden Typen von Mittelschichten, die nicht ausschließt, daß es in der Realität zu Überschneidungen und Mischungen kommt, ist es notwendig, den *nichtkapitalistischen* Charakter beider Gruppen zu unterstreichen. Die »alten«, fest in die traditionellen herrschenden Klassen eingegliederten Mittelschichten haben stets ein gewichtiges Hindernis der kapitalistischen Entwicklung dargestellt. Die »aufstrebenden« Mittelschichten, angesichts ihres abhängigen Charakters objektiv nicht kapitalistisch, haben die Herausbildung eines Staatskapitalismus vorangetrieben, der zu spät kam, um eigene Kraft zu entwickeln, aber ausreichend stark war, um diesen Gruppen gegenüber Autonomie zu gewinnen, so daß sie schließlich von der politischen Szene verdrängt wurden. Der »abhängige Kapitalismus« — abhängig im doppelten Sinne, nämlich vom Staat und vom ausländischen Kapital —, dessen Verfechter der Populismus war, hat sich als wichtigster Faktor zur Beseitigung der Mittelschichten als politischer Kraft erwiesen, da — im Gegensatz zu früher — die von außen gelenkten Interessen des Industriesektors nicht mehr mit denen des Staates, der nun als Träger einer nationalen Entwicklungspolitik auftrat, übereinstimmten und sich die Klassenwidersprüche verschärften. Nachdem nun die Mittelschichten von der Macht im Staat verdrängt worden waren, fiel die ökonomische und politische Kontrolle von neuem in die Hände der herrschenden Gruppen der nationalen Oligarchie und des ausländischen Kapitals.

Seit den sechziger Jahren ist dies ein klar zu beobachtender Prozeß. Die durch den Populismus eingeleitete kapitalistische Entwicklung stieß auf strukturelle Hindernisse innerer und äußerer Natur, deren Überwindung ohne tiefgreifende Reformen, unter der Voraussetzung revolutionärer Veränderungen, mit nicht abzusehenden letzten Konsequenzen, unmöglich ist. Angesichts der ökonomischen Stagnation, die sich um so deutlicher zeigt, je weiter entwickelt das Land ist, und des beträchtlich zunehmenden Drucks breiter Bevölkerungsschichten verbünden sich die in Werten und Lebensformen immer homogeneren neuen und alten Mittelschichten mit den herrschenden Klassen, um den Status quo zu verteidigen. Zu diesem Bündnis trug besonders die Absorbierung der aufstrebenden Mittelschichten in Wertsystem und Lebensformen der traditionellen Mittelschichten bei.

Die ehemaligen Verfechter des staatlichen und nichtkonfessionellen Erziehungswesens schicken nun ihre Kinder auf Konfessionsschulen und katholische Universitäten elitären Charakters. Die Befürworter staatlicher Intervention entdecken die »Tugenden« des Liberalismus wieder. Nationalisten, die sich in der Vergangenheit antiimperialistisch gaben, verkünden nun den Segen des ausländischen Kapitals. Die Mittelschichten, die sich einst durch ihren Antimilitarismus auszeichneten, akzeptieren nun die Staatsstreiche der Militärs in Argentinien und Brasilien. Man versteht die Ablehnung ihnen gegenüber, die charakteristisch für die lateinamerikanische Soziologie der sechziger Jahre ist.

8.4. Die Mittelschichten als treibende Kraft des Sozialismus

Die Geschichte endet hiermit aber noch nicht. Das argentinische Militärregime — nach Onganias Sturz ohne feste Zielrichtung und Zukunft — hat auch die gläubigsten Gruppen desillusioniert. Die galoppierende Inflation, die jeden Gehalts- oder Lohnabhängigen unmittelbar betrifft, zeigt spürbare Auswirkungen auch auf die stark bürokratisierten Mittelschichten. Nachdem die freie Marktwirtschaft in ihrer ganzen Reinheit wiederhergestellt wurde, ist es letztlich der Monopolsektor, der, unter ausländischer Kontrolle stehend, unter der Duldung und Beteiligung der nationalen Oligarchien, sich als wahrer Nutznießer erwiesen hat, während die Mittelschichten jegliche Möglichkeiten verloren haben, Einfluß auf die Wirtschaft auszuüben. Nachdem der Druck auf die Einkommensumverteilung, der früher von den Mittelschichten ausgegangen war, verschwunden ist, entfällt ein überproportional großer Anteil des Volkseinkommens auf eine äußerst dünne soziale Schicht, wobei sich der Abstand zwischen den Klassen ständig vergrößert.

Die Unterstützung dieser — politisch autoritären und ökonomisch ultraliberalen — Regimes hängt letzten Endes davon ab, inwieweit sie fähig sein werden, eine Wirtschaftswachstumsrate zu halten, an der die Mittelschichten und die besser organisierten Teile des Proletariats in irgendeiner Weise partizipieren können. Die Analyse der strukturellen Tendenzen läßt kaum den Schluß zu, daß innerhalb des gegenwärtigen sozioökonomischen Rahmens die Erwartungen der Mittelschichten, geschweige denn die der unteren Bevölkerungsschichten befriedigt werden können.

Jedoch sollte diese Hypothese nicht als allgemeine angenommen werden, zumindest gilt sie nicht für Länder wie Brasilien und Mexiko. Das Fehlen einer autonomen Gewerkschaftsbewegung, die volle Integration der Mittelschichten in das politische System und die industriellen Wachstumsraten lassen für diese Länder in den nächsten zehn Jahren eine Prognose für eine gewisse Stabilität zu. Eine solche Stabilität wäre auch für Venezuela vorstellbar: Nach der Abwendung der ernsten Revolutionsgefahr, die von 1961-1964 bestand — gescheiterte Revolutionen sind starke Stabilisierungsfaktoren —, konnte sich ein alternierendes Zweiparteiensystem konsolidieren, dies in einer ökonomisch privilegierten Situation, angesichts des Devisenzuflusses aus der Erdölproduktion zum einen, und im Hinblick darauf, daß der Industrialisierungsprozeß noch nicht steckengeblieben ist, zum andern.

Es ist sehr wahrscheinlich, daß weite Teile der Mittelschichten weiterhin Regimes unterstützen werden, die den Status quo erhalten, und zwar solange, wie ein gewisses Wirtschaftswachstum eingehalten wird. Der Erosionsprozeß der Machtsysteme und herrschenden Ideologien schreitet nur langsam voran, und nachdem die Krise der sechziger Jahre überwunden wurde, zeigt sich in den drei genannten Ländern, trotz beträchtlicher Unterschiede, eine gewisse Stabilität. Entscheidend ist jedoch, daß es, angesichts der Zusammensetzung der Mittelschichten, keinen objektiven Grund zur Annahme gibt, daß sie ewig Anhänger eines sozioökonomischen Systems bleiben werden, das sie auf lange Sicht von der politischen Macht ausschließen wird, ohne ihnen den erwarteten Wohlstand zu bringen. Es scheint keineswegs eine absurde Vermutung zu sein, daß die Mittelschichten, oder jedenfalls deren dynamischste Elemente, die Vorteile wiederentdecken werden, die der Staatsinterventionismus sowohl für die nationale Entwicklung als auch für ihre eigenen Interessen bietet. Die Voraussetzung dazu ist, daß sie, statt die Macht der unteren Bevölkerungsschichten zu fürchten, sich zu deren Sprechern machen und sich aufs neue mit ihnen verbünden und damit eine Wiedergeburt des Populismus einleiten, der sich allerdings von seinem Vorläufer dadurch unterscheiden würde, daß sein Ziel nicht mehr ein nationaler und unabhängiger Kapitalismus wäre.

In einem Punkt scheint es einen immer breiteren Konsens zu geben: Es gibt keine Möglichkeit für eine kapitalistische Entwicklung, und alle Bestrebungen in dieser Richtung dienen letztlich einer weiteren Stärkung der nationalen Oligarchien und des ausländischen Kapitals. Die einzige Alternative, die sich heute in struktureller und ideologischer Hinsicht bietet, ist der Sozialismus, das heißt, eine forcierte ökonomische Entwicklung auf der Grundlage einer staatlich kontrollierten Planwirtschaft.

Hier kommt der beispielgebende Wert und die entscheidende Bedeutung des gegenwärtigen chilenischen Wegs zum Tragen. Der Wahlsieg der »Unidad Popular« wurde durch die Unterstützung bestimmter Teile der Mittelschicht möglich, zu denen die politisch am stärksten radikalisierten Gruppen zählen: Studenten, Lehrer, Bankangestellte etc. Daß gerade Chile das Land war, das eine Bresche in dieser Richtung geschlagen hat, kann mit der Stabilität seines demokratisch-parlamentarischen Systems erklärt werden, durch die die Gefahr einer militärischen Intervention erheblich reduziert wird. Das ist auch darauf zurückzuführen, daß es in Chile wirkliche politische Parteien mit einer Basis in der Bevölkerung gibt, die nicht, wie es sonst typisch für Lateinamerika ist, nur illustren Zirkeln vorbehalten sind. Die Organisation eines Proletariats mit ausgeprägtem Klassenbewußtsein in Parteien und von der Staatsgewalt unabhängigen Gewerkschaften hat es breiten Bevölkerungsschichten ermöglicht, ihr Handeln zu kanalisieren. Chile besitzt außerdem eine politisch aktive »Intelligenzia«, die eine revolutionäre Ideologie vertritt und mit der Arbeiterbewegung solidarisch ist bzw. an deren Spitze steht.[21]

Es besteht kein Widerspruch zwischen der objektiven Situation der Mittelschicht, deren überwiegender Teil abhängig ist, und einer Entwicklung zum Sozialismus. Vielmehr bedeutet die staatliche Kontrolle der Wirtschaft die Stärkung des bürokratischen Apparats und die Vorrangstellung der Gruppen mit spezifischen Kenntnissen. Gewiß sind die Bedingungen in Chile außergewöhnlich. Eine Entwicklung zum Sozialismus, im Rahmen des parlamentarischen Systems, scheint für die meisten lateinamerikanischen Republiken unvorstellbar. Es ist schwierig, sich in Argentinien, wo das Militär auf lange Sicht nicht bereit sein wird, seine Rolle als Schiedsrichter über die Lage der Nation aufzugeben, eine ähnliche Entwicklung vorzustellen. Wenn dies im höchstentwickelten lateinamerikanischen Land, das auch über eine parlamentarische Tradition verfügt, so ist, dann erscheint es um so unwahrscheinlicher, daß das chilenische Modell in der Mehrzahl der übrigen lateinamerikanischen Länder, in denen sich noch keine authentischen Volksvertretungsmechanismen konsolidiert haben, erfolgreich sein könnte.

Die enorme Vielfalt Lateinamerikas manifestiert sich auch in den unterschiedlichen Wegen, die eingeschlagen werden müssen, um zum Sozialismus zu gelangen. Die Versuchung liegt nahe, das jüngste Beispiel als bevorzugt einzuschlagenden Weg zu verallgemeinern. So verfuhr man auch mit der Kubanischen Revolution, aus der man eine völlig illusorische Guerrillastrategie ableitete, die nicht einmal auf den wirklichen historischen Ereignissen basierte. Heute wäre es ebenso unangebracht, das chilenische Beispiel zu verallgemeinern und als Modell für die siebziger Jahre hinzustellen — zumal es noch sehr ungewiß ist, ob es Erfolg haben wird.

Das einzige, was man voraussagen kann, ist eine zunehmende Mobilisierung bestimmter Teile der Mittelschicht, der Intellektuellen, Techniker, öffentlichen Angestellten etc., die die Unterstützung des Volkes suchen und ein Programm anbieten werden, das sich als sozialistisch bezeichnet und staatliche Kontrolle der Wirtschaft vorsieht. Diese generelle Tendenz wird sich in Übereinstimmung mit den Besonderheiten eines jeden Landes und je nach dem historischen Zeitpunkt, zu dem der Bruch mit dem kapitalistischen System erfolgt, in sehr unterschiedlicher politischer Gestalt darstellen. Wo dies eintritt, wird die Beteiligung der Mittelschichten als Avantgarde sicher und von entscheidender Bedeutung sein. Jedoch darf man angesichts der gegenwärtigen Schwäche dieser Gruppen und der fehlenden Organisation der unteren Bevölkerungsschichten die Vermutung nicht abtun, daß die gegenwärtigen Strukturen bestehen bleiben und ein langwieriger Prozeß der Auflösung, Pauperisierung und neukolonialer Abhängigkeit einsetzen wird. In jedem Fall ist der Sozialismus, dessen Entwicklung sich in Lateinamerika abzeichnet, von der Art, daß ihn bestimmte Gruppen der Mittelschichten unterstützen können. Bislang bestehen keine Widersprüche zwischen ihren spezifischen Interessen und denen der Masse der unteren Bevölkerungsschichten. Ihre Nichtidentität wird erst mit dem voranschreitenden Prozeß des »Aufbaus des Sozialismus« erkennbar.

Zwei Problembereiche haben vorwiegend die Aufmerksamkeit der lateinamerikanischen Soziologen in den sechziger Jahren auf sich gezogen: die Universitätsfrage und das Problem des Wiedererscheinens des Militärs auf der politischen Szene, das sich heute sogar einen progressiven Anstrich gibt. Die Behandlung dieser Fragen anhand von konkreten Erfahrungen wirft ein Licht sowohl auf die Krise als auch die ideologische Entwicklung der Mittelschichten.

8.5. Die Universität

Der Ort, wo sich die strukturelle und ideologische Krise der Mittelschichten am klarsten widerspiegelt, ist die Universität, ihr zweifelsohne charakteristisches Sammelbecken. In ihr sind die Mittelschichten überrepräsentiert, obwohl der Zugang zur Universität, besonders zu den staatlichen Universitäten, oft von Aufsteigern aus den Unterschichten wahrgenommen wird. Das Prestige der Universität ist enorm bei den Mittelschichten und oberen Unterschichten. Bildung gilt als die einzige Möglichkeit zum sozialen Aufstieg, und in sie setzt man unbeirrbares Vertrauen. Eine andere Frage ist, ob sie tatsächlich zu einer signifikanten sozialen Mobilität beiträgt.[22]

Wenn man diesem Prestige, dessen Wurzeln in den für die traditionelle Gesellschaft maßgebenden Werten einer humanistischen Bildung und einer über alles geschätzten Redekunst zu suchen sind, die schon bekannten Faktoren wie rapides Wachstum der Städte, Zunahme der Mittelschichten und die Schwierigkeit, Beschäftigung zu finden, hinzufügt, so ist die gewaltige Explosion der Studentenzahlen leicht zu erklären.

»So bewerben sich z. B. mehr als 26 000 Abiturienten um die Zulassung zum Studium an den verschiedenen peruanischen Universitäten, während 1955 die Gesamtzahl der Studierenden nur 20 000 betragen hatte. 1967 betrug in Brasilien die Gesamtzahl der Erstbewerbungen um einen Studienplatz mehr als 100 000, d. h., 60 Prozent der Gesamtzahl der Studierenden von 1965.[23]

Eine Lawine von Studierenden rollt auf Universitäten traditionellen Zuschnitts zu, die total bankrott sind, aber noch nicht durch neue, den Bedürfnissen Lateinamerikas besser angepaßte Lehrstätten abgelöst werden konnten. Obwohl einige Universitäten auf eine Geschichte zurückblicken, die bis in die Kolonialzeit zurückreicht, stützen sie sich seit der Unabhängigkeit in ihrer grundsätzlichen Ausrichtung auf das französische Modell. Der Hauptakzent liegt auf einer rhetorischen, auf Auswendiglernen ausgerichteten und rein rezeptiven Unterweisung. Forschung ist absolut ausgeschlossen. Die Funktion der Universität wurde darauf reduziert, den herrschenden Minderheiten eine diffuse Allgemeinbildung zu vermitteln und die wenigen Akademiker auszubilden, die eine vorindustrielle Gesellschaft benötigt, hauptsächlich Ärzte und Rechtsanwälte.[24]

Obwohl dieses traditionelle Modell schon völlig in Mißkredit geraten ist und eine Vielzahl von Ansätzen zur Modernisierung unternommen wurden, muß gesagt werden, daß die Universität, trotz einiger Retuschen, allen derartigen Versuchen hartnäckig widerstanden hat. Zu einer durchgreifenden Reform fehlen finanzielle Mittel und qualifiziertes Lehrpersonal und, was noch wichtiger ist, die Nachfrage nach Fachkräften mit Universitätsabschluß. Unter den gegebenen Bedingungen sind die wiederholten Bestrebungen zur Einführung einer adäquaten Hochschulbildung, besonders auf technischem und naturwissenschaftlichem Gebiet, zum Scheitern verurteilt. Was nützt es, qualifizierte Diplomlandwirte auszubilden, wenn die bestehende Agrarstruktur ihren zweckentsprechenden Einsatz verhindert und sich ihnen keine andere Alternative bietet, als arbeitslos zu bleiben oder in der Ministerialbürokratie dahinzuvegetieren?

Hat denn eine moderne und effiziente Universität überhaupt einen Platz in einer unterentwickelten Gesellschaft? Die Modernisierung des Erziehungswesens kann nur nach einer Veränderung der Strukturen vorgenommen werden, nicht umgekehrt. Im Rahmen der bestehenden sozioökonomischen Strukturen können Detailkorrekturen durchgeführt werden, nicht aber eine radikale, den Erfordernissen einer integralen Entwicklung angemessene Veränderung des Erziehungssystems. Nur so, in enger Verbindung mit weiteren Strukturveränderungen, sollte eine Bildungspolitik erarbeitet werden, deren Priorität es ist, das für die Entwicklung des Landes notwendige wissenschaftliche und technische Personal auszubilden. Die Erziehungsreform ist ein spezifisches Element der allgemeinen Strukturreformpolitik, und sie kann nur in Verbindung mit grundlegenden Veränderungen in den übrigen Bereichen durchgeführt werden.

Für die Studenten ist das Studium an der Universität mit der Erfahrung einer absoluten Frustration verknüpft. Zum einen treten sie in eine überlebte und in Auflösung befindliche Institution ein, die im allgemeinen kaum Bibliotheken und Labors hat und sich, besonders in den Provinzuniversitäten, auf einem wissenschaftlichen Niveau befindet, das nicht einmal den bescheidensten intellektuellen Ansprüchen gerecht werden kann. Zum anderen bietet der kärgliche und von solchen Faktoren beherrschte Arbeitsmarkt, die nichts mit beruflicher Qualifikation zu tun haben, den Hochschulabsolventen, wenn sie erst einmal den mit überwiegend willkürlichen Hindernissen gespickten Hürdenlauf bewältigt haben, über den sie der Weg zur Erlangung eines akademischen Grades führt, kaum zukunftsträchtige Beschäftigungsmöglichkeiten. Studieren lohnt sich nicht, weder aus wissenschaftlichem Anreiz, noch zum sozialen Aufstieg. Der extrem hohe Prozentsatz der Studierenden, die an den lateinamerikanischen Universitäten vorzeitig ihr Studium abbrechen — in Kolumbien schätzt man sie auf ca. 50 Prozent[25] — ist ein deutlicher Gradmesser der Frustration.

Einige Daten über die Universität von Montevideo, über die reichliches Material zur Verfügung steht, zeigen ein desolates Bild.[26] Im Zeitraum 1964-1966 war das Durchschnittsalter aller Hochschulabsolventen 29,3 Jahre; in den Fächern Architektur, Wirtschaftswissenchaften, Medizin und Jura waren die Absolventen durchschnittlich über 30 Jahre alt, und in den Ingenieurwissenschaften waren sie sogar durchschnittlich 38,5 Jahre alt. Überlänge des Studiums und vorzeitiger Studienabbruch hängen eng miteinander zusammen: Nur 33% der Studierenden verlassen die Universität mit einem akademischen Grad. Die übermäßige Länge und der daraus folgende Abbruch des Studiums werden darauf zurückgeführt, daß ein großer Teil der Studenten arbeiten muß, um die Finanzierung zu sichern: 53% der Studenten in Montevideo gingen einer Arbeit nach, als der Zensus durchgeführt wurde, und 61% hatten irgendwann einmal gearbeitet. Trotzdem steht, wie Graciarena betont, die

Zahl der Werkstudenten in keinem Verhältnis zur Zahl derjenigen, die ein überlanges Studium absolvieren, deren Anteil sich auf 80% beläuft. Der entscheidende Grund für den vorzeitigen Studienabbruch scheint eher in der geringen Möglichkeit zu liegen, nach Abschluß des Studiums eine geeignete Beschäftigung zu finden. Für einen Studenten ist es leichter, sich eine zweitrangige Stellung im Büro zu beschaffen, mit der er sein Leben fristen kann, als für einen Diplomierten. Ein Architekturstudent findet leichter Arbeit in einem Architekturbüro als einer, der den Titel besitzt. Es gibt kaum eine Beziehung zwischen der durch die Universität vermittelten Qualifikation und den Möglichkeiten, Beschäftigung zu finden: 31% der Hochschulabsolventen und 61% der betrieblichen Führungskräfte und leitenden Angestellten haben nicht das ihren Posten entsprechende Ausbildungsniveau. Die Kluft zwischen Angebot und Nachfage auf dem Sektor beruflicher Qualifikation, deren Entstehen nicht Schuld der Universität ist und die auch nicht von ihr aus überwunden werden kann, trägt zur Beibehaltung einer mangelhaften Ausbildung bei: Studenten wie Professoren — schlecht bezahlt und meist nur in Teilzeitverträgen beschäftigt — können nur einen Bruchteil ihrer Zeit und Energie auf akademische Aktivitäten verwenden.

Die Frustration der Studenten und, in zunehmendem Maße, auch der nicht festangestellten Hochschullehrer bringt ein hohes Maß an Politisierung mit sich. Wer nicht eine private praktikable Lösung findet, dem bleibt nichts weiter übrig, als darauf zu warten, daß eine radikale Veränderung der Strukturen den Widerspruch aufhebt, den man mit täglich klarerem Bewußtsein erfährt: Alles müßte getan werden, um die Unterentwicklung zu überwinden, und nichts kann man beruflich tun — angesichts der steigenden Arbeitslosigkeit der Akademiker.

Seit 1918 in Córdoba (Argentinien) die »Universitätsreformbewegung« einsetzte, ist man sich der engen Beziehungen zwischen der Universität und der sie umgebenden Gesellschaft bewußt geworden. Ursprünglich bestand die Versuchung, die Universität als einen Faktor des Wandels zu betrachten, und man glaubte, daß von ihr selbst Impulse zu einem revolutionären Prozeß ausgehen könnten. Die zwei Grundforderungen Autonomie gegenüber dem Staat und studentische Partizipation in den Führungsgremien wurden als unverzichtbar betrachtet, um dem sozialen Anspruch der Universität — man sprach von »Ausbreitung der Hochschulbildung«, »Volksuniversität« als einem Instrument des Bündnisses mit der Arbeiterklasse — und dem nationalistischen Anspruch — Ablehnung des »Yankee-Imperalismus« — größere Wirksamkeit verleihen zu können. Die vom Campus ausgehende wachsende revolutionäre Aktivität führte sogar zu der Annahme, die Universtiät sei der Motor des Aufstands, und die Studenten seien per definitionem die revolutionäre Klasse: So verkündeten es in den sechziger Jahren in Venezuela Humberto Cuenca und Nuñez Tenorio.[27]

Die Politisierung der Universität, die sich natürlich auf äußerst kleine Gruppen reduziert, deren Fähigkeit, die übrigen Studenten zu mobilisieren, von der innenpolitischen Situation abhängt, bringt Studentenführer hervor, die auf nationaler Ebene Prestige und Einfluß haben. In Ländern, die stark zentralisiert sind und keine repräsentativen oder von der Bevölkerung unterstützten Institutionen haben, ist die Kontrolle über die Hauptstadt von entscheidender Bedeutung. Studentenunruhen in nächster Nähe des Präsidentenpalastes haben große Resonanz und sind oft hochbrisant: Studentenrevolten haben häufig den letzten Anstoß zum Sturz von Diktaturen gegeben, deren Macht schon brüchig geworden war.

Die unverhältnismäßige Bedeutung, die der Studentenpolitik beigemessen wird, gestattet es andererseits ihren Führern, relativ mühelos ins politische »Establishment« überzuspringen. Nicht der akademische Erfolg, sondern die politische Führerrolle öffnet den eigentlichen Weg zum sozialen Aufstieg: Das wiederum verstärkt die Politisierung der Universität. Die übermäßige Politisierung wiederum zehrt an dem Ausbildungsniveau der Universität und fördert eine Rhetorik, die ebenso hohl ist wie die traditionelle — mit dem Unterschied, daß sie sich nun in einem revolutionären Kauderwelsch äußert.

Die Universität hat ihre Fähigkeit, zur Veränderung von Strukturen beizutragen, überbewertet und ist auf ziemlich festumrissene Grenzen ihrer politischen Aktionsmöglichkeiten gestoßen. Das hat bisweilen zu extremen Formen von Radikalismus geführt und zu einer weiteren Vertiefung des Grabens zwischen der Universität und dem Rest des Landes beigetragen. Andererseits scheuen die Regierungen nicht mehr davor zurück, militärisch auf dem Universitätsgelände zu intervenieren — so wie es wiederholt in den sechziger Jahren geschehen ist —, und beanspruchen direkt oder indirekt die Kontrolle über die Universität: siehe hierzu das neue peruanische oder auch das venezolanische Universitätsgesetz[28]. Nichtsdestoweniger erfüllt die Universität weiterhin ihre spezifische Funktion zur Verbreitung und Propagierung des Sozialismus unter den Mittelschichten.

8.6. Die Rolle der Streitkräfte

Über diesem Thema hat sich in den letzten Jahren die umfangreichste Literatur angesammelt.[29] Zum einen haben sich die Verfechter der »Modernisierung«, die das Ende des Militarismus als Folge der zunehmenden Ausdehnung und Konsolidierung der Mittelschichten vorausgesagt hatten, in den sechziger Jahren mit einer ununterbrochenen Serie von Militärputschen konfrontiert gesehen: 1962 in Argentinien und Peru; 1963 in Guatemala, Ekuador, der Dominikanischen Republik und Honduras; 1964 in Brasilien und Bolivien; 1966 in Argentinien; 1968 in Peru; 1972 in Ekuador. In dieser Aufzählung sind nicht einmal die Militärputsche gegen etablierte Militärregierungen enthalten. Zum andern war es für die Linksintellektuellen, die dazu neigen, jedes Militärregime pauschal als »Gorillaregime« — letzte Zuflucht der Oligarchien vor den unaufschiebbaren, von immer breiteren Kreisen der Bevölkerung unterstützten Reformen — zu bezeichnen, überraschend, die Öffnung nach links bei Regierungen wie der von Velasco Alvarado in Peru und General Torres in Bolivien zu entdecken, deren Politik eine zeitlang zu Vermutungen über einen auf lateinamerikanische Verhältnisse zugeschnittenen »Nasserismus« Anlaß gab.

Der Wiederaufstieg des Militarismus in Lateinamerika brachte große Verwirrung, weil er mit konkreten Tatsachen die Grundannahmen der beiden herrschenden ideologischen Strömungen widerlegte:

1. Die Mittelschichten, weit davon entfernt, die militärische Intervention abzulehnen, stellen deren soziale Basis dar, so daß man sogar mit vollem Recht von einem »Militärputsch der Mittelschichten« als einem spezifisch lateinamerikanischen Phänomen sprechen konnte.[30]

2. Das Militär, keinesfalls bereit, sich mit der bloßen Verteidigung des Status quo zu begnügen, ist fähig, Reformen einzuleiten, die, zumindest ihrer Intention nach, den Rahmen des Kapitalismus sprengen. Der Grundirrtum beider Richtungen liegt in ihrem Festhalten an einem abstrakten Militarismusbegriff, dessen Gültigkeit weiterhin unterstellt wird, um das seit den Unabhängigkeitskriegen bestehende Übergewicht der Militärregimes zu erklären.[31]

8.6.1. Der Caudillismus

Zunächst ist es notwendig, die heute beobachtbaren Formen von Militärinterventionen vom Caudillismus des neunzehnten Jahrhunderts zu unterscheiden. Dazu muß man erst einmal an den »modernen« Ursprung des Militarismus erinnern, den das Ancien régime nicht kannte, denn zum einen ist das Heer als ständige Berufsorganisation ein Produkt des modernen Nationalstaats, und zum anderen wurde seine politische Intervention erst möglich durch das institutionelle Vakuum, das nach dem Sturz der absoluten Monarchie entstanden war. Genaugenommen, ist die Französische Revolution Urheberin des Militarismus, denn sie schuf seine beiden Grundvoraussetzungen: die Bildung eines stehenden Nationalheeres und die Krise der politischen Institutionen. Man denke daran, daß der napoleonische Staat, der erste wirkliche bürgerliche Staat, für Hegel die Inkarnation der »Idee« des Staates, das Produkt eines Militärputsches war.

Auch dem voll in die politischen Institutionen des Ancien régime eingefügten Hispanoamerika der Kolonialepoche war der Militarismus unbekannt. Die absolute Macht des Monarchen wurde nicht in Frage gestellt, und im fernen Amerika wurde sie von einer äußerst komplexen und hierarchisch gegliederten zivilen Bürokratie ausgeübt, mit nur geringen Ansätzen zur Aufstellung eines stehenden Heeres. Wenn die Konquista das Werk der Privatinitiative war, so mußte die Wehrpflicht in den Händen der spanischen *vecinos*, besonders aber derjenigen liegen, die, wie die *encomenderos*, die Rechtshoheit über die indianische Bevölkerung hatten.[32] Den ersten Kern zu stehenden Truppen in der Kolonie stellten die Leibwachen des Vizekönigs dar.

In Peru wurde 1557 die erste vizekönigliche Wache aufgestellt.[33] Jorge Juan und Antonio de Ulloa beschrieben 1735 ein verheerendes Bild von den Festungen und Verteidigungsstellungen an den amerikanischen Küsten.[34]

Die bourbonischen Reformen in der zweiten Hälfte des 18. Jahrhunderts führten zu einer Erweiterung des stehenden Heeres — 1800 gab es im Vizekönigreich Neuspanien etwa 6000 Heeressoldaten — und zur Aufstellung von Milizen, die sich zur selben Zeit auf etwa 24 000 Mann beliefen, die schlecht ausgerüstet und von niederschmetternder Disziplinlosigkeit waren.

Lyle McAlister hat mit dem Hinweis, daß die Privilegien, die die Bourbonen dem Offizierskorps, mit dem »Fuero Militar« (1768) gewährten, Vorläufer des späteren Militarismus seien, nicht unerhebliche Mißverständnisse geschaffen.[35] Man kann jedenfalls nicht von einer signifikant kontinuierlichen Entwicklung vom Kolonialheer bis hin zur sehr spät aufkommenden Bildung der Nationalheere sprechen. Zwischen beiden steht das Machtvakuum, das der Caudillismus schuf. Die Unabhängigkeit zerschlug die alten städtischen und bürokratischen Strukturen und hob ihre monarchische Legitimation auf, ohne sie aber durch neue Strukturen mit Anspruch auf Legitimation ersetzen zu können. Die Legalität der Republik war fiktiv, ebenso wie die Macht der verfassungsmäßigen Institutionen. Die Macht verblieb in den Händen derjenigen sozioökonomischen Einheiten, die als einzige das Gemetzel überlebt hatten: der Haciendas. Die Zersplitterung des Imperiums — es gab ebensoviele unabhängige Staaten wie Städte von gewisser Bedeutung — und die Verländlichung des wirtschaftlichen und sozialen Lebens führten zur Entstehung einer entsprechenden Form der Machtausübung, die lokal und personalistisch ausgerichtet war.

Die das soziale Leben auf dem Lande bestimmenden Beziehungen zwischen Patron und Klientel prägten in der ersten Hälfte des 19. Jahrhunderts in der Mehrzahl der neuen Republiken die Politik. In den Unabhängigkeitskriegen, Bürgerkriegen, die nicht ausschließlich als Auseinandersetzung zwischen zwei feindlichen Heeren betrachtet werden können, kam es zur Aufstellung von unzähligen Trupps und bewaffneten Gruppen, die mal der einen, mal der anderen Seite dienten und je nach den besonderen Umständen auch zuweilen die Front wechselten. Die Bewohner der Llanos, die erst mit dem Royalisten Boves kämpften, schlossen sich später Páez im Unabhängigkeitskampf an. Dieselben Offiziere, die erst die Aufständischen hart bekämpften, verkündeten die Unabhängigkeit Mexikos, als sie nach der Wiederherstellung der Verfassung von Cádiz um ihre Privilegien fürchteten.

Nach der Befreiung aus der Zwangsjacke der Metropole kam es zu einer Verschärfung der Widersprüche, ohne daß es eine soziale Kraft gab, die fähig war, eine neue Ordnung zu schaffen. Daher war generelle Anarchie das hervorstechende Merkmal der ersten Hälfte des Jahrhunderts. Die einzigen Ausnahmen bildeten Chile, wo sich ab 1830 ein konservatives Regime konsolidierte, dessen Rückgrat die landbesitzende Aristokratie war, und Brasilien, wo die Monarchie die Wahrung der Einheit und des Friedens im Innern gewährleistete. Anarchie und Caudillismus stärkten sich gegenseitig. Die Machtstreuung ermöglichte den Aufstieg von Caudillos, die auf keine andere Legitimation und Unterstützung als die Loyalität ihrer Klientel bauen konnten. Mehr als das reichlich abgedroschene persönliche Charisma hielt sie ein verfilztes Maschenwerk von korrupten Interessen an der Macht. Der nationale Caudillo stützte sich auf eine Anzahl von Kaziken, die jeweils ihre eigene, strategisch auf verschiedenen Ebenen und an verschiedenen Orten verteilte Klientel besaßen. Da persönliche Abhängigkeit und die Möglichkeit der Gewaltanwendung jedoch nicht einem allein zustehen, wenn das System erst einmal zu verschleißen beginnt und die Zahl derjenigen zunimmt, die sich geschädigt fühlen, tauchte stets schon bald ein neuer Caudillo auf: daher die dem System immanente Instabilität.[36]

Jedoch darf die Tatsache, daß die Caudillos meist Uniform tragen und den Rang eines Generals bekleiden, nicht dazu verleiten, dieses Phänomen mit dem späteren Militarismus zu verwechseln. Die in den Befreiungskriegen gebildeten Heere stellten kaum ein organisches und diszipliniertes Ganzes dar, sondern waren vielmehr eine Ansammlung von bewaffneten Banden, die persönlich mit ihrem Anführer verbunden waren. Häufig trennten gegensätzliche soziale Interessen die verschiedenen Fraktionen. So war in Mexiko das Heer in ehemalige Aufständische und Guerillakämpfer auf der einen Seite und Offiziere aus dem alten Kolonialheer auf der anderen Seite gespalten. Beide Seiten wiesen gleichermaßen enorm hohe Desertionsraten, Disziplinlosigkeit, mangelhafte Ausbildung und Ausrüstung und Korruption in der Führung auf, die einzig und allein an den Pfründen interessiert war, die ihr von den jeweiligen, ihren ständigen Drohungen ausgesetzten Machthabern zuflossen.[37]

In den führenden Ländern setzte der Niedergang der Caudillos zu Beginn der zweiten Hälfte des 19. Jahrhunderts ein, praktisch mit dem Sturz von Rosas in Argentinien und Santa Anna in Mexiko. In Mittelamerika und Venezuela[38] überdauerte der Caudillismus bis weit ins 20. Jahrhundert: Juan Vicente Gómez starb erst 1935, Ubico wurde 1944 gestürzt. Es handelt sich jedoch um ein historisches Phänomen, das in seiner reinsten Erscheinungsform bereits der Vergangenheit angehört und heute nur noch als Überbleibsel, jedoch immer in Verknüpfung mit modernen Formen des Militarismus, auftritt. Der Militarismus als spezifisches Phänomen hingegen erfordert ein Berufsheer, das als Institution in die Politik eingreift.

8.6.2. Der konservative Militarismus

Zwei Grundvoraussetzungen sind notwendig für die Entwicklung des Militarismus: ein institutionell fest integriertes Berufsheer und die Krise der herrschenden Machtstrukturen. Beide Bedingungen waren gleichzeitig gegeben, als 1929 die Weltwirtschaftskrise ausbrach und die eigentliche Epoche des Militarismus in Lateinamerika einsetzte. Die Integration des Subkontinents als Rohstofflieferant in die kapitalistische Weltwirtschaft zog eine rasante Entwicklung der Produktivkräfte und ein beträchtliches Wachstum der Mittelschichten nach sich. Die daraus folgende Konsolidierung der neuen Staaten ermöglichte die Entwicklung von Berufsheeren und ihre Institutionalisierung.

In der Vorhut dieses Prozesses marschierte Chile, das nach dem Sieg über Peru und Bolivien im Pazifikkrieg (1879-1883) besonders stolz auf sein Heer war. 1886 traf an der Spitze einer deutschen Militärmission Hauptmann Emil Koerner in Chile ein, dessen Arbeit großen Einfluß auf die Modernisierung des chilenischen Heeres und die Verbesserung der militärischen Ausbildung nach preußischem Vorbild hatte. Auf Koerners Initiative geht auch die Verabschiedung des ersten lateinamerikanischen Wehrpflichtgesetzes durch den chilenischen Kongreß zurück. Peru folgte 1896 und schloß mit einer französischen Militärmission einen Vertrag ab. Bolivien nahm sowohl französische als auch deutsche Militärhilfe in Anspruch. Eine deutsche Mission übernahm 1899 die Reorganisation der argentinischen Militärakademie. Kurz vor Ausbruch des Ersten Weltkrieges schickte Argentinien jährlich zwischen 30 und 60 Offiziere zur Ausbildung nach Deutschland. Die Vereinigten Staaten widmeten sich der Modernisierung der Heere im karibischen Raum.[39]

Zu Beginn des 20. Jahrhunderts besaßen die meisten lateinamerikanischen Republiken stark institutionalisierte Berufsheere. Sowohl der Grad des politischen und sozialen Zusammenhalts als auch die Effizienz der Ausrüstung und Organisation hatten dem Caudillismus endgültig den Boden entzogen.

In der südlichen Hälfte des Kontinents gelangten die Mittelschichten an die Macht und erreichten die Erweiterung und Stärkung der demokratischen und parlamentarischen Institutionen: 1903 in Uruguay unter Präsident Batlle; 1916 in Argentinien unter Hipólito Yrigoyen; 1920 in Chile unter Arturo Alessandri. Aber der politische Vormarsch der Mittelschichten, die nun von ihrem unerschütterlichen Liberalismus abrückten und die Rohstoffexportwirtschaft, so wie sie Lateinamerika durch die internationale Arbeitsteilung aufgezwungen wurde, als fast

»natürliche« Tatsache hinnahmen, berührte in keiner Weise die durch Großgrundbesitz und Bergbau mit dem Exportsektor verbundenen Interessen der Oligarchien. Nirgendwo, mit Ausnahme Mexikos, führte der Aufstieg der Mittelschichten zur Macht zu Strukturveränderungen, sondern höchstens zu leichten Veränderungen in der Verteilung des Volkseinkommens, als Folge einer fortschrittlichen Arbeitsgesetzgebung, die vor allem den bürokratisierten Mittelschichten zugute kam. Die Weltwirtschaftskrise legte die Mängel und Brüchigkeit einer auf Sicht zum Untergang verurteilten sozioökonomischen Struktur bloß, in die man weiterhin blindes Vertrauen setzte, und löste die strukturelle und institutionelle Krise aus, die dem Heer den Anlaß zur Intervention bot.

Am 6. September 1930 stürzte eine kleine Gruppe von Kadetten und Offizieren der Militärakademie, mit der stillschweigenden Billigung des übrigen Heeres, den argentinischen Präsidenten Yrigoyen und setzte damit einer populistischen Phase ein Ende, die sich sowohl durch ihre Unfähigkeit zur Durchführung auch nur der kleinsten Reform als auch durch ihre Korruption und Demagogie ausgezeichnet hatte.[40] Die »öffentliche Meinung«, kontrolliert von der oligarchischen Presse von Buenos Aires, hatte schon seit längerer Zeit an der Diskreditierung dieses Regimes gearbeitet, von dem sich schließlich sogar die Mittelschichten und unteren Bevölkerungsschichten abwandten, die es 14 Jahre vorher an die Macht gebracht hatten. Die Weltwirtschaftskrise, die schwerwiegende Auswirkungen auf eine vom Rohstoffexport abhängige Wirtschaft wie die argentinische hatte, trieb die Oligarchie dazu, wieder die Macht an sich zu ziehen, da sie andernfalls die Entfesselung einer nicht mehr kontrollierbaren Massenbewegung befürchten mußte.

So sah das erste Modell des Militarismus in der Praxis aus. Das Heer griff als Institution im Namen eines mythischen Nationalismus und einiger vorgeblicher moralischer und christlicher Werte ins politische Leben ein, um im Dienste der herrschenden Klassen die »Ordnung« wiederherzustellen. Wenngleich die Eroberung der Macht für diejenigen, die das Monopol an Waffen besaßen, durchaus kein mühevolles Unterfangen war, so ließen doch die Schwierigkeiten bei deren praktischer Ausübung und Legitimierung nicht nach. Der Putsch war das Werk des Generals José Félix Uriburu, der von den damals in Europa gerade hochmodernen korporativistischen und totalitären Ideen angesteckt war. Aber ein Faschismus ohne die ihn tragenden Massen erwies sich als illusorisch. Die Oligarchie zog die Wiedereinführung einer »begrenzten Demokratie« auf verfassungsmäßigem Wege vor, wobei oppositionelle Gruppen durch Wahlbetrug ausgeschaltet wurden. Unter dem Schutz eines Heeres, das sich selbst als unpolitisch bezeichnete, etablierte sich in Argentinien von neuem die oligarchische Republik, die von 1932 bis 1943 den ausländischen Interessen Tür und Tor öffnete.

Damit ist das erste Militarismusmodell beschrieben. Das Heer intervenierte, um die traditionelle Ordnung im Krisenfall wiederherzustellen. Da die Krise aber strukturellen Charakter hatte, brachten die

Disziplinierungsmaßnahmen nicht den erhofften Erfolg. Die für die Krise verantwortlichen inneren und äußeren Faktoren wirkten sich in verschärfter Form aus, besonders da es, angesichts der eingefrorenen politischen und sozialen Reformen, nicht einmal mehr Notbehelfe gab. Mit zunehmendem Verschleiß der jeweils an der Macht befindlichen Militärclique erschien dann stets als letzter Ausweg die Rückkehr zur verfassungsmäßigen Ordnung, mit der Hoffnung verbunden, man würde nicht vom Regen in die Traufe geraten. So folgte auf eine Periode der Militärregierung eine verfassungsmäßig gewählte Regierung, und auf diese wiederum eine Militärregierung, wobei beide politische Ausprägungen derselben gesellschaftlichen Machtgruppe waren, die abwechselnd versuchten, eine unhaltbare Situation zu zementieren.

8.6.3. Militärpopulismus

Brasiliens politische Entwicklung hat ihren eigenen Rhythmus. Die oligarchische Republik überlebte bis 1930. 1922 und 1924 kam es zu Erhebungen, an deren Spitze junge Offiziere — die *tenentes* — standen. Ihr politisches Programm enthielt typische Mittelschichtforderungen — freie Wahlen, Unbestechlichkeit der Verwaltung, kostenloses staatliches Erziehungswesen. Ihr Scheitern und die Erfahrung des Elends in den ländlichen Gebieten des Landesinneren, das die berühmte Kolonne des Hauptmanns Luis Carlos Prestes (1924-1927) sah, führte zur Radikalisierung dieser Bewegung und zu konkreteren Forderungen nach Strukturreformen, besonders für die Landwirtschaft: Verurteilung des Latifundiensystems und des mit ihm verflochtenen lokalen Kazikentums.

Obwohl die Revolte der jungen Leutnante keine Unterstützung durch die militärische Führung erfuhr und auch keine soziale Schicht mobilisieren konnte — daher ihre Ohnmacht —, bewies sie wenigstens die Möglichkeit, daß zur selben Zeit, als sich im Lande ein »revolutionäres« Bewußtsein herausbildete, auch das Heer als Reformkraft auftreten konnte. Ideologisch war die Bewegung des *tenentismo* Wegbereiter der »Revolution von 1930«, die Getulio Vargas an die Macht brachte und einen Populismus einleitete, der, im Rahmen der vom Heer gesetzten Grenzen und unter dessen scharfer Überwachung, in verschiedenster Gestalt und mit einigen Unterbrechungen bis 1964 andauerte.[41]

Das Besondere am Fall *Argentiniens* lag darin, daß der Kreislauf — Militärregierung (1930-1932), verfassungsmäßige Regierung (1932 bis 1943), Militärregierung (1943-1946) — durchbrochen wurde, als mit dem Peronismus (1946-1955) eine Phase des *Militärpopulismus* eingeleitet wurde, nach deren Ende allerdings ein Rückfall in denselben Kreislauf — Militärregierung (1955-1958), verfassungsmäßige Regierung (1958-1962), von den Militärs kontrollierte de facto-Regierung mit zivilem Präsidenten (1962-1963), verfassungsmäßige Regierung

(1963-1966) — erfolgte, ohne daß es in diesem Zeitraum zu irgendwelchen Strukturveränderungen gekommen wäre. Seit 1966 ist das Heer ununterbrochen an der Macht, ohne daß man, nach verschiedenen Versuchen, einen anderen Ausweg gefunden hat, als Wahlen vorzubereiten, um den Weg für eine Zivilregierung freizumachen.

Der Peronismus unterschied sich darin vom traditionellen Modell einer Militärregierung, daß er die Unterstützung breiter Mittelschichten und des neuen städtischen Proletariats besaß, den für andere Militärregierungen typischen provisorischen Charakter — der stets nur darin bestand, die Ordnung wiederherzustellen — überwand und sich mit einer eigenen nationalen Entwicklungspolitik und über die Umverteilung des Volkseinkommen innerhalb eines eigenen ideologischen und organisatorischen Rahmens zu legitimieren verstand. Das heißt jedoch nicht, daß er nicht begrifflich dem Militarismus zugeordnet werden muß: Das Heer brachte Perón an die Macht, und vom Heer wurde er gestürzt.[42] Perón scheiterte an seinem Versuch, sich zum persönlichen Angelpunkt zwischen zwei Machtgruppen — dem Heer und der gewerkschaftlichen Massenbewegung — zu machen, um die eine gegen die andere ausspielen zu können.

Die populistischen Maßnahmen des Regimes — Verstaatlichung der allgemeinen Dienstleistungsbetriebe, Unterstützung und Kontrolle der Gewerkschaftsorganisationen, eine fortschrittliche Sozialpolitik, volkstümliche Demagogie — hatten im Grunde keine andere Funktion, als Peróns persönliche Macht gegenüber dem Heer zu sichern und gleichzeitig die Macht zu legitimieren und festigen, die er ursprünglich ausschließlich dem Militär verdankt. Perón begnügte sich nicht wie seine Vorgänger damit, lediglich Sprachrohr der Streitkräfte und ihrer Kontrolle unterworfen zu sein. Abgesehen von seinem persönlichen Ehrgeiz, wußte er, daß das Heer keine Chance hatte, an der Macht zu bleiben, wenn seine Politik nicht darüber hinausging, lediglich im Dienste der Oligarchie die Ordnung aufrechtzuerhalten. Um überdauern zu können, mußte der Militarismus etwas mehr sein als nur Militarismus.

Hier wird der Grundwiderspruch des peronistischen Populismus deutlich: Unterstützung bestimmter Forderungen des Volkes, ohne die fundamentalen Interessen der herrschenden Klassen in Frage zu stellen. In einer Zeit des ökonomischen Aufschwungs, Ergebnis der Weltmarktbedingungen nach dem Zweiten Weltkrieg, erwies sich die Institutionalisierung der Konflikte als durchführbar. Die Lohnerhöhungen zogen eine Expansion des inneren Marktes nach sich und bewirkten eine beschleunigte Entwicklung der Konsumgüterindustrie. Die ersten Anzeichen der Wirtschaftskrise zu Beginn der fünfziger Jahre zeigten jedoch, wie unstabil das Gleichgewicht zwischen zwei so widersprüchlichen und asymmetrischen Kräften blieb: hier die Gewerkschaften als Vertreter der neu in die Städte zugewanderten Schichten, dort das

Heer, weiterhin als Hüter der Interessen und Erwartungen der herrschenden Klassen.

Perón war unter Ausnutzung eines vorübergehenden Gleichgewichts zwischen diesen beiden Kräften an die Macht gekommen. Nichtsdestoweniger zwang ihn das innere strukturelle Ungleichgewicht, eine unmöglich zu erreichende soziale Harmonie durch ausgleichende Maßnahmen anzupeilen. So mußte er nach der einen Seite hin seine persönliche Macht stärken und dazu die charismatischen Züge der Führerfigur unterstreichen, was zur Radikalisierung der Demagogie verleitete, um sich die Unterstützung der unteren Bevölkerungsschichten zu sichern, und auf der anderen Seite Bestechungsgelder zahlen oder die repressiven Maßnahmen verschärfen. Je deutlicher sich die von der offiziellen Ideologie gepredigte Harmonie zwischen den Klassen als illusorisch erwies, desto klarer traten die »totalitären« Züge des Regimes zutage. Damit erweiterte sich die Kluft zwischen Mittel- und Oberschicht, was die entsprechenden Auswirkungen in den militärischen Kreisen nach sich zog. Von 1951 an mußte Perón mit der ständig zunehmenden Gefahr einer Militärrevolte rechnen.

Die beträchtliche Anhebung des Lebensstandards der unteren Bevölkerungsschichten in den ersten Jahren des Regimes, seine soziale Demagogie und der volksfeindliche Charakter der erbittertsten antiperonistischen Gruppen — zu denen auch die traditionelle Linke zählte, die damit wieder einmal dem Volk den Rücken zukehrte — haben, besonders im Vergleich mit den nachfolgenden Regierungen, den Eindruck entstehen lassen, der Peronismus sei eine links anzusiedelnde Bewegung gewesen. Perón jedoch, der von der autoritären und konservativen Mentalität des Heeres geprägt war, bremste bei jeder Gelegenheit sowohl eine revolutionäre Mobilisierung der Massen als auch jegliche Art von Strukturreformen und wäre eher vom Präsidentenamt zurückgetreten, als daß er sich ausschließlich mit den unteren Bevölkerungsschichten verbündet hätte.

Von der Zeit seiner Macht, ist nichts übriggeblieben als die Sehnsucht der Massen nach einer personalistischen Lösung und das Trauma des Heeres, aus Angst vor einem neuen Rückfall in einen demagogischen Personalismus eine Politik der Reformen zu verfechten. Der Peronismus hat das Heer in seiner konservativen Funktion gestärkt. Wenn er auch strukturell keine Spuren hinterlassen hat, so hat er doch, was Ideologie und Erwartungen betrifft, noch entscheidendes Gewicht im heutigen Argentinien.[43]

8.6.4. Der neue Militarismus

In den sechziger Jahren kam in *Brasilien* (1964) und *Peru* (1968) ein neuer Militarismus zum Zuge, der sich in zwei wesentlichen Merkmalen von den bisher untersuchten Typen unterscheidet.

Erstens, übernimmt das Heer die Macht als Institution, ohne die Konsolidierung eines caudillistischen Personalismus zu gestatten, dem es als Instrument dienbar gemacht werden könnte, indem der Macht der militärischen Institution ein Gegengewicht in Gestalt anderer sozialer Kräfte oder gewerkschaftlicher und politischer Organisationen entgegengesetzt würde. Das Heer führt sich als die einzige handelnde Organisation ein, die einer angeblich unartikulierten Bevölkerung gegenübersteht. Wenn politische Parteien geduldet werden, so gelten sie doch nicht als legitime Partner und sind dazu verurteilt, eine fiktive Existenz zu fristen. Diskussionen über die verschiedenen Alternativen finden innerhalb des Heeres und hinter verschlossenen Türen statt, und nach außen tritt es als einzige und unangreifbare Kraft auf. Infolgedessen sucht es auch keine andere Legitimation als diejenige, die es aus der »nationalen Mission« herleitet, zu deren Erfüllung es sich berufen fühlt, und lehnt es ab, die Macht mit irgendeiner politischen Gruppe zu teilen, nicht einmal mit einer zu seinen Diensten organisierten. All dies weist auf einen klaren Unterschied zum Peronismus hin.

— Zweitens, monopolisiert das Heer die Macht nicht vorrangig, um »das Vaterland vor dem Chaos zu bewahren« und dann später die verfassungsmäßige Kontinuität wiederherzustellen, sondern es sieht seine Präsenz als permanent oder zumindest als langfristig an, »solange die Unterentwicklung noch nicht überwunden ist«, und damit unterscheidet es sich vom konservativen Militarismus.

Die unbestreitbaren Unterschiede zwischen den peruanischen und den brasilianischen Militärs — nicht allzu sinnvoll hat man die ersteren als links und die letzteren als rechts bezeichnet — sind sowohl auf den Unterschied zwischen den Entwicklungsniveaus der beiden Länder als auch auf den unterschiedlichen Charakter der Regimes zurückzuführen, die beiden jeweils vorangingen. Während die Brasilianer auf ein populistisches Regime mit Öffnung nach links reagierten, das vergeblich versucht hatte, einen Staatskapitalismus einzuleiten, revoltierten die Peruaner gegen eine verfassungsmäßige Regierung, die einen embryonalen Kapitalismus unterstützte, der nicht einmal in der Lage war, angesichts der Beschränktheit des inneren Marktes und erdrückt von den herrschenden Agrarstrukturen, eine Leichtindustrie zu konsolidieren. Demgegenüber unterstützten die Brasilianer, die die bedeutendste Industrie des Subkontinents aufweisen, die Unternehmerinteressen in der Absicht, eine verstärkte Integration in den Weltkapitalismus zu erreichen. Den Peruanern dagegen mußte daran gelegen sein, da sie keine ausreichende industrielle Basis besaßen, die Staatsintervention durchzusetzen, um das für diese Integration erforderliche Mindestniveau zu erreichen.

Sowohl in Brasilien als auch in Peru gab es vor der Machtübernahme der Militärs Bauernbewegungen, die eine Agrarrevolution auszulösen drohten. In Brasilien, das eine breite und solide städtische Bevölkerung und Mittelschicht hat, wurden die Bauernbewegungen — die sogar mit dem alten populistischen Regime verbunden waren — gewaltsam zerschlagen und die Agrarfrage auf Eis gelegt. In Peru dagegen, wo die städtische Bevölkerung und die als Konsument in Frage kommende Mittelschicht wesentlich schwächer ist, bildete eine Agrarreform Ausgangspunkt und Eckstein der Regierungspolitik, mit dem dreifachen Ziel, die Bauernschaft zu befrieden, den inneren Markt zu erweitern und Kapital aus dem ländlichen in den industriellen Sektor umzuleiten.

Während Brasilien inzwischen ein Niveau erreicht hat, das ihm die Integration in eine »neue internationale Arbeitsteilung« erlaubt, »aufgrund deren ein Teil der industriellen Produktion der hegemonialen Länder, unter der Kontrolle der multinationalen Kooperation, in diejenigen Länder der Peripherie verlegt wird, die bereits ein gewisses Niveau der industriellen Entwicklung erreicht haben«[44], muß sich Peru in die Konfrontation mit dem »Imperialismus« begeben, um die ausländischen ökonomischen Enklaven in Landwirtschaft und Bergbau zu beseitigen oder eine bessere Kontrolle über sie zu erreichen, so daß ein Teil der Gewinne in den inneren Industrialisierungsprozeß geleitet werden kann. Während Brasilien mit den gegenwärtigen Formen der internationalen Kooperation zufrieden ist und nichts stärker wünscht als eine Erhöhung der ausländischen Investitionen, muß Peru erst einmal »die Abhängigkeit neu definieren«, um die ausländischen Investitionen in den Industriesektor kanalisieren zu können.

Dieser unterschiedliche Ansatz bestimmt spürbar die Ausrichtung der Außenpolitik: Während Brasilien sich ultrawestlich gebärdet, baut Peru seine Beziehungen mit den sozialistischen Ländern aus, um sich eine festere Grundlage für die Verhandlungen mit den USA zu schaffen.

1, Urbanstraße 12-16, Postfach 747, überreicht Ihnen

ein Rezensionsexemplar seiner Neuerscheinung:

Verlag W.Kohlhammer, Stuttgart, 1973

d dankt Ihnen im voraus für die Übersendung von zwei

Der Verlag W. Kohlhammer GmbH, 7 Stu

lt Ihrer Anforderung v. 9.8

Ignacio Sotelo

Soziologie Lateinamerikas

Probleme und Strukturen

198 Seiten, kart., DM 2

Reihe Kohlhammer

Der Verlag bittet um baldige Besprechung

Belegexemplaren.

Als Nachwort ein Blick in die Zukunft

Eine Liste jener wichtigen Themen, die nicht einmal erwähnt wurden, wäre lang. Dennoch vertraue ich darauf, daß die wenigen hier untersuchten Fragen ihren Schlüsselcharakter für das Verständnis Lateinamerikas erwiesen haben. An diesem Punkte mag der Leser, der mangels endgültiger Antworten nicht recht weiß, woran er sich halten soll, vielleicht verunsichert sein. Doch hier wurde auch nicht der Anspruch erhoben, eine abgeschlossene Diagnose der Unterentwicklung Lateinamerikas oder gar einen Katalog sicherer und wirksamer Rezepte zu deren Überwindung zu liefern, sondern ich beschränkte mich abgesehen von notwendigen Informationen bewußt darauf, die verschiedenen ideologischen Strömungen in ihren bekanntesten Konzepten, Ideen und Hypothesen kritisch vorzustellen. Wenn der Leser jetzt das Feld der Leichtgläubigkeit verlassen hat und bereit ist, mit gezielten Fragestellungen den mühseligen Weg einer eigenen Untersuchung zu beschreiten, dann habe ich die mir gestellte Aufgabe mehr als zur Genüge erfüllt.

Aber die dem Wissenschaftler eigene Zurückhaltung vor endgültigen Urteilen darf nicht als Vorwand dienen, die persönliche Meinung zu verbergen. Wiederholte Aufenthalte in Lateinamerika, Lektüre und Diskussionen mit Studenten und Kollegen über die lateinamerikanische Gesellschaft und ihre Zukunft haben sich in Ansichten und Standpunkten niedergeschlagen, die sehr wahrscheinlich auf jeder Seite dieses Buches spürbar sind. Es ist nun endlich an der Zeit, einige dieser grundsätzlichen Standpunkte zu verdeutlichen.

Der erste — von vielen geteilt — ist, daß eine »kapitalistische« Entwicklung Lateinamerikas nach europäischem oder nordamerikanischem Vorbild des 19. Jahrhunderts nicht durchführbar sein kann. Von der Geschichte kann man mit Sicherheit zumindest das sagen, daß sie sich nicht wiederholt. Die Schwäche der »Entwicklungssoziologie« der fünfziger Jahre entspringt einer doppelten Annahme: 1. Lateinamerika wäre, eingefroren in seinen »feudalen« Strukturen, am Rande einer »kapitalistischen Dynamik« geblieben; 2. Die »Modernisierung« seiner Strukturen sei die Voraussetzung für die Einleitung einer »kapitalistischen« Entwicklung, die von einer Unternehmerbourgeoise vorwärtsgetrieben werde. Die Konsolidierung der Mittelschicht, die Überwindung der feudalen Fesseln auf dem Lande, ist der den Lateinamerikanern angebotene Weg zur Verwirklichung der ersehnten »Konsumgesellschaft«. Damit erklärt man die historische Erfahrung, einiger industrialisierter kapitalistischer Länder zum allgemeingültigen Entwicklungsmodell.

Das Scheitern der aus diesem Modell abgeleiteten Politik bewies seine falschen Voraussetzungen. Weit davon entfernt, in einem dahinsiechenden »Feudalismus« zu verbleiben, hat sich Lateinamerika seit der zweiten Hälfte des 19. Jahrhunderts als Grundstofflieferant und als Industrieprodukt- und Kapital-Importeur dem internationalen kapitalistischen System angeschlossen. Diese Art des Anschlusses, bedingt durch die beiderseits des Atlantiks vorhandenen natürlichen Hilfsmittel und sozioökonomischen Strukturen, formten, oder, wenn man so will, verformten die schon vom Stempel des Kolonialismus gezeichneten lateinamerikanischen Strukturen. Die Verschmelzung der inneren und äußeren Faktoren, die diese Art des Anschlusses nötig machten, verhinderten und verhindern noch die Industrialisierung des Kontinents.

Damit scheint die Alternative für Lateinamerika festzustehen: Entweder gelingt es, seine Binnenstruktur und die Art der Auslandsbeziehungen durch Belebung des sozioökonomischen Entwicklungsprozesses zu verändern, oder man bleibt in den jetzigen Verhältnissen befangen, wodurch man die Fesseln der Abhängigkeit verstärkt und, um den bildhaften Ausdruck von Helio Jaguaribe zu gebrauchen, aus dem heutigen »Satelliten«-Status in den der »Provinz eines neuen römischen Imperiums« gelangt. Das allenorts diskutierte Dilemma *Reform oder Revolution* spielt auf eben diese Alternative an. Der Reformismus hat sich als eine Politik des sporadischen Notbehelfs herausgestellt, der ein ohnehin zusammenstürzendes Gebäude stützen soll; Revolution dagegen bedeutet die radikale Änderung der Binnenstruktur und Auslandsbeziehungen, als Voraussetzung für einen autonomen Prozeß sozialer und wirtschaftlicher Entwicklung. Die Beibehaltung des Status quo führt letztlich nur zu einer neuen Form kolonialer Unterwerfung. Wenn die Lateinamerikaner ihre Zukunft in die eigene Hand nehmen, so bedeutet dies, den harten Weg einer strukturellen Umformung zu gehen, mit der ganzen Skala an Konflikten und Gewalt, die dieser mit sich bringt.

Solange man auf dieser Abstraktionsebene bleibt, herrscht noch Übereinstimmung, denn im Grunde ist nicht mehr gesagt als das: Wenn sich die Dinge in Lateinamerika nicht ändern, wird auf das Schlechte das Schlimmste folgen. Tatsächlich erscheinen heute seine sozioökonomischen Strukturen, die von der Funktion als Grundstoffexporteur bestimmt werden — was im 19. und noch bis zur Hälfte des 20. Jahrhunderts ein beachtliches ökonomisches Wachstum und eine optimistische Zukunftsvision der »jungen Republiken« auslöste — völlig unangemessen, weil eine solche Spezialisierung bei der heutigen Art internationaler Arbeitsteilung ihren Sinn verloren hat. Mit der Erzeugung von Grundstoffen durch Landwirtschaft oder Bergbau kann man nicht die Bedürfnisse und Ansprüche einer schwindelerregend schnell zunehmenden Bevölkerung befriedigen. Die Produktivität des Grundstoffsektors und seine Fähigkeit, Arbeitskräfte zu absorbieren, ist äußerst gering. Außerdem hat sich die Struktur des internationalen Handels völlig verändert; es herrschen nicht mehr die Beziehungen zwischen den Grundstoffe liefernden Ländern und Industrieländern vor, sondern die Beziehungen der letzteren unter sich.

Freilich ist die ökonomische Struktur der meisten lateinamerikanischen Länder, vor allem die der am weitesten fortgeschrittenen, weitaus komplexer als die eines bloßen Grundstofflieferanten. Beachtenswert ist der industrielle Sektor, derjenige, der in diesen Regionen am schnellsten wächst. Aber die Art der Industrialisierung — Erzeugung von Konsumgütern für den Binnenmarkt bei wachsender Beteiligung ausländischen Kapitals — ändert, wie wir gesehen haben, nicht die bereits vorhandenen Strukturen und ebensowenig die Abhängigkeit vom Ausland. Sie verhärtet nur den Zwiespalt zwischen städtisch-industriellem Sektor und den städtischen und ländlichen »marginalen Polen«. Diese Dichotomie, die man als typisch für eine solche »Übergangsgesellschaft« ansah, findet man nicht so sehr am Anfang als vielmehr am Ende des »Modernisierungsprozesses«. In den dynamischen Ländern Brasilien und Mexiko kann man diese Polarisierung zwischen »modernem«, immer mehr der kapitalistischen Welt angepaßtem Sektor und den marginalen Zonen der Landwirtschaft, des Handwerks und der Dienstleistung besonders gut beobachten.

Wenn die Dynamik des städtisch-industriellen Sektors die Integration der Mittelklassen und den gleichbleibenden Lebensstandard einer qualifizierten Arbeiterschaft ermöglicht, — wie es in den beiden erwähnten Ländern der Fall zu sein scheint — ist mit einer gewissen Stabilität zu rechnen, da ja das System die marginalen Zonen gesellschaftlich, wirtschaftlich und militärisch kontrolliert, wobei es als einziges Ventil eine begrenzte soziale Mobilität offenläßt. Wenn dagegen, wie es der Fall in Chile und Peru ist, der städtisch-industrielle Sektor sich von einem allzu dürftigen Markt begrenzt sieht, oder, wie in Argentinien und Uruguay, eine zahlenmäßig ungeheuer aufgeblähte Mittelklasse nicht vollständig im industriellen oder öffentlichen Bereich unterkommen kann, was in beiden Fällen das Phänomen einer *Proletarisierung* der Mittelklasse mit sich bringt, dann kann man revolutionäre Bewegungen und strukturelle Umwälzungen größten Ausmaßes vorhersagen.

Hieraus resultieren zwei Thesen, die mir in der Sorge um die nahe Zukunft Lateinamerikas wichtig erscheinen:

1. Die bereits großen Differenzen zwischen den lateinamerikanischen Ländern neigen dazu, sich noch weiter zu vergrößern. In Südamerika

wird sich wahrscheinlich der traditionelle Gegensatz zwischen Brasilien einerseits und den La-Plata-Ländern und Anden-Gebieten andererseits noch verschärfen. Während Brasilien als eine beginnende Großmacht weiten Spielraum für eine ausländisch finanzierte »neokapitalistische« Entwicklung besitzt, stehen die angrenzenden Länder spanischer Sprache — mit Ausnahme Venezuelas, das seine revolutionäre Karte ausspielte — vor einer Periode tiefgehender sozialer Veränderungen. Von ihnen darf man ein etatistisches Entwicklungsmodell mehr oder weniger linker Ideologie erwarten. Zu den zwischen den lateinamerikanischen Ländern traditionellen Spannungen wird sich bald die Gegnerschaft zweier verschiedener sozioökonomischer Systeme gesellen.

2. Förderer und direkte Nutznießer des lateinamerikanischen Sozialismus sind in den Mittelschichten zu suchen. In den letzten Jahren wurde unaufhörlich über die soziale Klasse diskutiert, die den revolutionären Prozeß Lateinamerikas anführen könne. Für den orthodoxen Marxismus ist es selbstverständlich das Industrieproletariat. Für den neomarxistischen Guevara-Anhänger ist es »die umfangreichste und am stärksten ausgebeutete Klasse« des Kontinents, das ländliche Subproletariat. Ein Industrieproletariat, das — einschließlich des Handwerkersektors — konstant nur 14 Prozent der aktiven Bevölkerung stellte, mit obendrein absteigender Tendenz, ist nicht fähig, eine soziale Revolution durchzuführen, weil der Besitz eines Arbeitsplatzes in der Industrie in einer Situation der allgemeinen Arbeitslosigkeit und gegenüber dem ländlichen Lebensstandard schon für sich ein beachtenswertes Privileg bedeutet. Das Industrieproletariat im engen Sinne, das weniger als sieben Prozent ausmacht, ist in reformistischen Gewerkschaften gut organisiert. Es wurde schon an entsprechender Stelle auf den Integrationsgrad des lateinamerikanischen Industrieproletariats sowie auf den über ihn ausgeübten staatlichen Paternalismus hingewiesen.

Der niedrigste Lebensstandard und die geringste Produktivität bleiben für die ländlichen Gebiete bezeichnend. Obgleich die aktiv auf dem Lande beschäftigte Bevölkerung, relativ betrachtet, abnimmt — 1950 stellte sie 53,4 Prozent, gegenwärtig sind es 40 Prozent —, steigt die absolute Zahl der Landbevölkerung jährlich um 1,5 Prozent, wodurch der allgemeine demographische Druck in beängstigender Weise zunimmt. Wenn man hierzu das Überleben einer der Zeit völlig unangemessenen Agrarstruktur bedenkt, ist es leicht, ständige Konflikte auf dem ländlichen Sektor vorauszusagen. Wo diese einen deutlich subversiven Charakter annehmen, wird man hastig Agrarreformen durchführen. Auf jeden Fall muß jede an die Macht gelangende »revolutionäre« Regierung ihre Maßnahmen mit einer Agrarreform einleiten. Die Abwicklung der Agrarreform wird in den nächsten zehn Jahren nur langsam und mühevoll vorankommen, ohne daß dabei Lebensstandard der Landbevölkerung und Produktivität sichtlich verbessert würden. Profitieren werden daher nur eine neue Schicht kleiner Landbesitzer und die relativ geringe Zahl der in staatseigenen Genossenschaften zusammengeschlossenen Bauern. Die landlosen Arbeiter werden durch rasch steigendes Unbehagen zum neuen »revolutionären Subjekt«. In abgelegenen Gebieten können bewaffnete Aufstände hervorbrechen — die Guerilla war ja keine flüchtige Mode der sechziger Jahre, sondern hat eine lange Tradition in Lateinamerika —, aber es ist undenkbar, daß die Macht vom Lande aus ergriffen wird. Das revolutionäre Bild von einer hungernden und kampfbereiten Landbevölkerung, die die Städte belagert und schließlich erobert, ist bei dem jetzigen städtischen und industriellen Entwicklungsstand Lateinamerikas völlig illusorisch.

Die mangelnde politische Stabilität der Länder rührt von der schwierigen Anpassung ihrer Mittelklassen her. Sicher gibt es keine weniger homogene und keine widersprüchlichere Klasse als diese, und aus ihr gehen politische Strömungen sehr verschiedener Prägung hervor. Ich bin der Meinung, daß in der südlichen Spitze und im Andengebiet einige sehr spezifische Sektoren der Mittelschichten (Intellektuelle, Militärs, Techniker, Beamte des öffentlichen Dienstes) in die Lage kommen oder schon gekommen sind, eine Politik grundsätzlicher Veränderungen durchzuführen:

— in der Innenpolitik substanzielle Reformen, mithilfe derer es möglich wird, den Markt zu vergrößern und die Zahl der Arbeitsplätze zu erhöhen;

— in der Außenpolitik eine Neudefinition der Abhängigkeit, die einen beschleunigten Industrialisierungsprozeß ermöglicht, d. h.: die Überführung des aus dem Primärsektor (Bergbau und Landwirtschaft) und dem Tertiärsektor (Bankwesen und Handel) gezogenen Auslandskapitals in den industriellen Sektor unter Bedingungen — Reinvestitionsfristen, staatliche Kontrolle etc. —, die Finanzierung und Technologie gewährleisten, ohne daß die großen internationalen Konsortien zu viel Profit an sich reißen. (Das von ihnen heute als Gewinn herausgezogene Kapital steht in keinem Verhältnis zum investierten.)

Eine solche Politik erfordert einen starken, in jeder Richtung und in jeder Hinsicht souveränen Staat. Der Staat, welcher den Außenhandel monopolisiert, um die kargen vorhandenen Devisen diesem Prozeß und den dringenden infrastrukturellen Verbesserungen verfügbar zu machen, ist der einzig denkbare Unternehmer für einen schnellen Industrialisierungsprozeß. Als Koordinator der Wirtschaft setzt der Staat Prioritäten und Ziele und mobilisiert die notwendigen Mittel. Obgleich die Vormacht des Staates die Überwindung des klassischen Kapitalismus bedeutet, heißt dies nicht notwendigerweise völlige Verstaatlichung, welche zumindest anfangs einen beachtlichen Produktions- und Konsum-Rückgang und schwere innere und äußere Konflikte mit sich brächte und wenn sie sich behaupten könnte, in einen tyrannischen und unumschränkten Bürokratismus münden würde. Prädominanz des öffentlichen Sektors, Unterstützung eines kooperativen und sozialen

Sektors, Tolerierung der Privatinteressen in wirtschaftlich nicht wesentlichen Branchen, staatliche Kontrolle des Außenhandels: Dies ist der Weg, der für *einige* lateinamerikanische Länder angezeigt scheint. Diese Einschränkung muß betont werden, denn trotz der zweifellos vorhandenen einigenden Strömungen — der gemeinsame Markt unter den heutigen Bedingungen oder revolutionäre Strategie auf überregionaler Ebene — wird die verlorene Einheit, der teuerste Preis der Unabhängigkeit, in absehbarer Zukunft nicht wiederzuerlangen sein. Denn gerade die Vielzahl der Entwicklungsmodelle wird im Laufe der Zeit immer deutlicher zeigen, daß das eigentliche Hindernis für eine Rettung aus dem Engpaß die politische Zersplitterung darstellt, die eine Verschärfung der regionalen Differenzen noch begünstigt. Was sich am Horizont zeigt, sind nicht so sehr die »Vereinigten Staaten von Latein-Amerika«, sondern einige Blöcke — der Andenblock, die La-Plata-Länder, Brasilien mit seinen Einflußgebieten, Mexiko und Mittelamerika — die sich in wachsender Opposition gegenüberstehen.

Das Hauptproblem der folgenden Dekaden besteht in der Anpassung der Auslandsbeziehungen an die neue Situation einer staatlichen Dominanz. Je nach Zusammensetzung der sozialen Kräfte, auf die sich letztere stützt — an der Spitze eine intellektuelle und technokratische Mittelklasse, jedoch mit mehr oder weniger großer Beteiligung eines bewußten und organisierten Proletariats — wird sich der lateinamerikanische »Sozialismus« gestalten. Zwar kann dieser noch lange nicht die von den Klassikern erträumte Gesellschaft der Freiheit, Gerechtigkeit und Gleichheit schaffen — dazu fehlen ihm die materiellen und kulturellen Voraussetzungen —, aber er wird eine »Entwicklungsdiktatur« einführen, unter der Kontrolle qualifizierterer Mittelschichten, die über die Erhaltung ihrer Privilegien hinaus auf der Basis veränderter Grundstrukturen eine Politik der ökonomischen und sozialen Entwicklung durchsetzen. Die Errichtung von solchen »revolutionären« und »antiimperialistischen« Regierungen wird dann auch die Duldung der Hegemonialmächte genießen, denn diese werden angesichts unzähliger Risiken immer stärker vor Direktinterventionen zögern, und letztlich sich davon überzeugen, daß das Heraufkommen des »Sozialismus« nicht notwendigerweise eine endgültige Preisgabe ihrer grundsätzlichen Interessen bedeuten muß, sondern daß hier eine Neuregelung auf längere Sicht betrachtet sogar beiden Seiten Vorteile bringt. Die wachsenden ökonomischen Beziehungen zwischen »kapitalistischen« und »kommunistischen« Ländern sind Präzedenzbeispiele dafür, wie eines Tages die Beziehungen zwischen einem »sozialistischen« Lateinamerika und der übrigen Welt, den »Koloß im Norden« eingeschlossen, aussehen könnten.

1. Feudalismus oder Kapitalismus

1 Diese Schrift, die die Polemik über den »feudalen Charakter der Kolonie einleitet, provozierte Andrés Bello, *Temas de la historia y geografía,* Bd. 19 der Gesammelten Werke, Caracas 1957, S. 155-173, zum ersten Protest gegen die systematische Herabwürdigung der kolonialen Vergangenheit.

2 Der Aufenthalt von Arthur de Gobineau in Brasilien diente der Bestätigung seiner rassischen Vorurteile. Die Minderwertigkeit von Lateinamerika sei auf die rassische Zusammensetzung zurückzuführen. Diese Idee wird unter vielen anderen von zwei, zu ihrer Zeit sehr berühmten Büchern aufgenommen: Domingo Faustino Sarmiento, *Conflicto y Armonías de las Razas en América,* 1883, und Carlos Octavio Bunge, *Nuestra América,* 1903. José Vasconcelos, *La raza cósmica,* 1923, ist eine rassistische Reaktion auf einen diskriminierenden Rassismus.

3 Eine erwähnenswerte Ausnahme sind die Bücher von Sergio Bagú, *Economía de la sociedad colonial,* Buenos Aires 1949, und *Estructura social de la Colonia,* Buenos Aires 1952. Im ersten Buch schreibt Bagú: »Die spanisch-lusitanischen Kolonien entstanden nicht, um den feudalen Zyklus zu wiederholen, sondern um sich in das neue kapitalistische Leben zu integrieren, das in aller Welt begann.« (S. 103) — Siehe auch: Sergio Bagú: ›La economía de la sociedad colonial‹, in: *Pensamiento Crítico,* Nr. 27, April 1969. Auch V. Teitelboim, *El amanecer del capitalismo y la conquista de América,* Santiago de Chile 1943.

4 John J. Johnson, *Political Change in Latin America. The Emergence of the Middle Sectors,* Stanford 1958.

5 A. G. Frank, *Latin America: Underdevelopment and Revolution,* New York 1969, S. 225.

6 Eine Fülle von Texten in diesem Sinne findet der Leser in zwei kollektiven Schriften: *Lateinamerika, ein zweites Vietnam,* Hamburg 1968, und *Latin American Radicalism. A Documentary Report on Left and Nationalist Movements,* hrsg. J. L. Horowitz, Josué de Castro und J. Gerassi, New York 1969. Der kastristische Guerilla-Theoretiker ist ohne Zweifel Régis Debray, *Revolution in der Revolution,* München 1967.

7 Manfred Kossok und Walter Markow, ›Las Indias no eran colonias. Hintergründe einer Kolonialapologetik‹, in: *Lateinamerika zwischen Emanzipation und Imperialismus,* Berlin 1961.

8 Über den historischen Feudalismusbegriff s. F. L. Ganshof, *Qu'est-ce que la féodalité?* Brüssel 1944. Den ökonomischen Begriff s. bei Witold Kula, *Théorie économique du système féodal,* Paris 1970.

9 Zur Polemik um den Begriff Kapitalismus s. R. H. Hilton, ›Capitalism, What's in a Name‹, in: *Past and Present,* Nr. 1, Februar 1952.

10 Ernesto Laclau, ›Feudalism and Capitalism in Latin America‹, in: *New Left Review,* Nr. 76, Mai-Juni 1971.

11 Enrique Semo, *Die ökonomischen Ursprünge der Mexikanischen Nation (1521-1759),* Dissertation, Humboldt-Universität, Berlin (Ost) 1971, S. 120.

12 Enrique Otte, ›Das genuesische Unternehmertum und Amerika unter den Katholischen Königen‹, in: *Jahrbuch für Geschichte von Staat, Wirtschaft und Gesellschaft Lateinamerikas,* Nr. 2, Köln 1965, und ›Cartas privadas de Puebla del siglo XVI‹, in: *Jahrbuch für Geschichte von Staat, Wirtschaft und Gesellschaft Lateinamerikas,* Nr. 3, 1966.

13 *Catálogo de Pasajeros de Indias durante los siglos XVI, XVII y XVIII*, Madrid 1940, Sevilla 1942-1946.
14 Silvio Zavala, *Los intereses particulares en la conquista de Nuevo España*, Madrid 1933; ders., *Ensayos sobre la colonización española en América*, Buenos Aires 1944.
15 Einen allgemeinen Überblick über die präkolumbischen Kulturen in Friedrich Katz, *Vorkolumbische Kulturen. Die großen Reiche des alten Amerika*, München 1969.
16 Die Kolonisierung der Kanarischen Inseln und der Azoren bildet die unmittelbare Vorgeschichte der Konquista von Amerika. Siehe Silvio Zavala, ›Las Conquistas de Canarias y América‹, in: *Tierra Firme*, 2. Jahr, Nr. 1, 1936. Über ihre mittelalterliche Wurzel s. Charles Verlinden, *Précédents médiévaux de la colonie en Amérique*, Mexiko 1954.
17 G. W. F. Hegel, *Vorlesungen über die Philosophie der Geschichte*, 4. Aufl. Stuttgart 1961, Einleitung: Geographische Grundlage der Weltgeschichte.
18 Der Abt Corneille de Pauw trug in seinen *Recherches philosophiques sur les Américains, ou Mémoires intéressants pour servir à l'histoire de l'espèce humaine*, Berlin 1768, zur weiten Verbreitung des Topos von der Degeneration und der Minderwertigkeit des amerikanischen Menschen bei.
19 Zur psychologischen Beziehung zwischen Kolonialherren und Kolonisierten s. Frantz Fanon, *Die Verdammten dieser Erde*, Hamburg 1967.
20 Fernand Braudel, *La Méditerranée et le monde méditerranéen à l'époque de Philippe II*, 2 Bde., 2. Aufl. Paris 1966.
21 Huguette und Pierre Chaunu, *Séville et l'Atlantique (1504-1650)*, Bde. I bis VII, statistischer Teil, Bd. VIII, Interpretation, Paris 1955-1959. Für Portugal s. Frédéric Maruo, *Le Portugal et l'Atlantique au XVII siècle 1570-1670*, Paris 1960.
22 E. J. Hamilton, *American Treasure and the Price Revolution in Spain, 1501-1650*, Cambridge (Mass.) 1934.
23 Pierre Chaunu, *L'Amérique et les Amériques*, Paris 1964, S. 93.
24 Ezequiel Martínez Estrada, ›El Nuevo Mundo, la Isla de Utopía, la Isla de Cuba‹, in: *Cuadernos Americanos*, März-April 1963.
25 Claudio Sánchez Albornoz, *La Edad Media y la Empresa de América*, La Plata (Argentinien) 1933, S. 7.
26 Pierre Vilar, *Crecimiento y desarrollo*, Barcelona 1964, S. 413.
27 Zentrale These des Buchs von Claudio Sánchez Albornoz, *España, un enigma histórico*, Buenos Aires 1956.
28 P. Corominas, *El sentimiento de la riqueza en Castilla*, Madrid 1917.
29 Über die Bedeutung der »offenen Grenze« siehe das bekannte Werk von Frederick J. Turner, *The Significance of the frontier in American History*, 1893.
30 Carmelo Viñas y Mey, *El problema de la tierra en la España de los siglos XVI-XVII*, Madrid 1941.
31 Ders., ›De la Edad Media a la Moderna. El Cantábrico y el Estrecho de Gibraltar en la historia política española‹, in: *Hispania*, Hefte 1, 2, 4 und 5, Madrid 1940-1941.
32 María del Carmen Carlé, ›Mercaderes en Castilla (1252-1512)‹, in: *Cuadernos de Historia de España*, XXI-XXII, Buenos Aires 1954.

2. Versuch einer Typologie der iberoamerikanischen Kolonisation

1 Felipe Pichardo Moya, *Los aborígenes de las Antillas*, Mexiko 1956.
2 Juan Pérez de Tudela, *Las armadas de Indias y los orígenes de la política de colonización*, Madrid 1956; eine hervorragende historische Untersuchung über die erste Kolonisationsphase auf den Antillen.

3 Gustavo Beyhaut, ›Aspectos de la falta de mano de obra en América del Sur durante la segunda mitad del siglo XIX‹, in: *Jahrbuch für Geschichte von Staat, Wirtschaft und Gesellschaft Lateinamerikas*, 1/1964.

4 Zum System der Encomienda s. Silvio Zavala, *La Encomienda Indiana*, Madrid 1935, und Leslie B. Sympson, *The Encomienda in New Spain: The Beginning of Spanish Mexiko*, Berkeley 1950.

5 Neuere Forschungsergebnisse verweisen auf wesentlich höhere Bevölkerungszahlen in Mexiko und Peru zu Beginn der Konquista. Während A. L. Kroeber (1939) die Bevölkerung in Mexiko auf wahrscheinlich 3,3 Millionen und A. Rosenblatt (1954) sie auf 5,3 Millionen schätzt, vermuten H. Dobyns und P. Thompson (1966) eine viel höhere Bevölkerungszahl von 25 Millionen. Ebenfalls schätzt man heute die Inkabevölkerung statt auf 10-11 Millionen bereits auf 25-30 Millionen.

6 Lewis Hanke, *La lucha por la justicia en la Conquista de América*, Buenos Aires 1949; Silvio Zavala, *Filosofía de la Conquista*, Mexiko 1947; José Miranda, *Victoria y los intereses de la Conquista de América*, Mexiko 1947.

7 Eric Williams, *Capitalism and Slavery*, 2. Aufl. New York 1961, und David B. Davis, *The Problem of Slavery in Western Culture*, Cornell University Press 1966.

8 Magnus Mörner, *Race Mixture in the History of Latin America*, Boston 1967.

9 José María Ots Capdequi, *El Estado español en las Indias*, Mexiko 1946.

10 Alvaro Jara, *Guerre et société au Chili. Essai de sociologie coloniale*, Paris 1961.

11 Celso Furtado, *Formación económica del Brasil*, Mexiko 1962.

3. Agrarstruktur und Agrarreform

1 Moisés Poblete Troncoso, *La explosión demográfica en América Latina*, Buenos Aires 1967.

2 Sehr niedrige und nicht realistische Zahl. Die Arbeit von Kindern und Greisen ist keine Ausnahme, vor allem auf dem Lande, trotz der enormen Schwierigkeiten, Arbeit zu finden.

3 Die statistischen Daten stammen aus: Comisión Económica para la América Latina, *Estudio Económico de América Latina, 1968*, New York 1969, und *Statistical Abstract of Latin America*, 1969, hrsg. Kenneth Ruddle und M. Hamour, Los Angeles, Dezember 1970.

4 Siehe besonders das Kapitel XII, ›The Folk Culture and Civilization‹, des Buches von Robert Redfield, *The Folk Culture of Yucatan*, Chicago 1941.

5 Ergebnis dieser Forschungen sind folgende Bücher: Olen E. Leonard, *Bolivia: Land, People and Institutions*, Washington 1952; T. Lynn Smith, *Brazil: People and Institutions*, Baton Rouge 1946; Carl C. Taylor, *Rural Life in Argentina*, Baton Rouge 1948; Lowry Nelson, *Rural Cuba*, Minneapolis 1950; Nathan L. Whetten, *Rural Mexico*, Chicago 1948.

6 Eine Organsation, die 1962 als Ergebnis der Konferenz von Punta del Este (1961) gegründet wurde. Sie wird getragen von der FAO und der CEPAL, den Vereinten Nationen, der Organisation der amerikanischen Staaten und der Interamerikanischen Entwicklungsbank.

7 Diese Untersuchungen wurden in Argentinien (Arthur Domike), Brasilien (Ernest Feder), Kolumbien (Eric Shearer und Oscar Delgado), Chile (Marvin Sternberg und Juan Del Canto), Ekuador (Rafael Baraona), Guatemala (Sebald Manger Cats) und Peru (Alfredo Saco) durchgeführt.

8 Als Vertreter dieser letzten Richtung kann man den Mexikaner Rodolfo Stavenhagen erwähnen, der sich mit Schichten und Klassen auf dem Lande

befaßt hat, und den Peruaner Aníbal Quijano, der über Campesino-Bewegungen gearbeitet hat. Der Holländer Gerrit Jan Huizer hat sich ebenfalls mit diesen Fragen befaßt.

9 Solon Barraclough und Arthur Domike, ›Agrarian Structure in Seven Latin American Countries‹, in: *Land Economics*, Bd. XLII, Nr. 4, 1966, S. 391-424.

10 Die »Grüne Revolution« vertraut auf die Entwicklung von neuen Samensorten (»high yielding varieties«, HYV), um eine so hohe Produktion zu erzielen, daß das Problem des Hungers auf der Welt ohne jede andere Reform gelöst werden kann. S. Lester Brown, *Seeds of Change*, London 1970.

11 Silvio Zavala, *De encomiendas y propriedad territorial en algunas regiones de la América española*, Mexiko 1940; Silvio Zavala, *New Viewpoints on the Spanish Colonization of America*, New York, 2. Aufl. 1968, S. 82 bis 83.

12 James Lockhart, ›Encomienda y Hacienda: The Evolution of the Great Estate in the Spanish Indies‹, in: *Hispanical American Historial Review*, Bd. XLIX, Nr. 3, 1969.

13 Das Hauptwerk für Mexiko ist: François Chevalier, *La Formation des grandes domaines au Méxique. Terre et Société aux XVI-XVII siècles*, Paris 1952.

14 François Chevalier, ›La expansión de le gran propriedad en alto Perú en el siglo XX‹, in: *Comunidades*, Madrid Mai-August 1968.

15 José Miranda, ›La propriedad comunal de la tierra y la cohesión social de los pueblos indígenas mexicanos‹, in: *Les Problèmes agraires des Amériques latines*, Paris 1967, S. 162.

16 Frank Tannenbaum, *Ten Keys to Latin America*, New York 1964, S. 80; dt. Stuttgart 1965.

17 Für Brasilien s. aus einer gegensätzlichen Perspektive Gilberto Freyre, *Casa-Grande e Senzala*, 11. Aufl. Rio de Janeiro 1964; Francisco Julião, *Cambão: La cara oculta de Brasil*, Mexiko 1968.

18 Ein gutes Beispiel dafür ist Guatemala, siehe Mario Monteforte Toledo, *Guatemala, Monografía Sociológica*, Mexiko 1959.

19 Alfred Métraux teilt mit, daß in der Gegend von Conima am westlichen Ufer des Titicaca-Sees es kein Gut gibt, das nicht in 15 oder 20 Stücke aufgeteilt ist. ›The Social and Economic Structure of the Indian Communities of the Andean Region‹, in: *International Labour Review*, Bd. 79, Nr. 3, März 1959.

20 José Matos Mar, ›Algunas caracterizaciones generales de las Comunidades de Indígenas del área andina‹, in: *Cuadernos de Antropología*, Lima, Bd. III, Nr. 8, Dezember 1965, S. 4.

21 Internationale Arbeits-Organisation, *The Landless Farmer in Latin America*, Genf 1957.

22 So in Chile 7,1%; in Brasilien 6%; in Peru 4,5% der landwirtschaftlich nutzbaren Fläche. In Kolumbien hat der Familienbetrieb eine größere Bedeutung, er umfaßt 22,3% der landwirtschaftlichen Fläche, hauptsächlich in der Kaffee-Produktion.

23 Ernest Feder, ›Counterreform‹, in: *Agrarian Problems and Peasent Movements in Latin America*, hrsg. Rodolfo Stavenhagen, New York 1970. S. auch sein neuestes Buch *The Rape of the Peasantry*, New York 1971.

24 Die Kosten für Kolonisierung-Parzellierung beliefen sich in Venezuela auf 1621 Dollar pro Nutznießer, während sie in Japan 98 Dollar und in Italien 60 Dollar betrugen. Oscar Delgado, ›Las elites del poder versus la reforma agraria‹, in: *Reformas agrarias en la América Latina*, Mexiko 1965, S. 199.

25 Craig L. Dozier, *Land Development and Colonization in Latin America, Case Studies of Peru, Bolivia and Mexico*, New York 1969.

26 Rodolfo Stavenhagen, *Las Clases sociales en las sociedades agrarias,* Mexiko 1969.
27 Thomas F. Carroll, ›El Problema de la Reforma Agraria en América Latina‹, in: *Controversia sobre Latinoamérica,* hrsg. Alberto O. Hirschmann, Buenos Aires, S. 276 und 277.
28 Chile (1962, 1967), Kolumbien (1961), Costa Rica (1962), Dominikanische Republik (1962), Ekuador (1964), Guatemala (1962), Nikaragua (1963), Panamá (1962), Peru (1964, 1969), Venezuela (1960). Trotz dieser umfangreichen Gesetzgebungen wurden erst in jüngster Zeit und nur in Chile und Peru Reformen, die zu einer radikalen Umwandlung des Agrarsektors führen könnten, unternommen.
29 Francisco Oliart, ›El legalismo como idelogía política en los procesos de reforma agraria latinoamericana‹, in: *Desarrollo rural en las Américas,* Bogotá, Bd. 2, Nr. 2, 1970.
30 Der bekannte Bericht für diese Reformabsichten zu beiden Seiten des Atlantiks im sterbenden spanischen Imperium ist *Informe sobre la Ley Agraria* (1795) von Gaspar Melchor de Jovellanos.
31 Rodolfo Stavenhagen, ›Social Aspects of Agrarian Structure in Mexico‹, in: *Agrarian Problems and Peasant Movements in Latin America,* New York 1970, S. 237.
32 Dwight B. Heath, Charles J. Erasmus, Hans C. Buechler, *Land Reform and Social Revolution in Bolivia,* New York 1969.
33 Rodolfo Stavenhagen, a. a. O., S. 234.
34 Salomón Eckstein, *El ejido colectivo en México,* Mexiko 1966, S, 490.
35 Michel Gutelman, *L'agricultuare socialisée à Cuba,* Paris 1967. Eine Kritik der Zentralisierung um jeden Preis in René Dumont, *Cuba est — il socialiste?,* Paris 1970.

4. Verstädterung und Überverstädterung

1 Zum Begriff der »primate city« siehe Richard M. Morse, ›Recent Research on Latin American Urbanization: A Selective Survey with Commentary‹, in: *Latin American Research Review* I, 1 (1965), S. 47-48. Als allgemeine Darstellung dieses Begriffs empfiehlt sich immer noch die klassische Arbeit von Mark Jefferson, ›The Law of the Primate City‹, in: *Geographical Review,* XXIX, 2, 1939.
2 Louis Wirth, ›Urbanism as a Way of Life‹, in: *American Journal of Sociology,* XLIV, 1938.
3 Julio Caro Baroja zeigt in *La Ciudad y el Campo,* Madrid 1966, in zwei in dieser Hinsicht besonderen Aufsätzen diesen Gegensatz auf: ›La ciudad y el campo o una discusión sobre viejos lugares comunes‹, und ›Menandro y los campesinos del Mediterráneo‹.
4 Aníbal Quijano, ›La urbanización de la sociedad en Latinoamérica‹, in: *Revista Mexicana de Sociología,* Vol. 29, Nr. 4, 1967, S. 671.
5 Irving L. Horowitz schreibt über Lateinamerika: »Die Trennung zwischen Stadt- und Landbewohnern ist — ganz ausgeprägt — eine Spaltung zwischen ›Klassen‹, welche die Städte bewohnen und ›Massen‹ von nicht freigesetzten Campesinos, die auf dem Lande wohnen.« Vgl.: ›La política urbana en Latinoamérica‹, in: *Revista Mexicana de Sociología,* Vol. 28, Nr. 1, 1966, S. 71. Dieses Schema ist als »idealtypischer« Gegensatz zulässig, obgleich die Klassenstruktur des lateinamerikanischen Agrarsektors eine unbestrittene Realität ist.
6 Jorge E. Hardoy unterscheidet in seiner kurzen Darstellung der Geschichte der lateinamerikanischen Städte, die uns von großem Nutzen gewesen ist, sechs Zeitabschnitte: Der Unterschied liegt darin, daß ich die Kolonial-

epoche en bloc abhandele, während Hardoy sie in drei Zeitabschnitte unterteilt: die erste Phase der Kolonisation auf den Antillen (1492-1519); die Eroberung und Kolonisation der indianischen Hochkulturen (1519 bis 1600) und die eigentliche Kolonialepoche (1600-1800). Siehe ›Dos mil años de urbanización de América Latina‹, in: *La urbanización en América Latina‹*, hrsg. Jorge E. Hardoy und Carlos Tobar, Buenos Aires 1969.

7 Paul Kirchoff, ›Meso-America‹, in: *Heritage of Conquest*, hrsg. Sol Tax, Glencoe 1952.

8 Lewis Hanke, *The Imperial City of Potosí, An Unwritten Chapter in the History of Spanish America*, Den Haag 1956.

9 W. Borah und Sh. Cook, ›La despoblación de México Central en el siglo XVI‹, in: *Historia Mexicana*, Vol. XII, Nr. 1, 1963, S. 5.

10 Hardoy, a. a. O., S. 40.

11 José Luis Romero, ›La ciudad latinoamericiana: continuidad europea y desarrollo autónomo‹, in: *Jahrbuch für Geschichte von Staat, Wirtschaft und Gesellschaft Lateinamerikas*, Bd. 6, Köln 1969, S. 145.

12 Richard M. Morse, ›Some Characteristics of Latin American Urban History‹, in: *American Historical Review*, Vol. 67, 1962; ›Cidades Latino-Americanas: Aspectos da funçâo e estrutura‹, in: *América Latina*, Jahrgang 5, Nr. 3, 1962.

13 Jorge Basadre, *La multitud, la ciudad y el campo en la historia del Perú*, Lima 1929, S. 35.

14 E. A. Gutkind, *Urban Development in Southern Europe: Spain and Portugal*, New York 1967, S. 289.

15 Fernando de Azevedo, *Canaviais e engenhos na vida politica do Brasil*, 2. ed., São Paulo 1958; Aroldo de Azevedo, *Vilas e cidades do Brasil colonial*, São Paulo 1956.

16 José Luis Romero, ›La ciudad latinoamericana y los movimientos políticos‹, in der bereits zitierten Arbeit *La urbanización en la América Latina*, Buenos Aires 1969, S. 301.

17 Charles C. Griffin, ›Economic and Social Aspects of the Era of Spanish-American Independence‹, in: *The Hispanic American Historical Review*, Vol. 29, Nr. 2, 1949.

18 Der Wert des Außenhandels, der sich 1869 auf 73 664 891 Goldpesos belief, betrug 1914 bereits 725 661 481 Goldpesos, hatte sich also praktisch verzehnfacht. 1864 erwirtschaftete Buenos Aires 430 Millionen Dollar, und ins übrige Land flossen 265 Millionen Dollar. 1884 waren es für Buenos Aires 1135 Mio. Dollar und für den Rest des Landes 740 Mio. Dollar. Roberto Cortés Conde und Ezequiel Gallo, *La formación de la Argentina moderna*, Buenos Aires 1967, S. 34 f.

19 So Benjamin Higgins, ›Urbanization, Industrialization and Economic Development‹, in: *The Urban Explosion in Latin America*, hrsg. Glenn H. Beyer, New York 1967.

20 Adolfo Dorfman, *La industrialización en la América Latina y las políticas de fomento*, Mexiko 1967, S. 261.

21 Waldemiro Bazzanella, ›Industrialização e urbanização no Brasil‹, in: *América Latina*, Jg. 6, Nr. 1, 1963.

22 Fernando H. Cardoso und José Luis Reyna, ›Industrialização, estrutura ocupacional e estratificação social na América Latina‹, in: *Dados*, Rio de Janeiro, 2/3, 1967.

23 Jacques Dorselaer, ›Les facteurs de l'urbanisation et la crise tertiaire en Amérique Latine‹, in: *Cinq aspects de société latino-americaine, Cahiers de l'Institut des Hautes Études de l'Amérique Latine*, Paris 1965, S. 44.

24 ECLA, *Social Change and Social Development Policy in Latin America*, New York 1970.

25 In den letzten Jahren wurde ein Teil dieser Bevölkerung in vom Stadtkern

entfernte Gegenden umgesiedelt. Die im Text genannte Zahl bezieht sich auf die Situation am Ende der fünfziger Jahre. Andrew Pearse, ›Algunas características de la urbanización en Rio der Janeiro‹, in: *La urbanización en América Latina,* hrsg. Philip M. Hauser, Lüttich 1962.

26 José Matos Mar, *Urbanización y barriadas en América del Sur,* Lima 1968; ders., *Estudio de las barridas limeñas (1955),* Lima 1966.

27 Oscar Lewis, ›Urbanización sin desorganización‹, in: *La industrialización en la América Latina,* hrsg. Joseph A. Kahl, Mexiko 1965.

28 Gino Germani, ›La ciudad como mecanismo integrador‹, in: *Revista Mexicana de Sociología,* Jg. 29, Nr. 3, 1967, und Gino Germani, ›Assimilación de inmigrantes al medio urbano‹, in: *Revista Latinoamericana de Sociología,* Bd. I, Nr. 2, 1965.

29 Es gibt sehr wenig Literatur über Stadtplanungspolitik in Kuba: Die hier wiedergegebenen Angaben sind aus: Maruja Acosta und Jorge Hardoy, *Políticas urbanas y reforma urbana en Cuba,* Documento de trabajo del Centro de Estudios Urbanos y Regionales, Instituto Torcuato di Tella, Buenos Aires 1971.

5. Die blockierte Industrialisierung

1 Pierre Chaunu, ›Interprétation de l'Indépendance de l'Amérique Latine‹, in: *Bulletin de la Faculté de Lettres de Strasbourg,* 41. Jg., Nr. 8, 1963.

2 Alexander von Humboldt, *Ensayo Político sobre el Reino de la Nueva España,* Mexiko 1966, S. 451 und S. 539.

3 Paul Bairoch, *Revolución Industrial y Subdesarrollo,* Mexiko 1967.

4 Robert A. Potash, *El Banco de Avío de México. El Fomento de la industria 1821-1846,* Mexiko 1959, S. 11-26.

5 Antoni Jutglar, *La era industrial en España,* Barcelona 1963, S. 34.

6 *Miron Burgin, Aspectos económicos del federalismo argentino,* Buenos Aires 1960.

7 William P. Glade, *The Latin American Economies. A Study of their Institutional Evolution,* New York 1969, S. 204.

8 Aldo Ferrer, *La economía argentina. Las etapas de su desarrollo y problemas actuales,* Mexiko 1963.

9 Daniel Cosío Villegas, Vorwort zum Band 7 der *Historia moderna de México. El Porfiriato, la vida económica,* Bd. 1, Mexiko 1965, S. XII. Die ökonomischen Daten über Mexiko zur Amtszeit von Porfirio Díaz stammen aus diesem Werk.

10 Alberto Baltra Cortés, *Crecimiento económico de América Latina,* 5. Aufl., Santiago de Chile 1967, S. 44.

11 Celso Furtado, *La concentración del poder económico en los Estados Unidos y sus reflejos en América Latina,* Buenos Aires 1969.

12 Carlos Lessa, 15 años de política económica en el Brasil, in: *CEPAL, Boletín Económico,* Bd. IX, Nr. 2, 1964.

13 Ricardo Lagos Escobar *La industria en Chile: Antecedentes estructurales,* Santiago de Chile 1966, S. 37. Eine gute historische Übersicht der ökonomischen Entwicklung Chiles bietet Aníbal Pinto, *Chile, un caso de desarrollo frustrado,* Santiago de Chile 1959.

14 Celso Furtado, ›Obstáculos políticos para el desarrollo económico del Brasil‹, in *Desarrollo Económico,* Bd. 4, Nr. 15, 1965.

15 Fernando Henrique Cardoso, ›O café e a industrialização da cidade de São Paulo‹, in: *Revista de Historia,* Rio de Janeiro, Nr. 42, 1960.

16 Raymond Vernon, *The Dilemma of Mexiko's Development,* Harvard University Press, 1963. Siehe vor allem das Kapitel ›Interessenkonflikte im öffentlichen Sektor‹.

17 W. Reynolds, *The Mexican Economy Twentieth Century. Structure and Growth,* Yale University Press, 1963.
18 Der Ausdruck kommt von Raúl Prebisch *Hacia una Dinámica del Desarrollo latinoamericano*, Mexiko 1963.
19 Sanford A. Mosk, *Industrial Revolution in Mexiko,* Berkeley 1954.
20 Für Everett E. Hagen, war es der »Unternehmergeist« der Bewohner von Antioquia, der das relative Wachstum dieser Region bewirkte. *On the Theory of Social Change,* 1962, Kapitel 15: ›The Transition in Colombia‹.
21 Fernando Henrique Cardoso, *Las élites empresariales en América Latina,* in: S. M. Lipset und A. E. Solari (Hrsg.), *Élites y Desarrollo en América Latina,* Buenos Aires 1967, S. 107.
22 José Luis de Imaz, *Los que mandan,* Buenos Aires 1964, S. 147.
23 »Soft state« hat es Gunnar Myrdal genannt. *S. The Asian Drama. An Inquiry into the Poverty of Nations,* New York 1968.
24 Marcos Kaplan hat der Erforschung des lateinamerikanischen Staates viele Publikationen gewidmet. Für eine erste Einleitung in diese Problematik empfiehlt sich sein Buch: *Formación del Estado Nacional en América Latina,* Santiago des Chile 1969.

6. Marginalität und Abhängigkeit

1 DESAL, »Zentrum für die ökonomische und soziale Entwicklung Lateinamerikas«, eine wissenschaftliche, katholische Institution, die ihren Sitz in Santiago de Chile hat und sich auf Studien über »soziale Entwicklung«, besonders auf das Problem der Marginalität spezialisiert.
2 Roger Vekemans und Ismael Fuenzalida, ›El concepto de Marginalidad‹, in: DESAL, *Marginalidad en América Latina. Un ensayo de diagnóstico,* Barcelona 1969.
3 R. Cardona, *Las invasiones de terrenos urbanos. Elementos para su diagnóstico,* Bogota 1969.
4 Pablo González Casanova, ›Sociedad Plural, Colonialismo interno y Desarrollo‹, in: *América Latina,* 6. Jg., Nr. 3, 1963, ders., *La Democracia en Mexico,* Mexiko 1965.
5 Zum Studium der ethnischen und klassenmäßigen Wechselbeziehungen s. den Artikel von Rodolfo Stavenhagen: ›Clases, Colonialismo y Aculturación‹, in: *América Latina,* 6. Jg., Nr. 4, 1963.
6 Florestan Fernandes, *A Integração do negro na sociedade de classes,* São Paulo 1965.
7 Octavio Ianni, *Raças e classes sociais no Brasil,* Rio de Janeiro 1966.
8 ILO, *El plan de Ottawa: un programa regional de fomento del empleo y de la formación,* Dokument 28/1, hektogr. 1968, S. 14-16.
9 Zur historisch-strukturellen Bestimmung der »marginalen Massen« hat besonders beigetragen José Nun, ›Superpoblación relativa, ejército industrial y masa marginal, in: *Revista Latinoamericana de Sociología,* Nr. 2, 1969, und Aníbal Quijano, *Redefinición de la Dependencia y proceso de Marginalización en América Latina,* Instituto Latinoamericano de Planificación Económica y Social, Santiago, Dokument 4/5, hektogr. 1970; Anibal Quijano, *Polo marginal de la economía y mano de obra marginalizada,* ECLA/AS, Draft 23, hektogr.
10 E. J. Hobsbawm, ›La marginalidad social en la historia de la industrialización europea‹, in: *Revista Latinoamericana de Sociología,* Nr. 2, 1969, S. 237.
11 Glaucio A. Dillon Soares und Mireya S. de Soares, *La fuga de los intelectuales.* Aportes Nr. 2, 1966.

12 Mayone Stycos, ›Los anticonceptivos y el catolicismo en América Latina‹, in: *Revista Latinoamericana de Sociología,* Nr. 1, 1967.

13 Miguel S. Wionczek, ›Aspectos sobresalientes de la dependencia económica de América Latina: el endeudamiento público externo y los cambios sectoriales en la inversión privada extranjera‹, in: *Revista de Economía Latinoamericana,* Caracas, Nr. 27, 1968.

14 CEPAL berechnet die Einkünfte der ausländischen Unternehmen, die in Lateinamerika erwirtschaftet wurden, für den Zeitraum von 1946 bis 1962 auf 14,6 Milliarden Dollar, während der Nettokapitalzufluß der genannten Firmen lediglich 8,1 Milliarden Dollar erreichte; der daraus resultierende Negativsaldo zum Schaden der Region kann auf 6,5 Milliarden Dollar innerhalb dieser 17 Jahre geschätzt werden. CEPAL, *El financiamiento externo de América Latina,* New York 1964, S. 188.

15 Eine Pionierarbeit in diesem Sinne hat Oswaldo Sunkel geleistet in: ›Política Nacional de Desarrollo y Dependencia Externa‹ in: *Estudios Internacionales,* Bd. 1, Nr. 1, 1967.

16 Miguel S. Wionczek, a. a. O., S. 70.

17 Aníbal Quijano, ›Dependencia, cambio social y urbanización en Latinoamérica‹, in: *Revista Mexicana de Sociología,* Bd. 30, Nr. 3, 1968; und ders., ›Redefinición de la Dependencia y proceso de Marginalización en América Latina‹, *ILPES,* Dokument 4/5, 1970, hektogr.; Theotonio Dos ders., *El nuevo carácter de la dependencia,* Santiago de Chile 1968.

18 José Luis Reyna, ›Subdesarrollo y dependencia: el caso de América Latina‹, in: *Revista Mexicana de Sociología,* Bd. 29, Nr. 4, 1967.

19 Eine kritische Betrachtung dieser Neudefinition der Abhängigkeit in Aníbal Quijano, ›Nationalism and Capitalism in Peru: A Study in Neo-Imperialsm‹, in: *Monthly Review,* Bd. 23, Nr. 3, 1971.

7. Ländliches und städtisches Proletariat

1 Sugiyama Iutaka, ›Social Stratification Research in Latin America‹, in: *Latin America Research Review,* V. I, 1, 1965, S. 9.

2 Eric R. Wolf, ›Types of Latin American Peasantry: A Preliminary Discussion‹, in: *American Anthropologist,* Bd. 57, 1955.

3 Everett M. Rogers und Lynne Svenning, *Modernization among Peasants: The Impact of Communication,* New York 1969; die Autoren beschreiben eine »Subkultur des Campesino«, die charakterisiert ist durch »gegenseitiges Mißtrauen«, »Abhängigkeit und Feindlichkeit gegenüber der Regierung«, »Fatalismus«, »eingeschränkte Erwartungen«, »geringe Empathie« etc.

4 CIDA, *Ecuador, Tenencia de la Tierra y Desarrollo Socio-Económico del Sector Agrícola,* Washington D.C. 1965, S. 168.

5 Mario Góngora, ›Vagabundaje y sociedad fronteriza en Chile (siglos XVII al XIX)‹, in: *Cuadernos del Centro de Estudios Socio-económicos,* Universidad de Chile, Nr. 2, 1966.

6 Der Verstoß gegen die Arbeitsgesetzgebung ist der normale Grund, den die peruanische Regierung zur Zeit für die Enteignung angibt. Einige Vertreter der Agrarreformbehörden haben sich gegenüber dem Autor darüber beklagt, daß die Funktionäre des Arbeitsministeriums, die vorher feststellen müssen, daß eine solche Situation vorliegt, sich allzu sehr mit den Interessen der Großgrundbesitzer identifizieren, was den Rechtsweg der Enteignung unnötig verlängert.

7 Edward C. Banfield, *The Moral Basis of Backward Society,* Glencoe 1958, hat den »Familienegoismus« als zentrale Kategorie der unterentwickelten Agrargesellschaften herausgearbeitet. Das Mißtrauen und der Familien-

egoismus erklären sich aus den objektiven Bedingungen, am Rande der Subsistenz zu leben.

8 Ernest Feder, ›Sobre la impotencia política de los campesinos‹, in: *Revista Mexicana de Sociología,* Bd. 31, Nr. 2, 1969.

9 Marion Brown, ›Peasant Organizations as Vehicles of Reform‹, in: *Land Reform in Latin America, Issues and Cases,* Hrsg. Peter Dorner, Madison 1971, S. 189.

10 Charles J. Erasmus, ›Community Development and the Encogido Syndrom‹, in: *Human Organization,* 27, Nr. 1, 1968.

11 Francisco Julião, *Que são as Ligas Camponesas?,* Rio de Janeiro 1962, S. 11.

12 Ders. a. a. O., S. 24 f.

13 Almino Affonso, Sergio Gómez u. a., *Movimiento campesino chileno,* Santiago 1970, Bd. I, S. 49.

14 Germán Guzmán, Orlando Fals Borda und Eduardo Umaña, *La violencia en Columbia,* Bd. I, Bogotá, 1962; Bd. II, 1964; Camilo Torres Restrepo, ›Social Change and Rural Violence in Colombia‹, in: Irving Louis Horowitz, *Masses in Latin America,* New York 1970.

15 Luis E. Antezana, *El movimiento obrero boliviano (1935-1943),* La Paz 1966, S. 16.

16 Aus der Fülle der Literatur über dieses Thema, vor allem das Buch von John Womack, Jr., *Zapata and the Mexican Revolution,* New York 1970. Das klassische Werk von Frank Tannenbaum, *The Mexican Agrarian Revolution,* New York 1929 hat seinen Wert behalten. Aus den mexikanischen Arbeiten empfehlen sich Jesús Sotelo Inclán, *Raíz y razón de Zapata,* Mexiko 1943, und Jesús Silva Herzog, *El agrarismo mexicano y la reforma agraria. Exposición y crítica,* Mexiko 1959. Ein kurzer zusammenfassender Überblick der mexikanischen Agrarbewegung findet sich in Gerrit Huizer, *La lucha campesina en México,* Mexiko 1970.

17 Jorge Dandler, *El sindicalismo campesino en Bolivia. Los cambios estructurales en Ucureña,* Mexiko 1969; Luis E. Antezana, *Origen, desarrollo y situación actual del sidicalismo campesino en Bolivia,* Bd. I, *Bosquejo histórico del movimiento sindical campesino en Bolivia,* La Paz 1968.

18 Clodomir Moraes, ›Peasant Leagues in Brazil‹, in: *Agrarian Problems and Peasant movements in Latin America,* hrsg. Rodolfo Stavenhagen, New York 1970; Cyntthia N. Hewitt, ›Brazil: The Peasant movement of Pernambuco, 1961-1964‹, in: *Latin American Peasant Movements,* hrsg. Henry A. Landsberger, Ithaca und London 1969.

19 Hugo Neira, ›Sindicalismo campesino y complejos regionales agrícolas. Peru, 1960-1970, in: *Aportes,* Nr. 22, Oktober 1970; Wesley W. Craig, Jr., ›Peru: The Peasant Movement of La Convención‹, in: Landsberger, a. a. O.

20 Gerrit Huizer, *Peasant Unrest in Latin America. Its Origins, Forms of Expression and Potential.* Dissertation der Universität Amsterdam, 24. April 1970, hektogr.

21 Herbert S. Klein, *Orígenes de la Revolución Nacional Boliviana: la crisis de la generación del Chaco,* La Paz 1968.

22 Jorge Dandler, a. a. O., S. 67.

23 Benno Galjart. ›Class and 'Following' in Rural Brazil‹, in: *América Latina,* VII, 1964.

24 Gerrit Huizer, a. a. O., S. 197.

25 John D. Powell, *Peasant Society and Clientelist Politics,* Research Paper, Center for International Affairs, 1968, hektogr.

26 Richard W. Patch, ›Peasantry and National Revolution‹, in: *Expectant peoples: Nationalism and Development,* hrsg. Kalman H. Silvert. New York 1963.

27 Dwight B. Heath, ›Bolivia: Peasant Syndicates among the Aymara of the Yungas. A View form the Grass Roots‹, in: Landsberger, a. a. O.

28 Der Begriff der »concientización« (Bewußtseinsbildung) in diesem Sinn stammt von Paulo Freire, der sagt, daß die Erziehung im ländlichen Milieu in erster Linie bedeutet, sich der eigenen Situation bewußt zu werden. Paulo Freire, *Educação como prática da libertade,* 2. Aufl. Río de Janeiro 1969.

29 FAO, *La Reforma agraria en América Latina,* Parte III: ›La Reforma agraria en Chile, Colombia, México y Perú‹ Santiago de Chile 1970, hektogr.

30 David Alaluf, Solon Barraclough u. a., ›Reforma Agraria Chilena: Seis Ensayos de Interpretación‹, in: ICIRA, Santiago de Chile 1970. Unter programmatischem Aspekt s. Salvador Allende, ›Perspectivas de la Reforma Agraria‹, in: *Ceres,* Bd. 4, Nr. 5, Roma 1971.

31 Die modernen Plantagen beschäftigten eine sehr geringe Zahl von ständigen Arbeitskräften, um neben anderen Gründen Arbeitskontakte zu vermeiden und die Sozialgesetze nicht anwenden zu müssen. Den größten Teil der Arbeiten delegieren sie an Vertragspartner, die diese Arbeiten zu einem festen Preis mit eigenen Leuten durchführen. Ein mündlicher Arbeitsvertrag kommt zwischen diesem Vertragspartner und seinen Arbeitern zustande. Er verpflichtet sich, daß seine Leute hart arbeiten und keine Unruhe verursachen.

32 Maurice Zeitlin und James Petras, ›Los mineros y el radicalismo en la clase obrera en Chile‹, in: *Revista Latinoamericana de Sociología,* Bd. 5, Nr. 1, 1969.

33 François Bourricaud, ›Syndicalisme et politique: le cas péruvien‹, in: *Ouvriers et syndicats d'Amérique Latine, Sociologie du Travail,* Sonderheft, 4/61.

34 Alfonso López Aparicio, *El Movimiento Obrero en México: Antecedentes, Desarrollo y Tendencias,* Mexiko 1952.

35 Alberto Belloni, *Del anarquismo al peronismo. Historia del Movimiento Obrero Argentino,* Buenos Aires 1960, S. 8.

36 Jacinto Oddone, *Historia del Socialismo Argentino,* Bd. 2, 1. Kap., ›La reacción capitalista‹, Buenos Aires 1934. Aus anarchistischer Sicht Diego Abad de Santillán, *La F.O.R.A. Ideología y trayectoria del movimiento revolucionario en la Argentina,* Buenos Aires 1933.

37 Ein Begriff, der durch Alain Touraine verbreitet wurde. ›Industrialisation et syndicalisme à São Paulo‹, in: *Sociologie du Travail,* Sonderheft 4/61.

38 Luis Araiza, *Historia de la Casa del Obrero Mundial,* Mexiko 1963, S. 116 f.

39 Joe C. Ashby, *Organized Labor and the Mexican Revolution under Lázaro Cárdenas,* The University of North Carolina Press, 1963 und 1967.

40 »Was dachten sie über das Leben in der Fabrik? Die Mehrheit dachte, daß es großartig war ... Die Arbeitszeit von 8 Stunden am Tag war verglichen mit der langen und isolierten Arbeit auf dem Felde leicht ... 65% dieser Arbeiter hat nicht den Wunsch, die Arbeitsstelle zu wechseln ...« Jospeh A. Kahl, ›Tres tripos de trabajadores mexicanos‹, in: *La industrialización en América Latina,* hrsg. Joseph A. Kahl, Mexiko 1965, S. 218 f.

41 Diese Widersprüche stellt vor allem Octavio Ianni ausführlich dar in: *O Colapso do Populismo no Brasil,* Rio de Janeiro 1968.

42 Torcuato S. Di Tella u. a., *Sindicato y Comunidad. Dos tipos de estructura sindical latinoamericana,* Buenos Aires 1968, S. 320.

43 In einer 1959 unter 3918 Arbeitern der peruanischen Textilindustrie durchgeführten Untersuchung konnte nachgewiesen werden, daß die marginale Bevölkerung einen Druck auf die Löhne ausübt, und diese unter das gesetzlich erlaubte Mindestmaß senkte. David Chaplin, ›Industrial Labor

Recruitment in Peru‹, in: *América Latina*, 9. Jg., Nr. 4, 1966.

44 Alejandro Portes, ›Los grupos urbanos marginados: nuevo intento de explicación‹, in: *Aportes*, Nr. 18, Oktober 1970.

45 Daniel Goldrich, Raymond Pratt und C. Schuller, ›The Political Integration of Lower-Class Urban Settlements in Chile and Peru‹, in: *Masses in Latin America*, hrsg. Irving Louis Horowitz, New York 1970.

8. Die Mittelschichten

1 Auf die Zweideutigkeit und Heterogenität der Mittelschichten verweisen auch Rodolfo Stavenhagen in ›Seven Fallacies about Latin America‹, in: *Latin America, Reform or Revolution*, hrsg. James Petras und Maurice Zeitlin, New York 1968, S. 23, und John J. Johnson, *La transformación política de América Latina. Surgimiento de los sectores medios*, Buenos Aires 1961, S. 27.

2 Theo Crevenna (Hrsg.), *Materiales para el estudio de las clases medias en América Latina*, Washington, Unión Panamerica 1950-1951, 6 Bde., hektographiert.

3 Ralph Beals, ›Social Stratification in Latin America‹, in: *American Journal of Sociology*, LVIII, 1953.

4 Victor Alba, ›La nueva clase media latinoamericana, in: *Revista Mexicana de Sociología*, Vol. 22, Nr. 3, 1960, S. 788 f.

5 Johnson, a. a. O., S. 26.

6 Ebda., S. 209.

7 Charles O. Porter und Robert J. Alexander, *The Struggle for Democracy in Latin America*, New York 1961.

8 Gino Germani, *Política y sociedad en una época de transición. De la sociedad tradicional a la sociedad de masas*, Buenos Aires 1966.

9 Torcuato S. Di Tella, Gino Germani, Jorge Graciarena, *Argentina, sociedad de masas*, Buenos Aires 1966.

10 Gino Germani, *Sociologia de la modernización*, Buenos Aires 1969, S. 200.

11 In Lateinamerika ist Víktor Alba in einer Vielzahl von Veröffentlichungen als Apostel dieser These aufgetreten. Die Zeitschrift *Panoramas*, Mexiko 1963-1966, sein Forum, mußte ihr Erscheinen schließlich einstellen, als deren Finanziers in den Vereinigten Staaten kein Interesse mehr an dieser Richtung hatten.

12 Stavenhagen, a. a. O., S. 26. Für eine ähnliche Analyse s. auch James Petras, ›The Middle Class in Latin America‹, in: *Politics and Social Structure in Latin America*, New York 1970.

13 Rodney Arismendi, ›Acerca del papel de la burguesía nacional en la lucha antiimperialista‹, in: *Problemas de una revolución continental*, Montevideo 1962.

14 Robert F. Lamberg, *Die castristische Guerilla in Lateinamerika, Theorie und Praxis eines revolutionären Modells*, Hannover 1971.

15 Das hier natürlich in karikierter Form dargestellte Schema geht auf Régis Debray zurück: *Revolution in der Revolution?* München 1967.

16 Benjamín Carrión, *Carcía Moreno. El santo del patíbulo*, Mexiko 1959.

17 Bert F. Hoselitz, ›Economic Growth in Latin America‹, in: *Contributions to the First International Conference of Economic History*, Stockholm 1960, S. 67.

18 Antonio García, ›Reflexiones sobre los cambios políticos en América Latina. Las clases medias y el sistema de poder‹, in: *Revista Mexicana de Sociología*, Vol. 30, Nr. 3, 1968.

19 Jorge Graciarena, ›La crisis de las clases medias‹, in: *Poder y clases sociales en el desarrollo de América Latina*, Buenos Aires 1967, S. 161 ff.

20 Torcuato S. Di Tella, ›Populismo y reforma en América Latina‹, in: *Desarrollo Económico*, Vol. 4, 16, 1965.

21 Über die revolutionäre Rolle der chilenischen Intellektuellen, s. die Dissertation von Klaus Eßer, *Intelligenzia und Politik in einem Entwicklungsland. Intelligenzia und Revolution in Chile*, Technische Universität Aachen, Februar 1967, hektogr.

22 Jean Labbens zeigt in *Las Universidades latinoamericanas y la movilidad social*, Aportes, Nr. 2, 1966, daß die Universität kaum zur sozialen Mobilität beiträgt, weil einerseits ohnehin nur bestimmte soziale Schichten Zugang zur Sekundarschulbildung haben, die selten kostenlos ist, und weil andererseits die Mehrzahl derjenigen, die ihr Studium vorzeitig abbrechen, aus den untersten Gesellschaftsschichten kommt.

23 CEPAL, *Educación, recursos humanos y desarrollo en América Latina*, Vereinte Nationen, New York 1969, S. 129.

24 José Medina Echeverría, ›La universidad ante el desarrollo económico‹, in: *Revista Mexicana de Sociología*, Vol. 28, Nr. 3, 1966.

25 Asociación Colombiana de Universidades, *Estudio sobre el desarrollo universitario a corto plazo 1965-1968*, Bogotá 1964, S. 28.

26 Jorge Graciarena, ›Algunas hipótesis sobre la deserción y el retraso en los estudios universitarios en el Uruguay‹, in: *Revista Mexicana de Sociología*, Vol. 31, Nr. 4, 1969, und Aldo E. Solari, ›La universidad en transición en una sociedad estancada: el caso del Uruguay‹, in: *Aportes*, Nr. 2, 1966.

27 Orlando Albornoz, ›Activismo político estudiantil en Venezuela‹, in: *Aportes*, Nr. 5, 1967.

28 Alberto Escobar, ›Las paradojas de la ley universitaria peruana‹, in: *Aportes*, Nr. 15, 1970.

29 Für eine Einführung in die Bibliographie s. Lyle McAlister, ›Recent Research and Writings on the Role of the Military in Latin America‹, in: *Latin American Research Review*, Vol. 2, Nr. 1, 1966; Alain Rouquié, ›Le Rôle politique des forces armées en Amerique Latine. État de travaux‹, in: *Revue Française de Science Politique*, Vól. XIX, Nr. 4, 1969.

30 José Nun, ›The Middle-Class Military Coup‹, in: *Latin America, Reform or Revolution?* hrsg. James Petras und Maurice Zeitlin, New York 1968.

31 So Gino Germani und Kalman Silvert, in: ›Politics, Social Structure and Military Intervention in Latin America‹, in: *Archives européennes de Sociologie*, Vól. 2, 1961, S. 76. Dieselbe These eines Militarismus, der »von den ersten Tagen der Unabhängigkeit bis zu unserer Zeit« besteht, vertrat Víctor Alba in: *El Militarismo*, Mexiko 1959.

32 Günter Kahle, ›Die Encomienda als militärische Institution im kolonialen Hispanoamerika‹, in: *Jahrbuch für Geschichte, Staat, Wirtschaft und Gesellschaft Lateinamerikas*, Bd. 2, Köln 1965.

33 Guillermo Lohmann Villena, ›Las Compañías de gentiles hombres lanzas y arcabuces de la guardia del Virreinato del Perú‹, in: *Anuario de Estudios Americanos*, XIII, 1956.

34 Jorge Juan und Antonio de Ulloa, *Noticias Secretas de América*, Buenos Aires 1953. Siehe besonders die Kapitel VII, ›Del estado en que se hallan las plazas de armas de la América Meridional y del modo en que se hace en ellas el servicio‹, und VIII, ›De la escasez de armas que generalmente se padece en todo el Perú y todo lo que respectas a municiones de guerra‹.

35 Lyle McAlister, *The Fuero Militar in New Spain 1764-1800*, Gainesville (Florida) 1957.

36 François Chevalier, ›Caudillos et Caciques en Amérique. Contribution à l'étude de liens personnels‹, in: *Mélange offerts à Marcel Bataillon, Bulletin Hispanique*, Bd. 64, Bordeaux 1962.

37 Günter Kahle, *Militär und Staatsbildung in den Anfängen der Unabhängigkeit Mexikos*, Köln und Wien 1969.

38 Robert L. Gilmore, *Caudillism and Militarism in Venezuela, 1810-1910*, Athens (Ohio) 1964.
39 John J. Johnson, *Militares y sociedad en América Latina*, Buenos Aires 1966, S. 80-83, und Edwin Lieuwen, *Armas y Política en América Latina*, Buenos Aires 1960, S. 50-53.
40 J. V. Orona, *La revolución del 6 de septiembre*, Buenos Aires 1966. Für eine detaillierte Beschreibung der Ereignisse dieser Epoche militärischer Intervention in Argentinien s. Robert A. Potash, *Army and Politics in Argentina (1928-1945, Yrigoyen to Perón)*, Stanford 1969.
41 John D. Wirth, ›Tenentismo in the Brasilian Revolution of 1930‹, in: *The Hispanic American Historical Review*, Vol. XLIV, Nr. 2, 1964.
42 Alain Rouquié, ›Adhesión militar y control político del ejército en el régimen peronista (1946-1955)‹ in: *Aportes*, Nr. 19, 1971.
43 Über den Peronismus gibt es eine umfangreiche Literatur. Sehr zu empfehlen ist die Lektüre von Carlos S. Fayt, *La naturaleza del peronismo*, Buenos Aires 1967, weil er Information aus erster Hand bietet und eine beträchtliche Anzahl von Interpretationen resümiert. In der nordamerikanischen Bibliographie bemüht man sich, den Peronismus mit dem Faschismus zu vergleichen. S. dazu Robert A. Alexander, *The Perón Era*, 2. Aufl., New York 1962; George I. Blanksten, *Perón's Argentina*, 2. Aufl., New York 1967. Eine interessante argentinische Untersuchung ist *El peronismo, sus causas*, von Rodolfo Puiggros, erschienen in Buenos Aires 1969.
44 Fernando Henrique Cardoso, ›El régimen político brasileño‹, in: *Aportes*, Nr. 25, 1972, S. 17.

Register der Personennamen

Register der geographischen Namen